JN126595

2023年版 九州経済白書

九州地域の観光復興に向けて

～スマホデータにみる観光行動の変容と観光地の対応

公益財団法人 九州経済調査協会
KYUSHU ECONOMIC RESEARCH CENTER

はしがき

2020年２月に世界中で爆発的に拡大した新型コロナウイルス感染症は、人々の行動や企業の生産活動を抑制し、九州経済に負の影響をもたらしてきた。なかでも大きなダメージを受けたのが観光産業である。インバウンドはほぼ消滅し、国内旅行も都道府県をまたぐ移動の抑制から大きく減少した。観光産業は九州のリーディング産業であり、力強さを欠く九州経済の成長を牽引する分野として期待されてきただけに、その影響は深刻であった。

一方、2022年に入り、感染対策の徹底とワクチン接種の進展から、行動制限の緩和が進み、旅行に復活の兆しが見え始めている。海外からの渡航者に対する水際対策も緩和され、インバウンドも徐々に増えつつある。2023年は、観光が本格的に復興する年となるであろう。

コロナ感染拡大は、旅行行動の変容をもたらした。今後、観光の本格的な復興に向けて、旅行行動の変容を客観的なデータに基づいて分析し、変化に対応した観光地づくりを進めることが必要である。

今回の九州経済白書では、コロナ禍による観光行動の変容と観光産業への影響を、スマートフォンの位置情報データをもとに明らかにする。そして、観光復興に取り組む地域の事例をもとに、今後求められる観光地づくりのあり方を検討した。本書が、九州地域の観光地の復興に向けたヒントとなり、九州経済発展の一助となれば幸いである。

最後に、九州経済白書の作成にあたり、ヒアリングやアンケートで多くの地域、企業にご協力をいただいた。コロナ禍の厳しい状況下でも、観光復興へ前向きに取り組む姿から、多くの示唆を得た。この場を借りて深く感謝申し上げたい。

2023年２月

公益財団法人　九州経済調査協会
理事長　髙木直人

目　　次

本書における「九州」とは九州7県を指し、「九州・沖縄」とは九州7県と沖縄県の8県、「九州地域」とは九州7県、沖縄県、山口県の9県を指す。

人流モニタリングツール「おでかけウォッチャー」

1．おでかけウォッチャーの概要

本章の分析で活用する「おでかけウォッチャー」は、観光に特化した人流モニタリングツールである。人流をモニタリングする位置情報は、140以上のスマートフォンアプリを通じて利用者から取得したデータが基になっている。他の位置情報データと比較してサンプルが月間2,500万人と多く、実際の来訪者数が少ない観光スポットでも計測可能な点が大きな特徴である。また、位置情報から各ユーザーの発地と勤務地域を特定し、発地から一定距離（本書では20km）以内の移動および通勤移動を除外することで、観光など非日常の移動のみを抽出している点も特徴である。

おでかけウォッチャーを使うことで、サービス利用者は、2019年以降を対象に、事前にエリアを登録した観光スポット毎の日次来訪者数をみることができる。また、市区町村内複数スポットへの重複訪問を差し引いた、市区町村単位での日次来訪者数もみることができる。

加えて、ユーザーの発地情報に基づく発地別の来訪者数、ユーザーが登録した属性情報（性・年齢（20～60歳代））に基づく属性別来訪者数を取得できる。さらに、観光スポット間の周遊数の分析も可能である。

なお、登録したスポットの範囲内に一定時間（10～30分程度）以上滞在した場合にのみ来訪者として判定されるため、車・公共交通による通過人員は来訪者として判定されない。また、各データの集計単位は１日であり、例えば同じ観光スポットへ同月内に２日訪問した場合は、各日で来訪者数として集計され、月単位の集計でも２人分としてカウントされる。

2．分析対象とした観光スポットと地域別来訪者数

本書で分析対象とした観光スポットは、観光レビューサイトTripadvisorにおけるレビュー数上位の観光スポット、各県観光連盟Webサイトの観光地紹介ページに掲載されている観光スポットを中心に抽出し、計1,154カ所とした。県別では、福岡県158スポット、佐賀県40スポット、長崎県150スポット、熊本県113スポット、大分県106スポット、宮崎県124スポット、鹿児島県112スポット、沖縄県298スポット、山口県53スポットとなっている。

おでかけウォッチャーにおける地域別来訪者は、市区町村単位での集計データに基づく。よって、本書で表示している全国・九州地域・都道府県・県内地域別の来訪者数は、市区町村別来訪者数を合算したものであり、１日で複数の都道府県・市町村に訪れた場合は重複して集計されている点に注意を要する。

3．データの構築、運用

おでかけウォッチャーは、（株）ブログウォッチャー（東京都中央区）が保有する位置情報データをもとに、九経調がシステム構築・運営を行い、行政・観光協会・DMO向けサービスとして提供している。

お問い合わせ
公益財団法人九州経済調査協会　事業開発部　TEL 092-721-4900
E-Mail odekake-watcher@kerc.or.jp

総　　論

はじめに

2020年２月以降、新型コロナウイルス感染症（以下、コロナ）が世界的に拡大し、2023年を迎えても収束せず、人々の行動や企業の生産活動を抑制し、景気・経済に負の影響をもたらしてきた。なかでも大きなダメージを受けたのが観光産業である。コロナ感染拡大時の緊急事態宣言やまん延防止等重点措置の発出により、都道府県をまたぐ移動や旅行が抑制され、インバウンドに至っては2022年夏までほぼ消滅と言える状況に陥った。観光産業は九州のリーディング産業であり、力強さを欠く九州経済の成長を牽引する分野として期待されてきただけに、その影響は深刻であった。

2022年度後半になると、政府、自治体は感染防止に努めつつ旅行支援策を実施したほか、海外からの渡航者に対する水際対策も緩和し、観光需要が本格的な回復へと転じる兆しがみられる。そこで2023年版九州経済白書では、速報性が高く詳細な人流の動向を把握できるビッグデータを活用するなどして、コロナによる観光行動の変容と観光産業への影響をいち早く明らかにする。そして、観光復興に取り組む地域の事例をもとに、今後求められる観光地づくりのあり方について考察する。

1　観光をとりまく現状

１）コロナ禍の地域経済と観光

コロナ感染拡大で経済成長率が低下

2020年２月からの新型コロナウイルス感染拡大は経済に多大な影響を与えた。全国のGDPは感染拡大第１波の2020年４－６月期に前期比▲8.0%[1]となり、リーマンショック（同▲4.8%、2009年１－３月期）や東日本大震災（同▲1.1%、2011年１－３月期）を上回って1994年以降最大の下落率となった。GDPの主要４支出を内閣府「地域別支出総合指数（RDEI）」からみると、九州７県においても2020年４－６月に2019年比▲7.4%となり、全国（同▲8.9%）と同様に大きく下落した（図表１-１）。

コロナが影響を与えた分野をRDEI４項目の寄与度からみると、感染拡大第１波では消費の寄与度が▲6.0%ptと最も大きい。第２波以降も2019年比水準に戻らず、２年を経た2022年４－６月にようやくコロナ禍前の水準に回復した。

1　2022年12月８日公表値、実質季節調整値

図表１-１　地域別支出総合指数４支出の2019年10－12月比寄与度（九州７県）

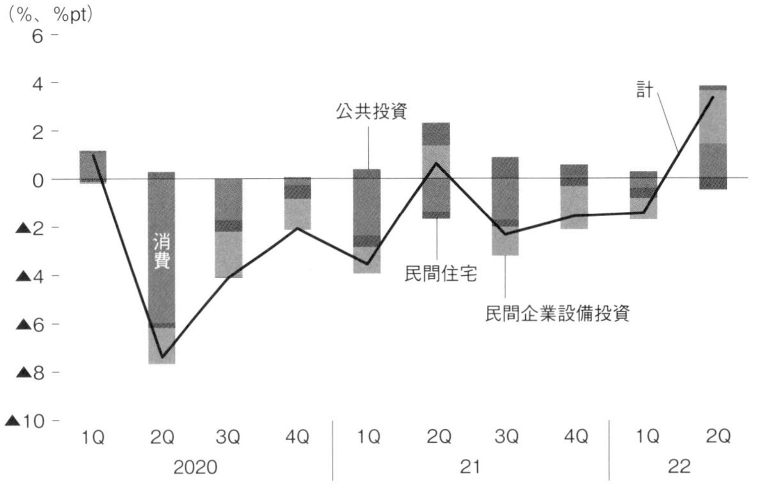

注）2019年10－12月比
資料）内閣府「地域別支出総合指数」をもとに九経調作成

待たれるサービス支出の回復

総務省「家計調査」をもとに家計支出の動向をみると、サービス支出の低下が大きく、その傾向が足元の2022年まで継続している（図表１-２）。特にサービス支出のなかでも「旅行」「外食」のマイナス寄与度が大きく、感染拡大から２年が経過した2022年４－６月期までマイナスが続いた。政府・自治体は旅行需要の喚起策としてGo To トラベルや県民限定の宿泊旅行に対する補助などの対策を実施したが、「旅行」「外食」の支出額は2019年に届かず、本格的な回復には至っていない。

旅行需要の減少を背景に、関連産業の業況も厳しい状況にある。日本銀行福岡支店「全国企業短期経済観測調査（日銀短観）」における九州・沖縄の「宿泊・飲食サービス業」の業況判断は、製造業、非製造業平均に比べ大幅に悪化している（図表１-３）。ただし、2022年９月調査ではゼロ近くまで回復しており、長いトンネルから抜け出しつつある。

図表１-２　九州７県における家計支出、変化寄与度の推移（財・サービス別、2019年比）

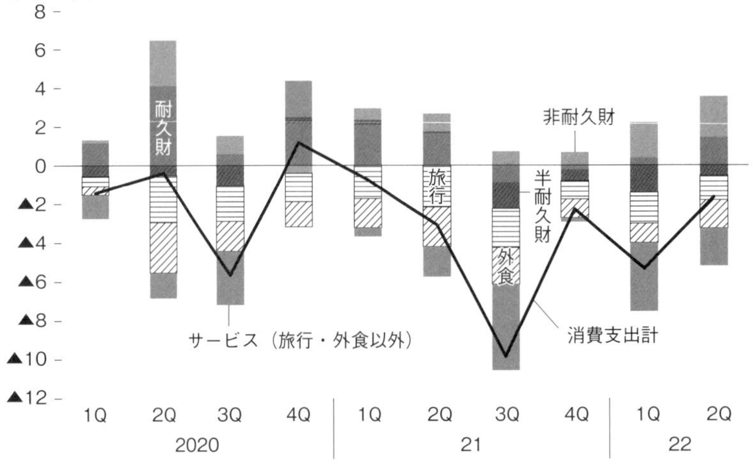

資料）総務省「家計調査」をもとに九経調作成

図表１-３　業況判断 DI の推移（九州・沖縄）

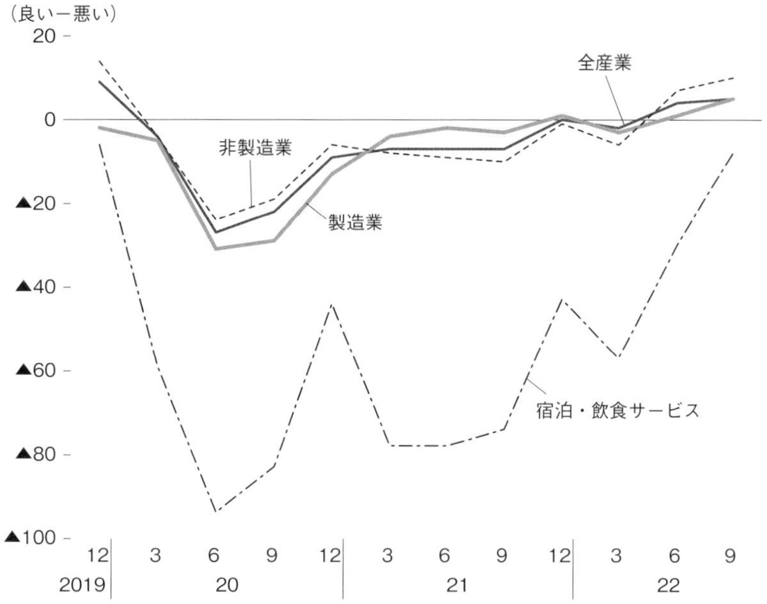

資料）日本銀行福岡支店「全国企業短期経済観測調査」

２）コロナ禍が観光に与えた影響

半減した九州地域への旅行者

九州７県を主目的地とする日本人の旅行をみると、延べ旅行者数は2019年までは宿泊旅行、日帰り旅行ともに横ばい傾向で推移していたが、コロナ禍の2020、2021年は半減した（図表１-４）。宿泊数ベースでも、九州地域は2020年に前年比▲45.8%、2021年は2019年比で▲50.1%まで減少している（図表１-５）。沖縄県は感染者数、人口当たり感染者比率のいずれも大きかったこと、旅行支援施策の対象から外れたことから減少が特に大きく、2020年は同▲58.0%、2021年は同▲65.1%と大幅に減少した。

図表１-４　九州地域を主目的地とする延べ旅行者数の推移

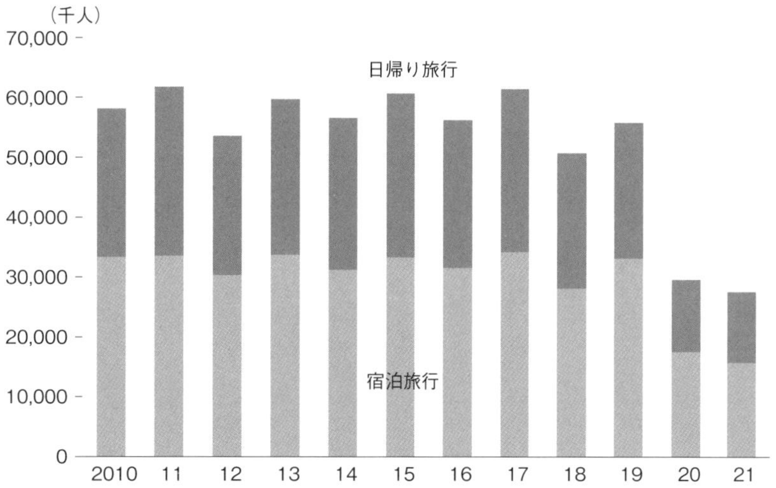

資料）観光庁「旅行・観光消費動向調査」をもとに九経調作成

図表１‐５　延べ宿泊者数の推移

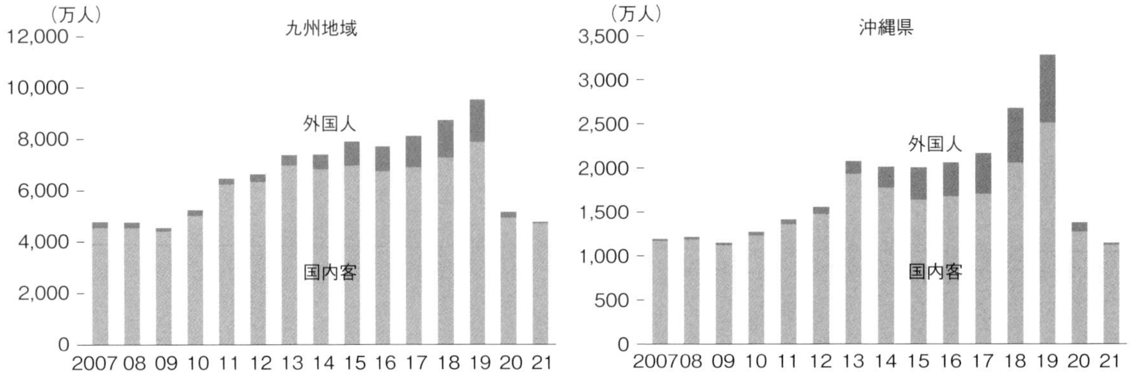

資料）観光庁「宿泊旅行統計調査」をもとに九経調作成

観光旅行が大きく減少

コロナ禍前の2019年における九州地域（九州７県、沖縄県、山口県）での宿泊者数のうち、観光目的は約5,300万人、ビジネス（観光以外）は約4,200万人であったが、2020年は観光目的で▲52%、ビジネスは▲38%となり、観光目的がより大きく減少した（図表１‐６）。2021年も回復せず、ビジネスはほぼ横ばい、観光目的はさらに減少し、コロナの影響は観光旅行により強く表れた。

図表１‐６　目的別延べ宿泊者数の推移（九州地域）

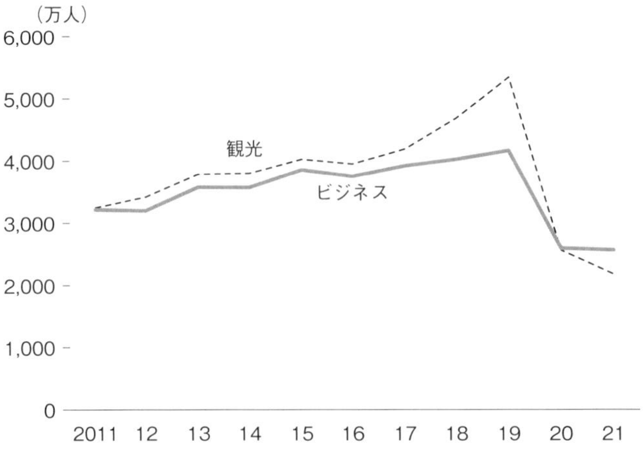

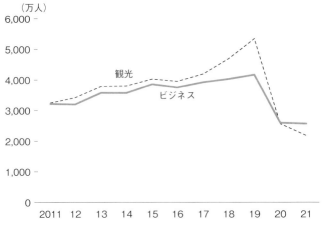

注）「観光」は観光目的の宿泊者が50%以上の施設、「ビジネス」は観光目的の宿泊者が50%未満の施設
資料）観光庁「宿泊旅行統計調査」をもとに九経調作成

１人当たり旅行消費額はコロナ前を維持

旅行者１人当たり旅行消費額は、2020、2021年は2019年よりも減少したが、旅行者数ほどの減少はなく、2010～2017年に近い水準にある（図表１‐７）。旅行者当たり宿泊回数も同様にコロナ禍前の水準を下回っていない。県をまたぐ移動の制約などから旅行機会は減少したものの、旅行を実施した際の宿泊や体験サービス、買い物は概ねコロナ禍前の水準で実施されている。

図表１-７　九州７県を主目的とする延べ旅行者当たり旅行消費額、宿泊回数

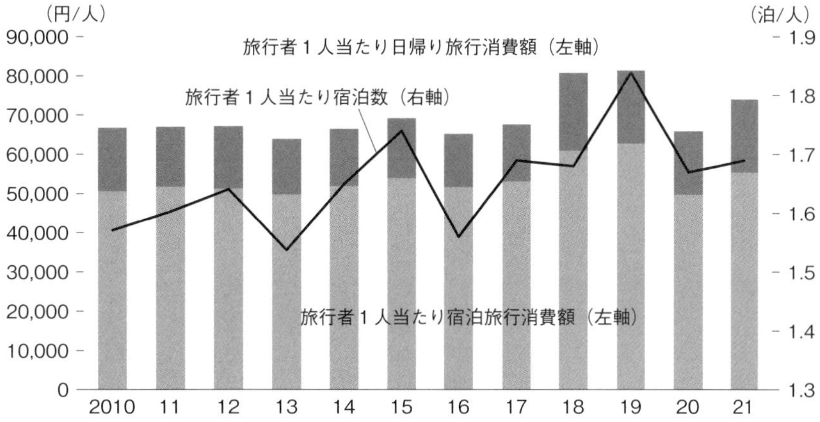

資料）観光庁「旅行・観光消費動向調査」をもとに九経調作成

消滅したインバウンド

宿泊者に占める外国人は、2019年では九州地域で17％（約1,650万人）、うち沖縄県で24％（約780万人）を占めていたが、コロナ禍の渡航制限で急減した（前掲図表１-５）。2020年における外国人のシェアは、九州地域で５％、うち沖縄県で８％まで下落している。コロナ前までのインバウンドの急増は、ホテル建設投資を呼びこみ、宿泊施設の稼働率向上にも寄与していたため、関連産業への影響は深刻なものとなった。コロナ前まで来航の多かった国際クルーズ観光も催行されず消滅し、免税店や百貨店での消費にも影響を与えた。

再び課題となる人手不足

わが国の観光産業ではコロナ禍前より人手不足に陥っていた。日銀短観における宿泊・飲食サービスの雇用人員の過不足状況は、2019年時点では全産業・非製造業平均よりも低い水準にあり、不足が深刻であった（図表１-８）。コロナ禍で、需要の急減から2020、2021年は過剰となる局面もあったが、旅行支援施策の実施時期に不足に振れたほか、行動制約がなくなった2022年には再び不足となり、2022年12月調査ではコロナ禍前の不足の状況にまで戻ってしまった。同年末時点でも、宿泊施設からは、旅行支援施策による宿泊者の増加に対して、従業員不足から思うように稼働を上げることができないとの声も聞かれている。今後、さらなる旅行需要の回復が見込まれるなかで、人手不足はより深刻な課題になっている。

図表１-８　雇用人員の過不足状況（全国）

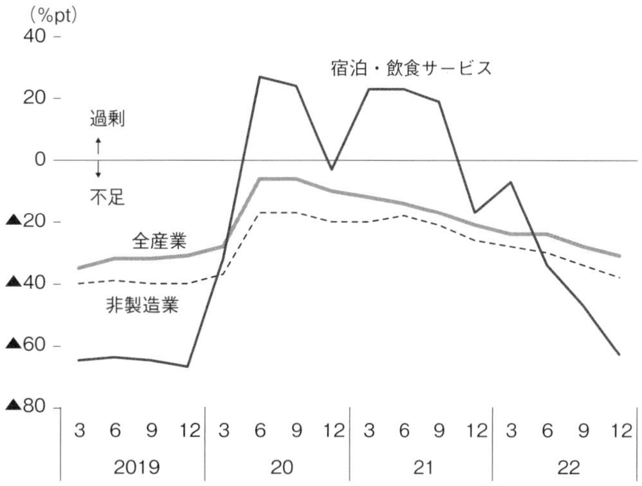

資料）日本銀行「全国企業短期経済観測調査」をもとに九経調作成

2 スマホデータにみる九州地域への来訪者の動向

観光を含む人流の分析は、従来のアンケート調査データに基づく分析から、2000年代以降、位置情報データを活用した分析が広まりつつある。データ取得手段も、スマートフォンのGPSで測位した緯度経度情報（GPSデータ）、Wi-Fiアクセスポイントと交信した履歴（Wi-Fiアクセスポイントデータ）など、人流ビッグデータの入手が容易となっている。観光分野においても、来訪者数の把握手段としては宿泊施設・集客施設の利用者数の集計、来訪者属性や周遊の把握方法としてはアンケート調査が広く用いられてきたが、人流ビッグデータを用いることで、宿泊を伴わない来訪者も含めて、来訪者数や来訪者情報を正確、詳細、即時的に把握できるようになった。

本節では、コロナ禍で変容を続けた九州地域の観光流動について、当会が提供している人流モニタリングツール「おでかけウォッチャー[2]」を活用し、九州地域における来訪者の動向とコロナ禍の変化を分析する。

なお、本節での来訪者の分析対象期間は2019年から2022年までとした。ただし、観光スポット別の来訪者分析については、データ集計期間の制約により、2021年までを対象としている。

1）県別・市町村別の来訪者の変化

コロナ禍で減少した九州への来訪者

九州地域への日本人の来訪者数は、2019年は概ね横ばいで推移していたが、コロナ感染拡大により2020年５月に大きく減少した（図表２-１）。その後、2022年初頭までは、感染拡大にあわせて実施された行動制限から来訪者が減少している。ただし、感染者数が減少する局面や旅行支援策の実施期間では、来訪者が回復する動きも確認できる。

2021年の来訪者数は、各県による県民割などの支援施策から回復したが、コロナ禍前の水準には至らなかった。他方、2022年の来訪者数は感染拡大第６波で減少したが、行動制限が実施されなかったことと、各県による旅行支援によって回復傾向が続いた。第７波でも来訪者は大きく減少せず、全国旅行支援や「九州たびたびの旅」の効果も後押しし、コロナ禍前の水準に回復しつつある。

2021年の来訪者数を2019年を基準にみると、最も減少したのは沖縄県、次いで福岡県、長崎県となった（図表２-２）。沖縄県は人口当たりコロナ感染者数が多く、旅行支援施策の対象地域から外れていたことなどから来訪者が減少した。福岡県も同様の理由のほか、ビジネス客の来訪が観光に比べて減少したことからも来訪者が減少した。長崎県は、観光目的の来訪比率が宮崎県に次いで高い[3]ため、観光需要の減少から来訪者が減少した。

県庁所在都市では、佐賀市を除いて減少率が県平均より大きかった。観光旅行に加えて、ビジネス出張による来訪者の減少が反映されているものと思われる。

---

[2] おでかけウォッチャーの概要は本書冒頭ページを参照
[3] 観光庁「宿泊旅行統計」（2019年）における観光目的の宿泊者が50％以上の延べ宿泊者数

図表２-１　九州地域への来訪者数の推移

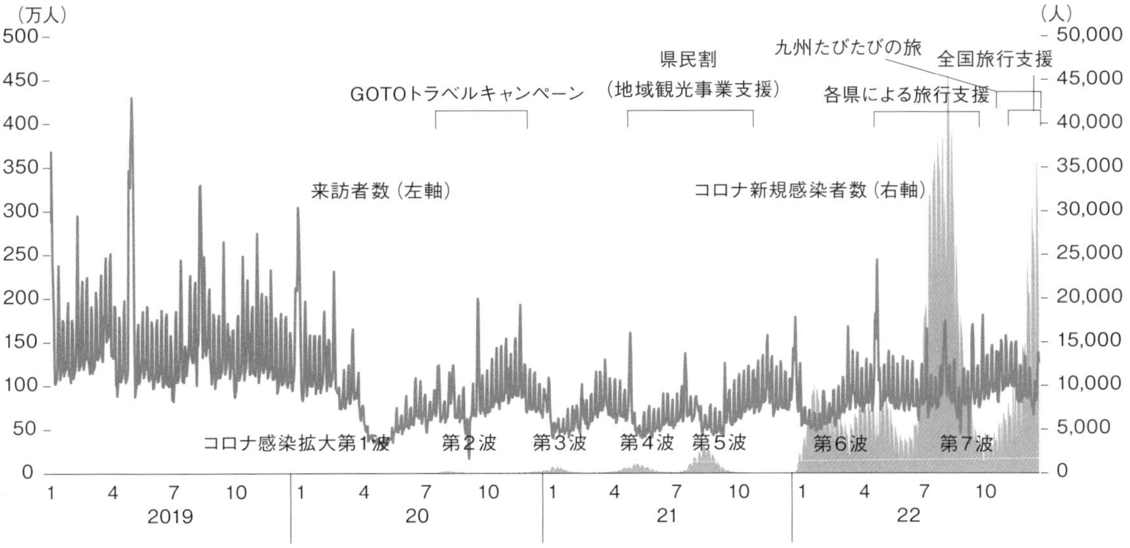

資料）厚生労働省「データからわかる・新型コロナウイルス感染症情報」および九経調「おでかけウォッチャー」をもとに作成

図表２-２　来訪者数の推移（全国、九州地域、政令市・県庁所在都市）　（単位：万人、％）

	来訪者数				2019年比		
	2019年	2020年	2021年	2022年	2020年	2021年	2022年
全国	498, 990	250, 748	207, 247	274, 755	▲49. 7	▲58. 5	▲44. 9
九州地域	54, 957	31, 453	26, 481	34, 530	▲42. 8	▲51. 8	▲37. 2
福岡県	22, 393	12, 006	10, 209	13, 430	▲46. 4	▲54. 4	▲40. 0
佐賀県	3, 854	2, 287	1, 935	2, 393	▲40. 7	▲49. 8	▲37. 9
長崎県	3, 593	2, 096	1, 720	2, 372	▲41. 6	▲52. 1	▲34. 0
熊本県	5, 869	3, 808	3, 351	4, 083	▲35. 1	▲42. 9	▲30. 4
大分県	3, 819	2, 316	2, 007	2, 572	▲39. 4	▲47. 4	▲32. 7
宮崎県	2, 368	1, 487	1, 293	1, 592	▲37. 2	▲45. 4	▲32. 8
鹿児島県	4, 085	2, 471	2, 074	2, 586	▲39. 5	▲49. 2	▲36. 7
沖縄県	5, 188	2, 661	1, 849	2, 965	▲48. 7	▲64. 4	▲42. 8
山口県	3, 790	2, 321	2, 042	2, 537	▲38. 8	▲46. 1	▲33. 1
福岡市	12, 017	5, 804	4, 776	6, 798	▲51. 7	▲60. 3	▲43. 4
北九州市	3, 389	1, 773	1, 527	2, 022	▲47. 7	▲54. 9	▲40. 3
佐賀市	1, 143	682	604	723	▲40. 4	▲47. 2	▲36. 8
長崎市	1, 263	687	539	849	▲45. 6	▲57. 4	▲32. 8
熊本市	2, 026	1, 154	949	1, 197	▲43. 0	▲53. 1	▲40. 9
大分市	821	436	379	467	▲47. 0	▲53. 8	▲43. 1
宮崎市	727	432	360	465	▲40. 6	▲50. 5	▲36. 0
鹿児島市	1, 650	885	725	945	▲46. 4	▲56. 0	▲42. 7
那覇市	1, 342	608	400	682	▲54. 7	▲70. 2	▲49. 2
山口市	589	353	312	399	▲40. 0	▲47. 0	▲32. 3

資料）九経調「おでかけウォッチャー」をもとに作成

回復する遠距離からの来訪客

　コロナ感染拡大が続くなか、ワクチン接種の進展と感染予防対策の広がりから、2022年以降、緊急事態宣言による行動制約が実施されなくなり、観光、ビジネスでの旅行は回復に向かいつつある。2022年10月には旅行代金の割引と地域クーポンの付与を行う旅行需要喚起施策「全国旅行支援」が実施され、回復を後押ししている。おでかけウォッチャーより2022年の来訪者数をみると、全県、全県庁所在都市で2021年を上回り、なかでも長崎県と沖縄県、都市別では福岡市、長崎市、那覇市の回復幅が大きい。2019年の水準にはまだ届いていないが、このまま回復が続けば、2023年にはコロナ禍前の水準へと回復する可能性がある。

三大都市圏、観光県の影響が顕著

2021年の全国の来訪者数をコロナ禍前と比べると、東京都、大阪府、沖縄県、神奈川県、千葉県の順で減少率が大きい（図表２-３）。三大都市圏の減少率が大きく、感染者数に比例して来訪者が減少した。また、三大都市圏からの来訪者が多い愛知県、京都府、石川県でも減少率が大きかった。

2022年に入り、これらの都府県の来訪者数は他県より回復幅が大きい。全国旅行支援による観光旅行の回復に加え、ビジネス出張の需要も戻りつつある。ただし2019年比では、三大都市圏の来訪者は半分（▲50%）程度の水準にとどまり、地方圏よりもコロナ前の水準への回復は遅れている。本格的な回復は2023年以降となるだろう。

図表２-３　来訪者数の推移（都道府県）　（単位：万人、%）

	2019年	2020年	2021年	2019年比	2022年	2019年比		2019年	2020年	2021年	2019年比	2022年	2019年比
全国	498,990	250,748	207,247	▲58.5	274,755	▲44.9	三重県	6,925	3,929	3,166	▲54.3	3,915	▲43.5
北海道	14,629	8,302	7,259	▲50.4	9,955	▲31.9	滋賀県	5,648	3,204	2,684	▲52.5	3,287	▲41.8
青森県	3,837	2,300	2,063	▲46.2	2,651	▲30.9	京都府	15,642	8,291	6,588	▲57.9	9,318	▲40.4
岩手県	4,175	2,539	2,264	▲45.8	2,880	▲31.0	大阪府	38,179	17,589	13,411	▲64.9	18,623	▲51.2
宮城県	7,701	4,203	3,587	▲53.4	4,549	▲40.9	兵庫県	21,022	11,234	9,081	▲56.8	11,462	▲45.5
秋田県	3,126	1,942	1,758	▲43.8	2,092	▲33.1	奈良県	4,506	2,673	2,355	▲47.7	2,939	▲34.8
山形県	3,043	1,848	1,577	▲48.2	1,957	▲35.7	和歌山県	3,685	2,313	2,026	▲45.0	2,399	▲34.9
福島県	5,648	3,380	2,947	▲47.8	3,728	▲34.0	鳥取県	2,189	1,344	1,089	▲50.3	1,368	▲37.5
茨城県	7,169	4,191	3,717	▲48.1	4,484	▲37.4	島根県	2,665	1,695	1,377	▲48.3	1,701	▲36.1
栃木県	5,311	3,032	2,612	▲50.8	3,218	▲39.4	岡山県	6,691	3,775	3,082	▲53.9	3,931	▲41.2
群馬県	5,431	3,081	2,588	▲52.4	3,366	▲38.0	広島県	8,931	5,052	4,165	▲53.4	5,397	▲39.6
埼玉県	13,595	6,219	5,497	▲59.6	6,843	▲49.7	山口県	3,790	2,321	2,042	▲46.1	2,537	▲33.1
千葉県	16,861	8,033	6,701	▲60.3	8,496	▲49.6	徳島県	2,078	1,172	1,017	▲51.1	1,295	▲37.7
東京都	117,259	46,458	35,883	▲69.4	52,214	▲55.5	香川県	2,860	1,592	1,283	▲55.1	1,725	▲39.7
神奈川県	28,301	12,720	10,680	▲62.3	14,360	▲49.3	愛媛県	3,632	2,245	1,818	▲49.9	2,341	▲35.6
新潟県	7,747	4,657	4,111	▲46.9	5,042	▲34.9	高知県	2,356	1,561	1,348	▲42.8	1,698	▲27.9
富山県	2,583	1,408	1,234	▲52.2	1,625	▲37.1	福岡県	22,393	12,006	10,209	▲54.4	13,430	▲40.0
石川県	4,755	2,611	2,038	▲57.1	2,760	▲41.9	佐賀県	3,854	2,287	1,935	▲49.8	2,393	▲37.9
福井県	2,732	1,569	1,339	▲51.0	1,788	▲34.6	長崎県	3,593	2,096	1,720	▲52.1	2,372	▲34.0
山梨県	4,707	2,473	2,306	▲51.0	2,974	▲36.8	熊本県	5,869	3,808	3,351	▲42.9	4,083	▲30.4
長野県	8,536	4,877	4,350	▲49.0	5,810	▲31.9	大分県	3,819	2,316	2,007	▲47.4	2,572	▲32.7
岐阜県	6,445	3,813	3,284	▲49.0	4,103	▲36.3	宮崎県	2,368	1,487	1,293	▲45.4	1,592	▲32.8
静岡県	17,595	9,382	7,960	▲54.8	10,051	▲42.9	鹿児島県	4,085	2,471	2,074	▲49.2	2,586	▲36.7
愛知県	25,839	12,587	10,520	▲59.3	13,879	▲46.3	沖縄県	5,188	2,661	1,849	▲64.4	2,965	▲42.8

資料）九経調「おでかけウォッチャー」をもとに作成

全国旅行支援は幅広い年齢層の需要を刺激

2022年10月より実施されている全国旅行支援は、2022年の来訪者増加を後押しした。2022

年10～12月の九州地域への来訪者数は9, 774万人で、前年より1, 457万人増加した（図表２-４）。年齢別に増加率をみると、50歳代が前年同期比＋28. 7%と最も大きいが、30歳代、60歳代の伸びも大きく、幅広い年齢層の旅行需要の回復に寄与した。

図表２-４　2022年10－12月の世代別来訪者数（九州地域計）

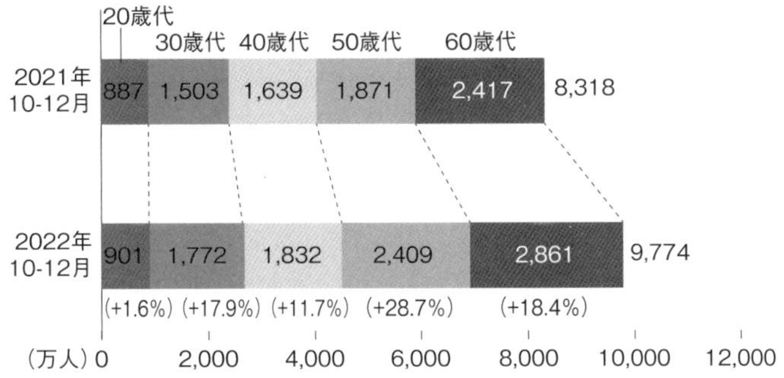

注）カッコ内は前年同期比
資料）九経調「おでかけウォッチャー」をもとに作成

日帰り観光地で減少が緩やか

図表２-５は2022年における各県来訪者数上位10市町村の推移である。全体の傾向と同様にコロナ禍で来訪者数は減少しているが、地域によって減少率は異なる。2021年の来訪者数は、観光地としての知名度が高い太宰府市や佐世保市、別府市、由布市、霧島市、指宿市などで減少数が大きかった。沖縄県は広域にわたって観光客の減少が顕著であった。下関市、久留米市、鳥栖市、佐世保市も減少数が大きく、ビジネス需要の減少も要因とみられる。

一方、うきは市や朝倉市、阿蘇市、竹田市、串間市などでは、各県全体に比べて減少率が小さい。これらの市は、近隣都市からの買い物での来訪のほか、コロナ禍で近距離の旅行「マイクロツーリズム」が見直されたことも要因とみられる。うきは市、串間市ではその傾向が顕著であり、コロナ禍でもコロナ前の水準に近い来訪者を集めた。

2022年は主要観光地も回復

2022年に入り、九州地域では主要観光地で来訪者数が回復している。特にコロナ感染拡大初期に大きく減少した観光地で回復幅が大きく、太宰府市や嬉野市、別府市、由布市などで顕著である。コロナ禍前との比較では、上記のような有名観光地では５～６割程度、全体では７割程度まで回復している。

マイクロツーリズムやアドベンチャーツーリズムの需要を取り込み、コロナ禍でも来訪者の減少が小さかったうきは市や朝倉市、熊本県南阿蘇村、上天草市、えびの市などは、2022年においても増加を続けているものの、他地域に比べると増加幅は小さい。旅行需要が平常に戻りつつあるなかでも、コロナ禍と同様に来訪客を集めており、コロナ禍で再注目された旅行の志向は一定程度継続すると考えられるが、継続的な集客とリピーター獲得に向けては工夫も必要となるだろう。後述するように、スポーツやアクティビティ・コンテンツの愛好者をリピーターとして継続的に呼び込む仕組みや、地域での学びなどを通じて地域づくりへの参画を促すことで関係性を深める取り組みが必要と考えられる。また、コロナ禍でもコン

図表２-５　各県来訪者上位10市町村の来訪者数

（単位：万人、％）

県	市町村	2019年	2020年	2021年	2022年	2019年比
福岡県	久留米市	869	486	407	485	▲44. 1
	宗像市	377	256	232	261	▲30. 8
	うきは市	241	223	230	261	8. 3
	糸島市	366	247	212	252	▲31. 1
	太宰府市	427	211	150	248	▲42. 0
	筑紫野市	446	230	204	236	▲47. 1
	大牟田市	320	194	169	211	▲33. 9
	朝倉市	224	201	187	209	▲6. 7
	福津市	214	141	136	166	▲22. 6
	久山町	305	211	174	161	▲47. 2
佐賀県	鳥栖市	715	394	320	352	▲50. 7
	唐津市	377	248	210	261	▲30. 8
	武雄市	332	184	150	211	▲36. 4
	嬉野市	272	182	135	199	▲27. 1
	伊万里市	165	106	97	121	▲26. 7
	鹿島市	189	122	87	110	▲41. 7
	太良町	76	61	52	63	▲17. 9
	有田町	95	48	41	62	▲34. 2
	基山町	83	42	44	51	▲38. 7
	吉野ヶ里町	72	38	35	49	▲32. 3
長崎県	佐世保市	685	385	309	417	▲39. 1
	大村市	260	157	135	162	▲37. 9
	雲仙市	243	153	118	152	▲37. 4
	島原市	183	114	98	120	▲34. 3
	諫早市	189	108	89	105	▲44. 6
	松浦市	82	66	60	73	▲10. 8
	平戸市	91	60	54	70	▲22. 3
	五島市	86	54	46	66	▲23. 7
	東彼杵町	77	50	48	60	▲22. 7
	西海市	66	43	37	51	▲22. 0
熊本県	阿蘇市	357	292	278	349	▲2. 1
	上天草市	255	204	176	197	▲22. 5
	山鹿市	241	185	168	184	▲23. 7
	菊池市	210	156	147	169	▲19. 5
	宇城市	237	162	138	160	▲32. 4
	南阿蘇村	196	148	130	141	▲27. 8
	大津町	152	119	111	136	▲10. 7
	八代市	205	125	109	132	▲35. 5
	天草市	193	142	120	132	▲31. 8
	宇土市	149	115	105	119	▲19. 8
大分県	別府市	745	412	339	497	▲33. 2
	由布市	364	213	163	236	▲35. 0
	中津市	291	206	182	210	▲27. 7
	日田市	277	187	168	206	▲25. 7
	竹田市	193	141	136	172	▲11. 0
	佐伯市	161	113	101	116	▲28. 3
	宇佐市	149	94	73	92	▲38. 3
	九重町	125	81	71	86	▲31. 2
	豊後大野市	111	82	73	85	▲23. 3
	玖珠町	92	62	55	71	▲23. 5
宮崎県	延岡市	346	213	184	223	▲35. 6
	都城市	313	195	162	199	▲36. 4
	日向市	138	91	86	104	▲24. 2
	日南市	116	79	67	90	▲22. 6
	高千穂町	129	80	67	83	▲35. 8
	小林市	109	66	59	59	▲45. 6
	えびの市	90	63	48	57	▲36. 3
	都農町	67	51	47	52	▲22. 2
	串間市	30	22	30	34	14. 3
	西都市	46	29	29	34	▲25. 9
鹿児島県	薩摩川内市	264	179	157	182	▲31. 2
	姶良市	253	155	145	163	▲35. 4
	霧島市	238	154	124	156	▲34. 3
	指宿市	233	152	115	151	▲35. 1
	奄美市	127	83	67	86	▲32. 6
	垂水市	116	73	66	81	▲30. 0
	曽於市	77	53	50	66	▲15. 1
	南九州市	109	58	41	66	▲39. 6
	鹿屋市	96	62	55	61	▲35. 9
	出水市	93	57	50	60	▲35. 0
沖縄県	宮古島市	409	246	176	303	▲25. 9
	名護市	461	261	186	265	▲42. 6
	石垣市	285	162	105	189	▲33. 6
	北谷町	299	158	106	184	▲38. 3
	本部町	368	141	84	170	▲53. 8
	恩納村	303	153	115	169	▲44. 2
	糸満市	182	96	72	125	▲31. 1
	豊見城市	209	115	71	101	▲51. 8
	沖縄市	143	80	67	95	▲33. 9
	北中城村	163	86	67	86	▲47. 3
山口県	下関市	925	487	438	592	▲36. 0
	周南市	330	200	174	213	▲35. 6
	萩市	243	184	162	196	▲19. 1
	長門市	235	178	147	184	▲21. 8
	岩国市	265	144	114	136	▲48. 4
	山陽小野田市	164	128	120	129	▲21. 0
	美祢市	191	111	95	120	▲37. 2
	下松市	184	104	93	112	▲39. 2
	宇部市	163	86	77	97	▲40. 5
	防府市	158	94	77	93	▲40. 7

資料）九経調「おでかけウォッチャー」をもとに作成

テンツツーリズムが話題となったように、地域の歴史や景観を生かした継続的な話題づくりやイベントの実施も必要となるだろう。

マイクロツーリズムや震災復興による来訪者の回復

図表２-６は2022年の来訪者増減率（2019年比）上位20市町村をみたものである。観光客が元々少ない町村を除くと、うきは市、朝倉市など、近隣都市圏からのマイクロツーリズムで集客した地域が上位となっている。串間市やうきは市は、道の駅の人気が多くの集客をも

たらした。また、2016年の熊本地震で損壊した新阿蘇大橋（熊本県南阿蘇村）などのインフラの復旧から、阿蘇市のほか、周辺の宮崎県日之影町、熊本県高森町、宮崎県五ヶ瀬町、熊本県産山村へのアクセスが向上し、コロナ禍でも来訪者を集めた。熊本県相良村や熊本県五木村は、2020年の「令和２年７月豪雨」で被災したが、復旧時の工事関係者の来訪のほか、幹線道路の復旧による来訪者の増加も回復に寄与した。

図表２-６　2022年来訪者増減率（2019年比）上位20市町村（単位：人、％）

	2019年	2020年	2021年	2022年	2019年比
沖縄県粟国村	9,449	7,953	6,104	14,502	53.5
沖縄県南大東村	5,326	6,681	4,767	7,924	48.8
沖縄県北大東村	9,034	11,564	11,350	12,654	40.1
熊本県相良村	35,109	35,301	40,787	48,910	39.3
沖縄県渡名喜村	1,457	485	281	1,851	27.0
串間市	301,349	222,126	301,727	344,491	14.3
宮崎県美郷町	72,641	60,038	58,972	81,719	12.5
宮崎県日之影町	241,970	266,358	251,320	271,258	12.1
沖縄県伊是名村	15,049	6,776	7,258	16,304	8.3
うきは市	2,408,154	2,227,455	2,298,483	2,606,997	8.3
鹿児島県十島村	6,864	5,114	5,528	7,363	7.3
鹿児島県伊仙町	7,250	6,798	4,884	7,625	5.2
熊本県高森町	497,779	356,867	389,559	506,708	1.8
山口県阿武町	463,113	363,038	368,335	461,538	▲0.3
宮崎県五ヶ瀬町	160,115	113,298	119,357	159,286	▲0.5
阿蘇市	3,565,956	2,919,777	2,780,401	3,492,381	▲2.1
鹿児島県和泊町	29,039	22,417	19,760	27,905	▲3.9
熊本県産山村	109,596	92,661	117,568	104,774	▲4.4
熊本県五木村	276,588	239,167	236,550	260,935	▲5.7
朝倉市	2,240,662	2,013,399	1,874,053	2,091,151	▲6.7

資料）九経調「おでかけウォッチャー」をもとに作成

遠方からの来訪者を増加させた西九州新幹線開業

2022年９月23日に西九州新幹線　武雄温泉・長崎間が開業となった。九経調が公表する「宿泊稼働指数」をみると、沿線・周辺市の宿泊稼働は上昇している。おでかけウォッチャーより武雄市、嬉野市、長崎市、雲仙市、島原市の来訪者を確認すると、2022年９～12月の合計は約458万人となり、前年同期の約340万人から34.8%増加した。

来訪者の構成をみると、沿線となる武雄市、嬉野市、長崎市では、東京都、大阪府など遠方からの来訪者数、シェアが上昇する傾向がみられた（図表２-７）。来訪者数では福岡県、長崎県からの増加数が大きい。また、開業によりアクセスが便利となった雲仙市、島原市は、東京・大阪に加えて九州内の遠隔地からの来訪も増加している。これらの地域は、西九州新幹線の開業を契機に新たな周遊観光が生まれる可能性があり、需要の増加を効果的に地域に還元するための新たな観光コンテンツ造成や受け入れ体制整備が重要となる。

図表２-７　西九州新幹線主要沿線・周辺市の来訪者増減数、シェア増減（2022年９～12月）

（単位：人、%pt）

武雄市

発地	2022年9～12月来訪者	来訪者増減数（前年同期差）	シェア増減（前年同期差）
福岡県	268,481	75,909	▲2.1
長崎県	189,569	73,357	1.8
東京都	24,689	14,818	1.1
神奈川県	22,336	14,406	1.2
佐賀県	190,517	13,200	▲8.2
熊本県	39,580	11,000	▲0.3
大阪府	20,886	10,543	0.6
愛知県	14,844	9,929	0.8
千葉県	10,248	7,501	0.7
鹿児島県	10,701	6,727	0.5

嬉野市

発地	2022年9～12月来訪者	来訪者増減数（前年同期差）	シェア増減（前年同期差）
福岡県	117,214	35,211	0.4
長崎県	78,482	25,499	1.0
千葉県	8,480	6,580	1.6
熊本県	13,497	6,089	0.8
神奈川県	10,079	5,658	1.0
東京都	10,226	5,649	1.0
大阪府	10,384	4,114	0.4
広島県	6,077	3,373	0.6
鹿児島県	3,856	2,788	0.6
兵庫県	5,232	2,286	0.3

長崎市

発地	2022年9～12月来訪者	来訪者増減数（前年同期差）	シェア増減（前年同期差）
福岡県	498,769	84,668	▲3.0
長崎県	616,429	64,527	▲6.1
東京都	134,269	49,749	0.8
大阪府	107,132	49,410	1.2
神奈川県	124,931	47,954	0.8
熊本県	97,867	28,576	0.1
愛知県	64,042	25,571	0.5
佐賀県	98,535	25,518	▲0.1
埼玉県	55,275	23,732	0.5
千葉県	49,757	22,203	0.5

雲仙市

発地	2022年9～12月来訪者	来訪者増減数（前年同期差）	シェア増減（前年同期差）
福岡県	124,908	36,327	2.8
熊本県	51,671	11,353	0.4
神奈川県	16,713	8,682	1.2
兵庫県	10,864	5,743	0.8
佐賀県	23,592	5,017	0.1
大阪府	16,623	4,807	0.4
東京都	13,125	4,297	0.4
埼玉県	6,754	3,572	0.5
千葉県	6,140	2,877	0.4
愛知県	8,115	2,617	0.2

島原市

発地	2022年9～12月来訪者	来訪者増減数（前年同期差）	シェア増減（前年同期差）
福岡県	76,256	18,387	2.7
熊本県	63,886	16,792	2.6
東京都	12,706	5,139	1.0
神奈川県	10,946	4,098	0.8
大阪府	10,287	3,235	0.6
大分県	5,704	2,518	0.5
宮崎県	6,955	2,512	0.5
兵庫県	5,966	2,107	0.4
愛知県	6,098	1,884	0.3
鹿児島県	8,461	1,470	0.1

資料）九経調「おでかけウォッチャー」をもとに作成

２）観光スポット別の来訪者の変化

観光スポット別にみるコロナ禍の特徴

次に来訪者を観光スポット別にみる。図表２-８は九州地域の来訪者上位50スポットをみたものである。九州の主要な商業地区やショッピングセンターのほか、太宰府天満宮（太宰府市）や門司港レトロ（北九州市門司区）、嬉野温泉（嬉野市）、由布院温泉（由布市）、金鱗湖（由布市）など、有名観光地・温泉地のスポットも上位となっている。大半のスポットでコロナ禍前に比べ来訪者が減少するなか、道の駅むなかた（宗像市）、道の駅あそ望の郷くぎの（熊本県南阿蘇村）は減少幅が小さく、道の駅うきはでは増加している点も、コロナ禍のマイクロツーリズムを反映した動きである。

図表２-８　2021年における来訪者上位50スポット

（単位：人、％）

	スポット名	市区町村	ジャンル	2019年	2021年	2019年比
1	天神	福岡市中央区	ショッピング・サービス	32,535,652	13,336,408	▲59.0
2	下通商店街	熊本市中央区	ショッピング・サービス	11,736,070	4,816,804	▲59.0
3	天文館周辺	鹿児島市	郷土景観・街・街道	9,119,000	4,076,062	▲55.3
4	博多リバレイン・博多座	福岡市博多区	ショッピング・サービス	8,002,267	2,980,488	▲62.8
5	橘通り	宮崎市	郷土景観・街・街道	6,047,051	2,909,484	▲51.9
6	新市街商店街・サクラマチクマモト	熊本市中央区	ショッピング・サービス	6,104,045	2,887,593	▲52.7
7	国際通り	那覇市	郷土景観・街・街道	9,637,371	2,567,254	▲73.4
8	キャナルシティ博多	福岡市博多区	ショッピング・サービス	7,409,838	2,498,004	▲66.3
9	中洲歓楽街	福岡市博多区	郷土景観・街・街道	8,282,128	2,424,119	▲70.7
10	鳥栖プレミアム・アウトレット	鳥栖市	ショッピング・サービス	4,331,622	2,129,454	▲50.8
11	イオンモール熊本	熊本県嘉島町	ショッピング・サービス	3,237,895	2,096,598	▲35.2
12	イオンモール宮崎	宮崎市	ショッピング・サービス	3,673,201	1,937,509	▲47.3
13	ゆめタウン佐賀	佐賀市	ショッピング・サービス	3,098,176	1,771,420	▲42.8
14	トリアス久山	福岡県久山町	ショッピング・サービス	3,000,253	1,711,269	▲43.0
15	門司港レトロ	北九州市門司区	郷土景観・街・街道	3,930,322	1,686,450	▲57.1
16	イオンモール鹿児島	鹿児島市	ショッピング・サービス	2,783,345	1,552,830	▲44.2
17	太宰府天満宮	太宰府市	神社・寺院・教会	4,023,104	1,399,426	▲65.2
18	県庁前通り	那覇市	郷土景観・街・街道	4,995,786	1,346,794	▲73.0
19	東長寺／福岡大仏	福岡市博多区	神社・寺院・教会	4,322,577	1,311,924	▲69.6
20	嬉野温泉	嬉野市	温泉・スパ	2,567,742	1,264,796	▲50.7
21	ハウステンボス	佐世保市	エンタメ・アミューズメント	3,353,865	1,260,408	▲62.4
22	イオンモール筑紫野	筑紫野市	ショッピング・サービス	2,385,033	1,186,937	▲50.2
23	由布院温泉	由布市	温泉・スパ	2,459,462	1,169,275	▲52.5
24	アミュプラザ長崎	長崎市	ショッピング・サービス	2,939,910	1,166,237	▲60.3
25	金鱗湖	由布市	郷土景観・街・街道	2,474,770	1,142,957	▲53.8
26	旦過市場	北九州市小倉北区	ショッピング・サービス	2,455,588	1,137,643	▲53.7
27	福岡 PayPay ドーム	福岡市中央区	スポーツ・アクティビティ	5,262,416	1,116,815	▲78.8
28	T ギャラリア沖縄 by DFS	那覇市	ショッピング・サービス	3,011,575	1,084,796	▲64.0
29	天然温泉　天神ゆの華	福岡市中央区	温泉・スパ	1,994,011	1,069,291	▲46.4
30	道の駅むなかた	宗像市	ショッピング・サービス	1,336,274	1,065,358	▲20.3
31	トキハわさだタウン	大分市	ショッピング・サービス	1,630,385	1,051,452	▲35.5
32	唐戸市場	下関市	ショッピング・サービス	2,620,570	1,048,241	▲60.0
33	かごしま水族館	鹿児島市	動植物園・水族館	3,020,064	1,040,670	▲65.5
34	山鹿温泉	山鹿市	温泉・スパ	1,754,726	1,014,357	▲42.2
35	湯田温泉	山口市	温泉・スパ	2,137,631	1,002,935	▲53.1
36	平良市街地	宮古島市	郷土景観・街・街道	2,425,501	989,258	▲59.2
37	熊本城	熊本市中央区	史跡・城跡・城郭	2,358,817	987,188	▲58.1
38	アメリカンビレッジ	沖縄県北谷町	郷土景観・街・街道	2,784,240	975,943	▲64.9
39	小倉城	北九州市小倉北区	史跡・城跡・城郭	1,743,597	970,017	▲44.4
40	櫛田神社	福岡市博多区	神社・寺院・教会	3,517,122	961,509	▲72.7
41	浜町	長崎市	郷土景観・街・街道	2,260,297	957,902	▲57.6
42	道の駅うきは	うきは市	ショッピング・サービス	858,286	949,783	10.7
43	パークプレイス大分	大分市	ショッピング・サービス	1,824,411	945,614	▲48.2
44	IKEA 福岡新宮	福岡県新宮町	ショッピング・サービス	1,772,297	945,120	▲46.7
45	イオンモール佐賀大和	佐賀市	ショッピング・サービス	1,700,795	943,038	▲44.6
46	イオンモール福岡	福岡県粕屋町	ショッピング・サービス	1,911,532	942,588	▲50.7
47	道の駅あそ望の郷くぎの	熊本県南阿蘇村	ショッピング・サービス	1,060,646	937,807	▲11.6
48	ネオパークオキナワ	名護市	動植物園・水族館	1,271,180	926,898	▲27.1
49	シーモール下関	下関市	ショッピング・サービス	1,690,131	911,753	▲46.1
50	MARK IS 福岡ももち	福岡市中央区	ショッピング・サービス	3,633,774	892,763	▲75.4

注１）2019～2021年に存在したものを掲載
注２）「交通・乗り物」ジャンルを除くランキング
資料）九経調「おでかけウォッチャー」をもとに作成

来訪者を集める「自然」「温泉」「ショッピング」

来訪者が年間１万人以上の観光スポットのうち、2021年の来訪者数がコロナ禍前を上回ったものは37スポットだった（図表２-９）。新規開業施設やコロナ禍中にリニューアルした施設、災害復興によってアクセスが向上した観光スポットが上位に入っている。また、「ショッピング・サービス」ジャンルの道の駅や、ゴルフ場、キャンプ場も増加スポットに入っており、コロナ禍で再注目されたマイクロツーリズムやアウトドアの再注目を反映している。阿蘇山（阿蘇市）や立石山（糸島市）、韓国岳（霧島市）などの山や棚田、滝などは、密集を避ける行動やトレッキングなどの旅行傾向から増加したと考えられる。

こうした傾向は、ジャンル別の構成比にも反映されている。1,154の観光スポットを16のジャンルに分け、全体に占める来訪者数の構成比をみると、コロナ禍で「ショッピング・サービス」「温泉・スパ」「自然資源」の構成比が上昇した（図表２-10）。一方、コロナ禍で遠距離での旅行が敬遠され、「ホテル・旅館」はシェアが低下したほか、人混みを避ける傾向「エンタメ・アミューズメント」「動植物園・水族館」もシェアを下げている。

図表２-９　2021年における来訪者増加スポット（2019～2021年）　（単位：人、％）

スポット名	市区町村	ジャンル	2019年	2020年	2021年	2019年比
大山ダム	日田市	建造物	9,394	11,787	59,476	533.1
阿蘇山（高岳）	阿蘇市	自然資源	18,940	46,480	62,292	228.9
にじの耳納の里	うきは市	ショッピング・サービス	85,774	77,483	222,898	159.9
古代の里キャンプ場	阿蘇市	スポーツ・アクティビティ	5,866	5,119	11,777	100.8
浮羽カントリークラブ	うきは市	スポーツ・アクティビティ	24,802	34,450	44,642	80.0
矢岳高原ベルトンオートキャンプ場	えびの市	スポーツ・アクティビティ	7,190	7,381	12,916	79.6
竹地区の棚田	福岡県東峰村	郷土景観・街・街道	22,725	29,479	39,075	71.9
茶屋の原キャンプ場	熊本県南小国町	スポーツ・アクティビティ	8,201	12,798	13,618	66.1
沖縄アリーナ	沖縄市	エンタメ・アミューズメント	24,619	22,667	40,779	65.6
つづら棚田	うきは市	郷土景観・街・街道	7,065	8,336	11,576	63.8
針尾無線塔	佐世保市	建造物	14,438	10,347	21,047	45.8
ガンジーファーム	竹田市	スポーツ・アクティビティ	132,294	206,668	191,298	44.6
道の駅高岡ビタミン館	宮崎市	ショッピング・サービス	96,099	113,054	136,925	42.5
山里の廃校利用美術館　共星の里	朝倉市	美術館・博物館	9,216	9,090	12,935	40.4
瀬底ビーチ	沖縄県本部町	海水浴場	78,316	130,524	105,795	35.1
星野製茶園	八女市	グルメ	37,383	35,825	49,958	33.6
立石山	糸島市	自然資源	12,737	15,498	16,928	32.9
西平安名崎	宮古島市	庭園・公園	20,818	27,389	25,980	24.8
トゥドゥマリ浜	沖縄県竹富町	海水浴場	26,258	71,480	32,225	22.7
韓国岳	霧島市	自然資源	34,067	39,397	41,801	22.7
日南北郷カントリー倶楽部	日南市	スポーツ・アクティビティ	10,246	9,871	12,419	21.2
甑大橋	薩摩川内市	郷土景観・街・街道	9,705	12,077	11,727	20.8
道の駅青雲橋	宮崎県日之影町	ショッピング・サービス	172,753	217,349	205,142	18.7
道の駅おおすみ弥五郎伝説の里	曽於市	ショッピング・サービス	13,511	15,090	15,673	16.0
都井岬	串間市	自然資源	100,107	84,017	115,846	15.7
くじゅうやまなみキャンプ村	九重町	スポーツ・アクティビティ	16,194	11,472	18,719	15.6
英彦山神宮	福岡県添田町	神社・寺院・教会	187,980	199,453	216,428	15.1
道の駅うきは	うきは市	ショッピング・サービス	858,286	920,585	949,783	10.7
新川田篭地区	うきは市	郷土景観・街・街道	17,430	17,558	18,705	7.3
坊ガツル	竹田市	自然資源	58,590	50,896	61,523	5.0
都農神社	都農町	神社・寺院・教会	25,964	19,432	26,884	3.5
比地大滝	沖縄県国頭村	自然資源	18,336	18,808	18,945	3.3
宝満山	筑紫野市	自然資源	31,150	30,073	31,744	1.9
竈門神社	太宰府市	神社・寺院・教会	221,615	302,381	224,596	1.3
石峠レイクランド	宮崎県美郷町	温泉・スパ	21,523	15,405	21,755	1.1
吉原ごんべえ村キャンプ場	熊本県南小国町	スポーツ・アクティビティ	10,588	9,487	10,664	0.7
手打湾	薩摩川内市	海水浴場	42,238	39,663	42,434	0.5

注１）2021年来訪者数10,000人を超えるスポットを対象に集計
注２）「交通・乗り物」および「ホテル・旅館」ジャンルを除くランキング
資料）九経調「おでかけウォッチャー」をもとに作成

図表２-10　来訪者数のジャンル別シェアの変動（九州地域）（単位：万人、%、%pt）

ジャンル	来訪者数		構成比		
	2019年	2021年	2019年	2021年	2021年－2019年
エンタメ・アミューズメント	1,398	478	2.0	1.6	▲0.4
グルメ	762	279	1.1	1.0	▲0.2
ショッピング・サービス	16,456	7,887	23.9	27.0	3.1
スポーツ・アクティビティ	1,090	368	1.6	1.3	▲0.3
ホテル・旅館	2,135	706	3.1	2.4	▲0.7
温泉・スパ	2,758	1,464	4.0	5.0	1.0
海水浴場	1,083	380	1.6	1.3	▲0.3
郷土景観・街・街道	8,237	3,208	12.0	11.0	▲1.0
建造物	631	187	0.9	0.6	▲0.3
交通・乗り物	21,044	8,809	30.6	30.2	▲0.4
史跡・城跡・城郭	2,244	883	3.3	3.0	▲0.2
自然資源	2,012	985	2.9	3.4	0.4
神社・寺院・教会	3,442	1,429	5.0	4.9	▲0.1
庭園・公園	1,740	691	2.5	2.4	▲0.2
動植物園・水族館	1,967	638	2.9	2.2	▲0.7
美術館・博物館	1,789	798	2.6	2.7	0.1
合計	68,788	29,189	100.0	100.0	－

資料）九経調「おでかけウォッチャー」をもとに作成

アクティビティを伴う「自然資源」ジャンルが人気

「自然資源」ジャンルに分類されるスポットのうち、2019年から2021年にかけて特にシェアが大きく伸びたのはえびの高原（えびの市）であった（図表２-11）。えびのエコミュージアムセンターや日本最南端の屋外スケート場、キャンプ場などが人気を集めたことが反映された。また、竹田市にある久住高原もシェアを伸ばした。くじゅう登山者の宿営地としても知られており、坊ガツル湿原キャンプ場も人気である。

２位の草千里ヶ浜、４位の大観峰は、いずれも阿蘇地域観光のメインスポットである。熊本地震からのインフラ復旧からアクセスが向上し、シェアを高めた。また、本書巻末の事例集にみるように、牧草地を使ったアクティビティ・コンテンツや、サブカルチャーイベントの実施によって阿蘇地域全体でリピーターが増加していることも寄与した。５位の曽木の滝（伊佐市）は、“東洋のナイアガラ”と称され、“パワースポット”としても若年層に人気のスポットである。近隣の熊本県、宮崎県、鹿児島県からの来訪者が多い。

温泉・スパも自然資源やマイクロツーリズムで集客

温泉・スパジャンルで2019年から2021年にかけてシェアが特に伸びたスポットは、平山温泉（山鹿市）である。里山風景の中に源泉掛け流しのお湯を楽しめる旅館や立ち寄り湯、家族湯などが点在し、熊本、福岡都市圏からの来客が多かった。２位は、阿蘇内牧温泉（阿蘇市）である。阿蘇市は良質で豊富な湯量を誇る温泉地で知られているが、その中でも代表的な温泉街となる。３位の湯本温泉（長門市）は山口県で最も古い温泉街で、山口県初となる音信川沿いの川テラスや飛び石の設置に加え、レストラン・カフェなども続々と開業している。温泉スポットの上位も、自然資源やマイクロツーリズムがトレンドとなっている。

図表２-11　来訪者数のシェア上昇（2019－2021年）が大きいスポット　（単位：人、%pt）

	スポット名	市区町村	2019年	2020年	2021年	シェア2019年差
自然資源	えびの高原	えびの市	316, 142	272, 210	299, 174	1. 47
	草千里ヶ浜	熊本県南阿蘇村／阿蘇市	591, 341	466, 191	419, 118	1. 32
	久住高原	竹田市	420, 694	342, 796	333, 597	1. 30
	大観峰	阿蘇市	647, 955	474, 750	443, 871	1. 29
	曽木の滝	伊佐市	290, 079	260, 575	215, 272	0. 74
	白川水源	熊本県南阿蘇村	360, 838	291, 905	249, 015	0. 74
	都井岬	串間市	100, 107	84, 017	115, 846	0. 68
	平尾台	北九州市小倉南区	167, 517	137, 161	143, 926	0. 63
	原尻の滝	豊後大野市	410, 502	285, 524	261, 016	0. 61
	菊池渓谷	菊池市	162, 425	160, 615	133, 971	0. 55
	丸尾滝	霧島市	1, 027, 753	721, 013	555, 234	0. 53
	明神池	萩市	236, 763	198, 130	167, 764	0. 53
	慈恩の滝	大分県玖珠町／日田市	258, 201	185, 529	176, 928	0. 51
	辺戸岬	沖縄県国頭村	144, 139	141, 063	117, 909	0. 48
	生駒高原	小林市	174, 876	99, 522	131, 766	0. 47
温泉・スパ	平山温泉	山鹿市	867, 470	709, 296	646, 031	1. 27
	阿蘇内牧温泉	阿蘇市	1, 265, 721	938, 287	840, 734	1. 15
	湯本温泉	長門市	891, 040	718, 311	617, 050	0. 98
	原鶴温泉	朝倉市	700, 579	529, 348	492, 103	0. 82
	京町温泉	えびの市	481, 043	410, 147	354, 800	0. 68
	山鹿温泉	山鹿市	1, 754, 726	1, 196, 961	1, 014, 357	0. 57
	筋湯温泉	大分県九重町	278, 064	241, 778	219, 769	0. 49
	わいた温泉郷	熊本県小国町	598, 488	422, 385	387, 949	0. 48
	筑後川温泉	うきは市	200, 987	167, 584	171, 071	0. 44
	長湯温泉	竹田市	512, 426	359, 764	334, 971	0. 43
	火の山温泉どんどこ湯	熊本県南阿蘇村	403, 870	279, 572	271, 808	0. 39
	法華院温泉	竹田市	82, 588	48, 664	73, 707	0. 20
	ほっとふっと105	雲仙市	661, 467	467, 745	377, 395	0. 18
	青井岳荘　青井岳温泉	都城市	121, 171	87, 726	81, 431	0. 12
	白鳥温泉上湯	えびの市	50, 225	42, 359	39, 637	0. 09
ショッピング・サービス	イオンモール熊本	熊本県嘉島町	3, 237, 895	2, 295, 387	2, 096, 598	0. 69
	道の駅うきは	うきは市	858, 286	920, 585	949, 783	0. 68
	道の駅あそ望の郷くぎの	熊本県南阿蘇村	1, 060, 646	922, 563	937, 807	0. 54
	道の駅むなかた	宗像市	1, 336, 274	1, 092, 613	1, 065, 358	0. 54
	道の駅原鶴	朝倉市	818, 881	808, 360	734, 409	0. 43
	道の駅大津	熊本県大津町	959, 080	789, 927	788, 635	0. 42
	ゆめタウン佐賀	佐賀市	3, 098, 176	2, 004, 035	1, 771, 420	0. 36
	トリアス久山	福岡県久山町	3, 000, 253	2, 083, 231	1, 711, 269	0. 35
	トキハわさだタウン	大分市	1, 630, 385	1, 145, 833	1, 051, 452	0. 34
	道の駅おおとう桜街道	福岡県大任町	754, 022	622, 143	591, 483	0. 29
	道の駅みやま	みやま市	789, 102	628, 009	607, 825	0. 29
	道の駅芦北でこぽん	熊本県芦北町	657, 753	539, 752	541, 563	0. 29
	イオンモール鹿児島	鹿児島市	2, 783, 345	1, 817, 848	1, 552, 830	0. 28
	道の駅萩しーまーと	萩市	761, 098	648, 730	579, 901	0. 27
	リゾラテラス天草	上天草市	909, 515	744, 568	644, 003	0. 26

注）2019年来訪者数が50, 000人を超えるスポットを対象に集計
資料）九経調「おでかけウォッチャー」をもとに作成

ショッピング・サービスは道の駅が集客

「ショッピング・サービス」ジャンルでは、来場者数ベースでは都心の商業エリアが上位となるが、シェア伸び率では道の駅・農水産物直売所が上位に並ぶ。シェア伸び率2位の「道の駅うきは」はうきは市にある人気の直売所であり、コロナ禍でも福岡都市圏から同市への来訪者を集めたことが反映されている。3位の「あそ望の郷くぎの」は熊本県南阿蘇村にあり、敷地内にアウトドアブランド「(株)モンベル(大阪市西区)」の店舗やコミュニティーホールを備えている。(一社)みなみあそ観光局(熊本県南阿蘇村)が運営するレンタサイクルの貸し出し拠点もあり、同社によると全国の道の駅で最も多くのレンタサイクル台数を保有し、南阿蘇観光の拠点となっている。

こうした流れは、観光地づくりに取り組む地域にとっては追い風である。とりわけ知名度が高い観光資源を持たない地域では、観光客の受け入れ拠点が道の駅となるケースは多い。道の駅では地域産品をPR・販売する拠点となっており、その多くは域内から調達されるため、地域の生産者の所得向上に直結する。さらに近年では防災、市民交流、社会福祉などの行政サービスの提供や、地域における交通拠点として住民の足の確保への貢献など、地域課題の解決に資する多様な機能を備えるようになった。

マリオットグループもこうした動きに注目している。同社は「地域を渡り歩く新しい旅のスタイル」として「フェアフィールド・バイ・マリオット　道の駅プロジェクト」を進めている。道の駅にあるマリオットブランドの宿泊施設を拠点に地域への旅を促すもので、現在、10道府県・23施設を展開し、2023年4月には、道の駅たるみずはまびら(垂水市)での開業が予定されている。九州地域の道の駅は上記のとおりコロナ禍でもポテンシャルが高く、今後、さらなる進出の可能性も考えられる。

趣味、スポーツにおけるリピーターの増加

旅行の目的には、温泉や景勝地への訪問といったもののほか、個人の趣味やスポーツ、アクティビティとの結びつきが強いものがある。旅行を伴う趣味・スポーツの行動者数(趣味・スポーツを実施した人)、平均行動日数(趣味・スポーツ実施者の平均実施日数)の増減数をみると、行動者の総数は、2021年は5年前に比べ減少した(図表2-12)。行動のなかでも、「スポーツ観覧・観戦」「美術鑑賞」「演芸・演劇・舞踊鑑賞」「遊園地、動植物園、水族館見物」「水泳」「登山・ハイキング」は、過去15年とコロナ禍での減少傾向が明らかに異なっている。コロナ禍での減少は、コロナ感染拡大による入場制限や実施の制約が要因である。

一方、「ゴルフ」「つり」はともに減少したが、減少傾向は過去15年と変わらず、コロナ禍の影響をあまり受けていない。「キャンプ」は他の趣味に比べて減少が小さかった。「サイクリング」は他の趣味とは逆にコロナ禍で増加している。

さらに、平均行動日数に着目すると、多くの趣味・スポーツ行動者が減少するなか、実施者の行動日数はほぼ増加している。これは、コロナ禍の制約で趣味・スポーツを実施する人の総数は減少したが、実施者の行動は低下せず、むしろ繰り返し行動する“熱心なファン”が増えていると解釈できる。趣味・スポーツとの関連性が強いコンテンツツーリズムは、こうした増加するリピーターの獲得がポイントとなると考えられる。

図表 2 -12　趣味・スポーツの行動者数、平均行動日数の変化

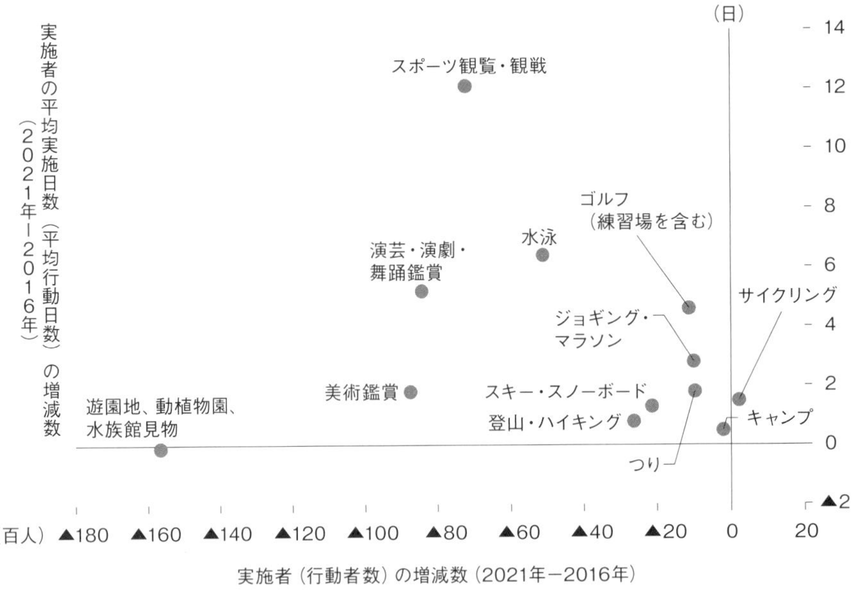

注）スポーツ観覧・観戦、美術鑑賞、演芸・演劇・舞踊鑑賞はテレビ・スマートフォン・パソコンによるものを除く
資料）総務省「社会生活基本調査」をもとに九経調作成

コロナ禍で見直されるアウトドア・アクティビティ

コロナ禍では、アウトドア・アクティビティも再注目された。上記のように趣味としてのキャンプ実施者（行動者）は減少が少なく、サイクリングは実施者、行動日数のいずれも増加していた。同様の動きは旅行の目的からもみられる。（公社）日本観光振興協会「観光の実態と志向」から、旅行の主目的の選択数をみると、自然の風景をみる旅行や温泉浴がコロナ禍で増加したほか、選択数は少ないものの、ドライブや登山、ゴルフ、つり、水泳、サイクリングの選択数もコロナ禍で高まっている（図表 2 -13）。図表 2 -11にみた来訪者増加スポットも、ドライブや登山、サイクリングなどのアウトドア・アクティビティを伴うものが多い。人の密集を避ける行動や旅行行動の増加によってアウトドア・アクティビティ市場は拡大しており、新商品や新たなブランドの投入などから、コロナ収束後もこれらを伴う旅行は拡大しているものと思われる。

コロナ禍でも集客するコンテンツツーリズム

近年、旅行の目的が多様化するなか、文学や映画、映像作品の舞台を訪れる観光行動「コンテンツツーリズム」が注目されてきた。映画やアニメ作品のロケ地・舞台を訪れる「聖地巡礼」も注目され、アニメ映画「君の名は。」の舞台となった岐阜県飛騨地区には、上映後多くの観光客が訪れたことも話題となった。また、美しい自然や風景などの“インスタ映えスポット”も、観光客を誘引している。

こうしたコンテンツツーリズムの盛り上がりは、コロナ禍の人流でも確認できる。各県や市の観光サイトより抽出した写真・インスタ映えスポット、パワースポット等の2021年来訪者をみると、コロナ禍前より増加しているスポットや、スポット平均に比べて減少率の小さいスポットが多くみられる（図表 2 -14）。例えば、竈門神社（太宰府市）は人気コミック・

図表２-13　旅行目的の選択数（旅行者10,000人当たり）

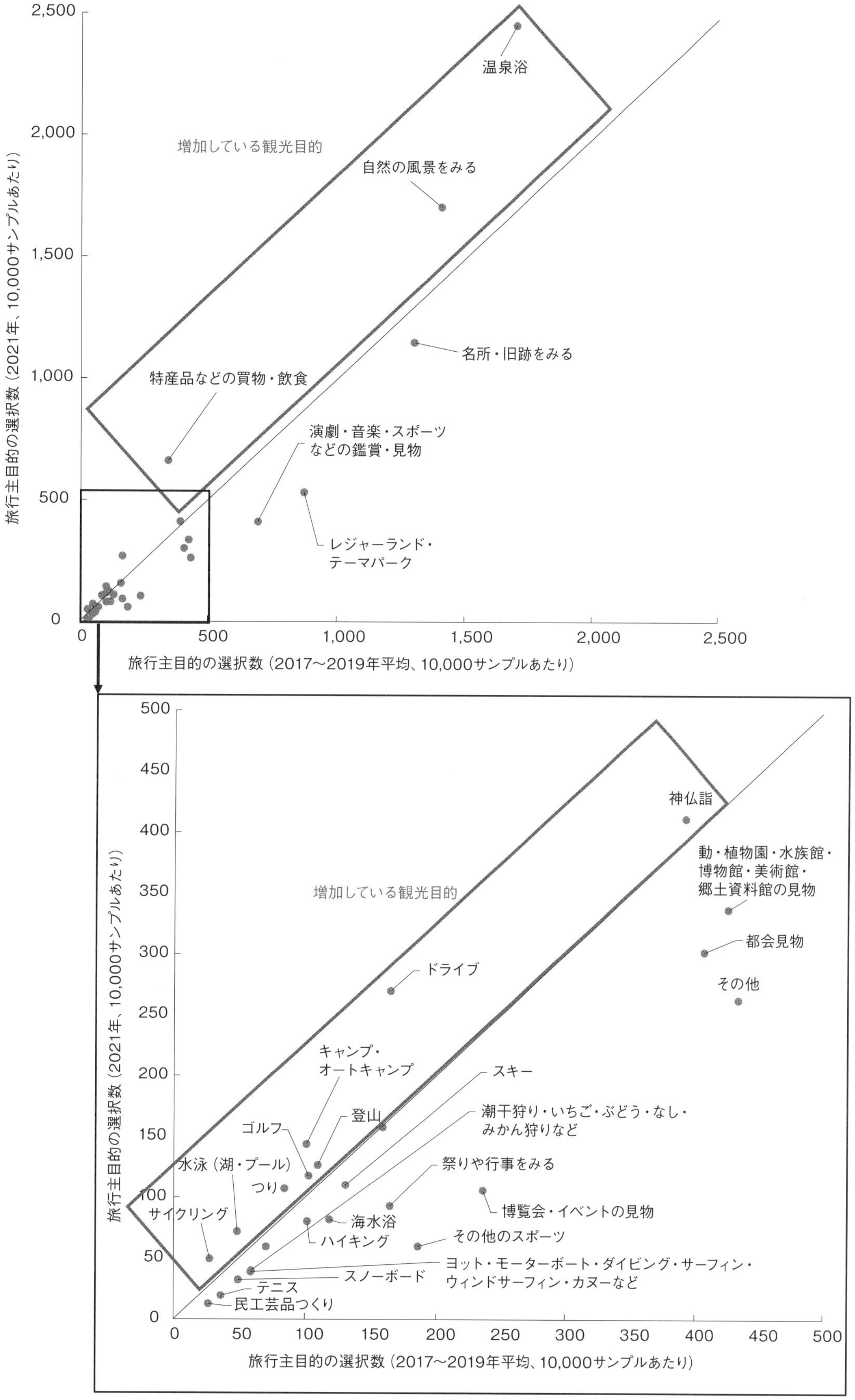

注）同調査は年次によって年代毎のサンプル数に偏りがあるため、本図表の値は、年代毎のウエイトを、国土交通省「旅行・消費動向調査」の実旅行数で補正し再計算したもの
資料）（公社）日本観光振興協会「観光の実態と志向」をもとに九経調作成

図表２-14　コンテンツ、インスタ映えスポットへの来訪者数　（単位：人、％）

スポット名	市区町村	2019年	2020年	2021年		20-30歳代比率
					2019年比	
元乃隅神社	長門市	840, 283	475, 253	321, 006	▲61. 8	27. 0
別府弁天池	美祢市	222, 926	147, 996	122, 142	▲45. 2	28. 1
竈門神社	太宰府市	221, 615	302, 381	224, 596	1. 3	32. 9
宮地嶽神社	福津市	858, 692	670, 149	531, 373	▲38. 1	27. 0
英彦山神宮	福岡県添田町	187, 980	199, 453	216, 428	15. 1	21. 7
浜野浦の棚田	佐賀県玄海町	27, 327	19, 920	20, 837	▲23. 7	32. 9
御船山楽園	武雄市	476, 531	247, 661	202, 932	▲57. 4	35. 2
アイランドルミナ・伊王島灯台	長崎市	93, 039	39, 104	19, 594	▲78. 9	43. 2
針尾無線塔	佐世保市	14, 438	10, 347	21, 047	45. 8	35. 4
千綿駅	長崎県東彼杵町	88, 670	43, 886	48, 550	▲45. 2	36. 5
五家荘平家の里	八代市	48, 323	40, 745	46, 145	▲4. 5	25. 4
八千代座	山鹿市	195, 831	146, 419	117, 231	▲40. 1	27. 8
御輿来海岸	宇土市	8, 836	8, 106	8, 277	▲6. 3	42. 2
鍋ヶ滝	熊本県小国町	316, 076	122, 445	85, 919	▲72. 8	34. 8
白川水源	熊本県南阿蘇村	360, 838	291, 905	249, 015	▲31. 0	33. 0
上色見熊野座神社	熊本県高森町	85, 433	66, 264	57, 936	▲32. 2	34. 9
大山ダム	日田市	9, 394	11, 787	59, 476	533. 1	36. 3
原尻の滝	豊後大野市	410, 502	285, 524	261, 016	▲36. 4	27. 7
都農神社	宮崎県都農町	25, 964	19, 432	26, 884	3. 5	32. 0
19スポット計		4, 492, 698	3, 148, 777	2, 640, 404	▲41. 2	32. 3
全スポット平均					▲52. 8	30. 5

資料）九経調「おでかけウォッチャー」をもとに作成

アニメ作品「鬼滅の刃」の聖地巡礼スポットとして話題となった神社である。大山ダム（日田市）は、人気コミック・アニメ作品「進撃の巨人」の作者が日田市出身であることから、まちおこしプロジェクト「進撃の巨人 in HITA」が実施され、主人公の銅像が設置されている。現地でダムの壁面にスマホをかざすと「超大型巨人」の拡張現実が出現し、コミックのシーンを追体験できる仕掛けなどが話題となり、来訪者が増加した。このほか、インスタ映えスポットやパワースポットと言われるスポットも、コロナ禍で人を集めている。

こうしたスポットは、来訪者が多いだけでなく、若年層が比較的多いことも特徴である。参考に19スポットの20〜30歳代来訪者の比率をみると、平均で32. 3%、12スポットで全スポット平均を上回っている。

3）発地別の来訪者の変化

コロナ禍で減少した遠方からの来訪者

コロナ禍では、緊急事態宣言下での県間移動や、感染者が多い地域からの来訪を自粛する動きがみられた。来訪者数にもその傾向が反映され、300km 以上の来訪者は2019年の25.7%から2020年には20%、2021年には17.2%まで低下した（図表２-15、16）。逆に40km 未満の近隣からの来訪者の比率はコロナ禍で上昇している。県別では、飛行機での来訪がほとんどとなる沖縄県のほか、長崎県、鹿児島県でもその傾向が強い。

2022年に入り、遠方からの来訪は戻りつつある。300km 以上の比率はコロナ前の水準に迫る23.9%となり、40km 未満の近距離移動は35.5%まで低下した。

図表２-17は2022年における発地別の来訪者数上位10都府県をみたものである。コロナ禍前の2019年と比較すると、九州７県では、総じて福岡県からの来訪者減少が大きく、長崎県や福岡県からの距離が遠い南九州でその傾向が顕著である。山口県は福岡県のほか、広島県、大阪府からの来訪者減少が顕著である。東京都、大阪府からの来訪者減少は沖縄県で最も大きかった。同様に福岡県、長崎県、鹿児島県でも三大都市圏からの来訪者減少率が比較的大きくなっている。他方、2021年と比較すると、図表２-15、６と同様の傾向を示し、三大都

図表２-15　来訪者数の距離帯別比率（九州地域計）

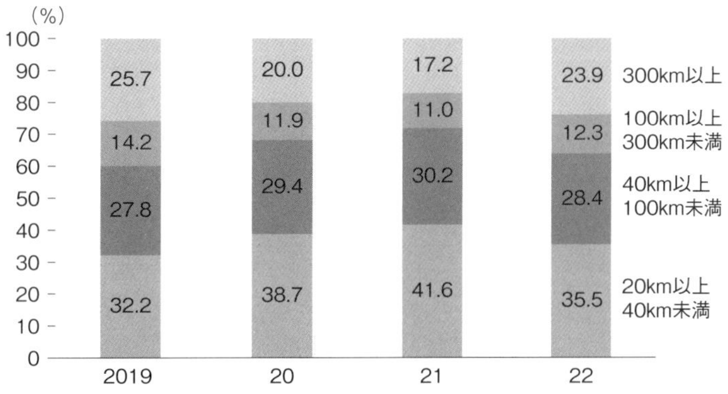

注）各市町村からの距離帯別来訪者数を合計し集計
資料）九経調「おでかけウォッチャー」をもとに作成

図表２-16　各県から300km 以上の来訪者比率

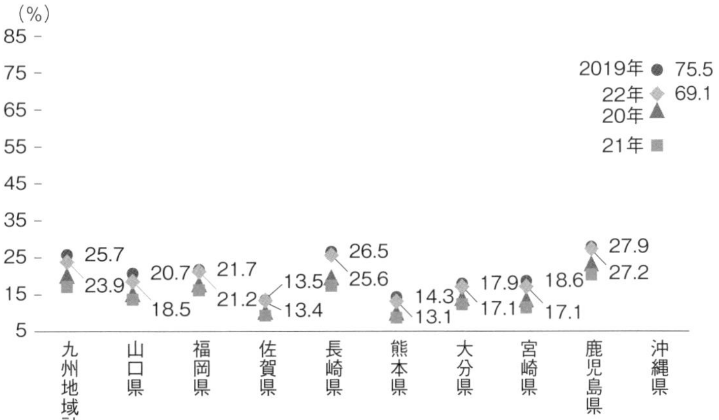

注）各市町村からの距離帯別来訪者数を合計し集計
資料）九経調「おでかけウォッチャー」をもとに作成

図表２-17　発地上位10都府県別の来訪者数（九州地域各県）　　（単位：万人、％）

来訪地	発地	2022年来訪者数	2021年比	2019年比
福岡県	福岡県	7,284	16.0	▲34.1
	佐賀県	825	23.9	▲38.9
	熊本県	744	41.3	▲48.7
	東京都	447	70.2	▲36.9
	大阪府	422	53.4	▲41.5
	大分県	395	45.4	▲49.7
	長崎県	389	60.3	▲51.9
	神奈川県	360	78.2	▲37.8
	山口県	309	53.1	▲52.1
	広島県	260	74.5	▲52.6
佐賀県	福岡県	1,001	19.0	▲35.5
	佐賀県	539	3.5	▲29.3
	長崎県	271	35.6	▲44.6
	熊本県	133	25.7	▲48.1
	大阪府	45	71.3	▲39.3
	東京都	44	78.0	▲32.2
	神奈川県	41	84.0	▲34.7
	大分県	37	39.0	▲49.7
	鹿児島県	31	61.2	▲51.9
	愛知県	26	81.6	▲36.3
長崎県	長崎県	849	10.8	▲29.3
	福岡県	572	38.5	▲34.5
	佐賀県	141	29.2	▲22.4
	熊本県	104	40.2	▲45.8
	東京都	92	108.8	▲27.2
	神奈川県	89	103.6	▲31.8
	大阪府	72	89.1	▲36.0
	愛知県	46	109.7	▲38.6
	兵庫県	42	84.7	▲42.1
	埼玉県	35	112.9	▲33.8

来訪地	発地	2022年来訪者数	2021年比	2019年比
熊本県	熊本県	2,102	7.3	▲24.0
	福岡県	884	23.9	▲32.5
	鹿児島県	128	54.9	▲46.3
	大分県	103	34.2	▲29.9
	宮崎県	98	47.7	▲43.9
	佐賀県	86	29.8	▲31.6
	長崎県	81	55.5	▲46.1
	東京都	78	74.3	▲35.2
	神奈川県	74	89.5	▲30.5
	大阪府	69	70.3	▲41.3
大分県	福岡県	819	24.2	▲31.8
	大分県	806	7.4	▲24.4
	熊本県	171	37.2	▲30.0
	宮崎県	76	46.4	▲46.3
	大阪府	66	62.2	▲39.1
	東京都	62	71.7	▲30.7
	神奈川県	59	78.9	▲33.2
	佐賀県	51	30.1	▲35.8
	山口県	49	61.2	▲45.6
	長崎県	41	67.2	▲46.8
宮崎県	宮崎県	795	8.3	▲26.4
	福岡県	182	28.1	▲39.2
	鹿児島県	136	24.8	▲36.0
	熊本県	100	21.3	▲37.5
	大分県	61	34.4	▲32.9
	東京都	41	77.2	▲34.8
	神奈川県	38	93.3	▲34.3
	大阪府	37	77.0	▲40.0
	愛知県	21	85.8	▲38.9
	兵庫県	18	62.8	▲41.2

来訪地	発地	2022年来訪者数	2021年比	2019年比
鹿児島県	鹿児島県	1,289	6.7	▲34.0
	福岡県	299	33.4	▲40.7
	熊本県	164	26.0	▲38.1
	宮崎県	135	31.2	▲38.6
	東京都	90	70.8	▲29.3
	大阪府	86	69.4	▲37.4
	神奈川県	82	77.6	▲30.4
	愛知県	47	71.9	▲44.7
	兵庫県	45	63.3	▲43.5
	埼玉県	35	82.5	▲32.3
沖縄県	沖縄県	992	12.7	▲28.1
	東京都	307	80.1	▲38.2
	神奈川県	255	96.8	▲42.9
	大阪府	191	87.2	▲43.6
	福岡県	165	76.2	▲49.7
	愛知県	157	112.8	▲42.4
	埼玉県	119	112.9	▲46.8
	千葉県	103	98.2	▲47.5
	兵庫県	99	102.5	▲44.6
	北海道	61	129.0	▲52.5
山口県	山口県	1,066	8.9	▲23.5
	福岡県	400	27.2	▲30.6
	広島県	352	19.6	▲40.5
	大阪府	86	51.4	▲41.7
	神奈川県	58	82.6	▲38.1
	東京都	57	82.1	▲36.2
	兵庫県	54	49.5	▲44.4
	岡山県	48	48.4	▲41.2
	島根県	43	18.9	▲40.1
	愛知県	36	54.5	▲41.3

資料）九経調「おでかけウォッチャー」をもとに作成

市圏からの来訪者の回復が顕著である。

平日の来訪者割合が増加し分散化が進行

2019年から2022年までの年間来訪者を、平日と土日・祝日で比較すると、2019年の来訪者数割合は平日で54.5％、土日・祝日は45.5％であった（図表２-18）。一方、2020年のコロナ禍以降、平日の来訪者数割合が増え、土日・祝日の来訪者数割合が減っている。コロナ禍で「密閉」「密集」「密接」の三密を回避する行動を取る人が増加したこと、ビジネスよりも休日の観光が減少したことが理由と考えられる。

図表２-18　九州地域への来訪者の平日／土日・祝日割合の推移

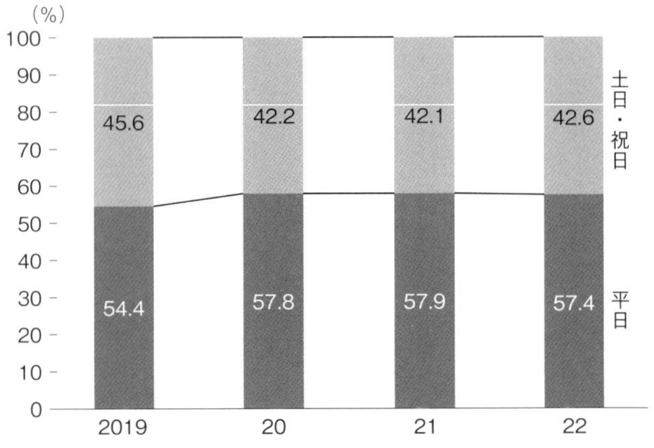

資料）九経調「おでかけウォッチャー」をもとに作成

ミレニアル・Z 世代に選ばれる観光地

2021年来訪者の属性を見ると、全体では男性では30～50歳代、女性は40歳代、60歳代が高くなっている（図表２-19）。このうち、若年層（20～30歳代）比率が高いのはエンタメ・アミューズメント、海水浴場、動植物園・水族館といったジャンルである。女性比率が高いジャンルはエンタメ・アミューズメント、ショッピング・サービス、動植物園・水族館となっている。男性20歳代では郷土景観・街・街道、女性20歳代ではエンタメ・アミューズメントの比率が高い。男性30歳代では海水浴場や建造物、郷土景観・街・街道、女性30歳代ではエンタメ・アミューズメント、動植物園・水族館の比率が高い。

図表２-19　ジャンル別来訪者の属性比率（2021年・九州地域）

（単位：人、％）

ジャンル	来訪者数	男･20代	男･30代	男･40代	男･50代	男･60代	女･20代	女･30代	女･40代	女･50代	女･60代	男	女	若年層
エンタメ・アミューズメント	4,783,370	6.2	11.3	11.3	10.9	8.3	6.5	11.1	12.1	9.0	13.3	48.0	52.0	35.1
グルメ	2,789,988	6.2	12.5	12.7	15.4	11.3	3.9	6.8	8.8	9.1	13.4	58.1	41.9	29.2
ショッピング・サービス	78,865,655	6.2	11.0	11.5	13.2	11.4	5.2	7.4	10.4	9.3	14.3	53.3	46.7	29.8
スポーツ・アクティビティ	3,684,213	6.2	10.8	13.0	14.6	11.7	3.5	7.1	9.8	10.5	12.8	56.4	43.6	27.6
ホテル・旅館	7,060,861	5.4	13.3	11.2	14.6	11.6	4.1	7.3	9.5	9.3	13.6	56.1	43.9	30.2
温泉・スパ	14,637,126	6.6	11.8	11.6	14.0	13.0	3.9	6.8	9.1	9.2	14.1	57.0	43.0	29.1
海水浴場	3,795,186	5.6	15.2	12.2	13.8	9.4	4.9	8.9	10.1	8.9	11.0	56.1	43.9	34.7
郷土景観・街・街道	32,084,482	7.4	13.5	12.6	14.0	11.2	4.8	6.2	8.7	8.3	13.5	58.6	41.4	31.8
建造物	1,873,141	6.7	13.7	11.7	15.4	10.6	5.1	7.0	9.5	9.5	10.7	58.1	41.9	32.6
交通・乗り物	88,087,032	7.1	12.2	12.5	14.6	11.8	5.5	5.2	8.5	7.8	14.7	58.2	41.8	30.1
史跡・城跡・城郭	8,829,283	6.1	11.3	12.2	14.4	12.7	4.4	6.5	9.1	9.5	13.8	56.7	43.3	28.4
自然資源	9,846,655	7.0	11.4	11.0	13.6	12.5	4.5	7.7	9.3	9.7	13.3	55.6	44.4	30.7
神社・寺院・教会	14,291,087	6.1	11.5	12.0	14.2	11.4	4.8	6.8	9.8	9.9	13.5	55.1	44.9	29.2
庭園・公園	6,906,588	6.2	12.0	12.0	14.3	10.6	4.5	7.9	10.3	9.7	12.5	55.2	44.8	30.5
動植物園・水族館	6,380,209	6.1	12.1	12.7	11.9	9.4	5.8	10.7	11.0	8.4	11.9	52.2	47.8	34.7
美術館・博物館	7,976,098	5.5	10.8	11.6	14.9	12.9	4.4	7.0	9.5	10.0	13.3	55.8	44.2	27.7

注１）若年層は20～30歳代
注２）比率が高いほど濃い色で示している
資料）九経調「おでかけウォッチャー」をもとに作成

図表２-20　若年層（20～30歳代）比率が高いスポット（2021年）

（単位：人、％）

スポット	市区町村	来訪者数	男性比率	女性比率	若年層比率
マリンワールド海の中道	福岡市東区	261, 570	46. 6	53. 4	47. 1
ハーモニーランド	大分県日出町	255, 023	43. 5	56. 5	44. 2
アフリカンサファリ	宇佐市	235, 889	49. 5	50. 5	41. 8
大分マリーンパレス水族館「うみたまご」・高崎山自然動物園	大分市	330, 166	45. 2	54. 8	40. 4
サンエー浦添西海岸パルコシティ	浦添市	354, 688	47. 9	52. 1	40. 3
瀬長島	豊見城市	397, 090	54. 7	45. 3	40. 1
血の池地獄	別府市	279, 467	51. 7	48. 3	39. 9
みらい長崎ココウォーク	長崎市	449, 883	50. 2	49. 8	39. 7
キャナルシティ博多	福岡市博多区	2, 498, 004	59. 5	40. 5	38. 6
桜井二見ケ浦	糸島市	309, 422	48. 4	51. 6	38. 6
海響館	下関市	472, 337	53. 8	46. 2	38. 1
御船山楽園	武雄市	202, 932	48. 8	51. 2	38. 0
阿蘇ファームランド	熊本県南阿蘇村	275, 520	44. 7	55. 3	38. 0
海の中道海浜公園	福岡市東区	245, 874	51. 0	49. 0	38. 0
船越漁港（かき小屋）	糸島市	239, 120	56. 9	43. 1	37. 9
アメリカンビレッジ	沖縄県北谷町	975, 943	50. 2	49. 8	37. 8
イオンモール沖縄ライカム	沖縄県北中城村	587, 599	47. 1	52. 9	37. 4
沖縄アウトレットモールあしびなー	豊見城市	606, 205	57. 4	42. 6	37. 4
モラージュ佐賀	佐賀市	844, 565	52. 5	47. 5	37. 4
大観峰	阿蘇市	443, 871	62. 0	38. 0	37. 0

注）来訪者数上位300スポットが対象
資料）九経調「おでかけウォッチャー」をもとに作成

2021年の若年層比率が高いスポットを見ると、マリンワールド海の中道（福岡市東区）やアフリカンサファリ（宇佐市）、大分マリーンパレス水族館「うみたまご」・高崎山自然動物公園（大分市）などの動植物園・水族館が人気を集めている（図表２-20）。また、ハーモニーランド（大分県日出町）や阿蘇ファームランド（熊本県南阿蘇村）などのテーマパークや、サンエー浦添 西海岸パルコシティ（浦添市）やみらい長崎ココウォーク（長崎市）、キャナルシティ博多（福岡市博多区）といったショッピングスポットも上位に並んでいる。

3 訪日客の展望

水際対策の緩和で2023年より回復へ

次にインバウンドの展望について考察する。日本政府観光局（JNTO）によると、2022年11月の訪日外国人旅行者数（推計値）は約93万人となり、前月から倍増した。日本政府は2022年10月11日、それまで１日５万人としていた入国者数の上限を撤廃し、海外からの個人旅行を解禁した。これにより訪日旅行は急回復し、10、11月の合計では143万人となった（図表３-１）。地域別では、韓国、台湾、米国の順で多く、韓国はコロナ禍前の水準に達した。韓国以外でも、訪日旅行の最大市場である東アジアの国・地域を筆頭に順調な回復が見られている。

図表３-１　2022年10～11月の訪日外国人旅行者数

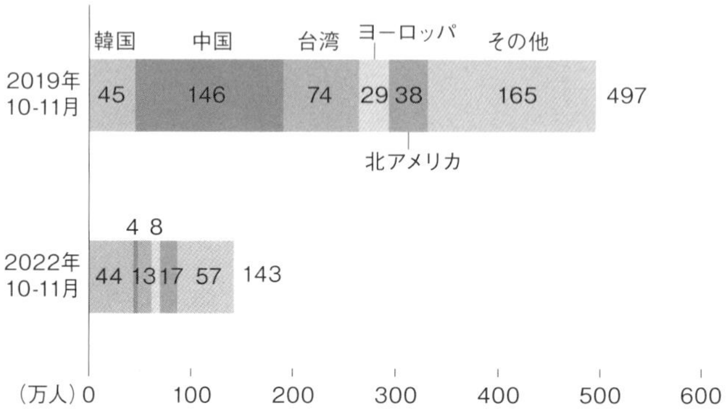

資料）日本政府観光局の推計値をもとに九経調作成

インバウンドは、短期的には、日本側の受け入れ態勢と、送り出し国の経済状況・感染状況に左右される。国内の行動制約が緩和され、サッカーワールドカップなど国際イベントも実施されるなかで、観光地においてもインバウンド回復を歓迎する声も多いとみられ、2023年より回復に向かう可能性が高い。円安の進行も、インバウンド回復には良い材料となろう。また、（株）日本政策投資銀行九州支店・大分事務所の調査によると、これから希望する九州への訪日旅行における旅行消費額は、コロナ禍前よりも増えるとの見通しが多い（図表３-２）。特に旅行消費単価が高い中国や欧米豪で顕著である。

図表３-２　九州への旅行客（外国人）の旅行消費額の変化（コロナ禍前→コロナ禍後）

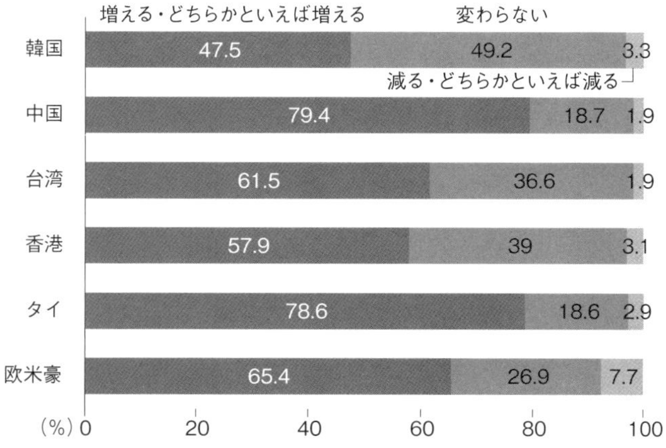

注）2022年８月時点の調査
資料）（株）日本政策投資銀行九州支店・大分事務所「訪日外国人旅行者の意識調査からみえるコロナ後の九州インバウンド観光戦略②（2022年８月）」

一方、送り出し国の状況も回復を左

右する。比較的早く経済が回復した欧米や韓国、台湾などは2023年より本格的な回復が始まるとみられる。中国は、2022年12月に「ゼロコロナ政策」を撤廃し、コロナ感染者に強要していた施設での隔離を廃止し、無症状感染者や軽症者の自宅隔離を認めるなど、政策転換が行われた。これが引き金となり、中国国内ではコロナ感染者が爆発的に増加し、2023年１月現在、日本政府はこれを受けて中国本土からの入国者に対する水際措置を強化している。中国からのインバウンド需要は早期の回復が望まれる一方、先行きは不透明な状況となっている。

国際的な知名度を高める九州地域

コロナ禍の渡航制限で外国人が日本に訪れることができなかった時期でも、日本での観光を望む声は多かった。（株）日本政策投資銀行（東京都千代田区）が2022年10月に実施した調査によると、世界の旅行者が「次に観光旅行したい国・地域」は日本が突出して１位となっている（図表３-３）。居住地域別では、アジア居住者では高水準で１位、欧米豪居住者ではアメリカに次いで２位である。欧米豪居住者は、2021年10月時点では日本が１位、最新調査ではアメリカが逆転したものの２位と高い。調査では、日本の水際対策の厳しさから、現実的な旅行先として捉えられなかったためと分析しており、2022年10月の水際対策の大幅緩和から、再び日本の人気は回復するとみている。

日本旅行で体験したいことは、アジア居住者、欧米豪居住者のいずれも「自然や風景の見物」や「桜の観賞」が多い（図表３-４）。このうちアジア居住者は「温泉への入浴」「雪景色観賞」「紅葉の観賞」「遊園地やテーマパーク」やショッピングが多く、欧米豪居住者では「日本庭園の見物」がアジア居住者に比べて高いという特徴がある。

九州地域への注目度も高まっている。米国 TIME 誌は「2022世界で最も素晴らしい場所50選」に「九州」を選出した。桜島・別府温泉や鹿島市の古民家ホテル「御宿 富久千代」「星野リゾート　界　由布院」「五島リトリート ray」「西九州新幹線」「ななつ星」などが掲載されている。また、米国旅行誌「コンデナスト・トラベラー（Condé Nast Traveler）」が

図表３-３　外国人が次に観光旅行したい国・地域

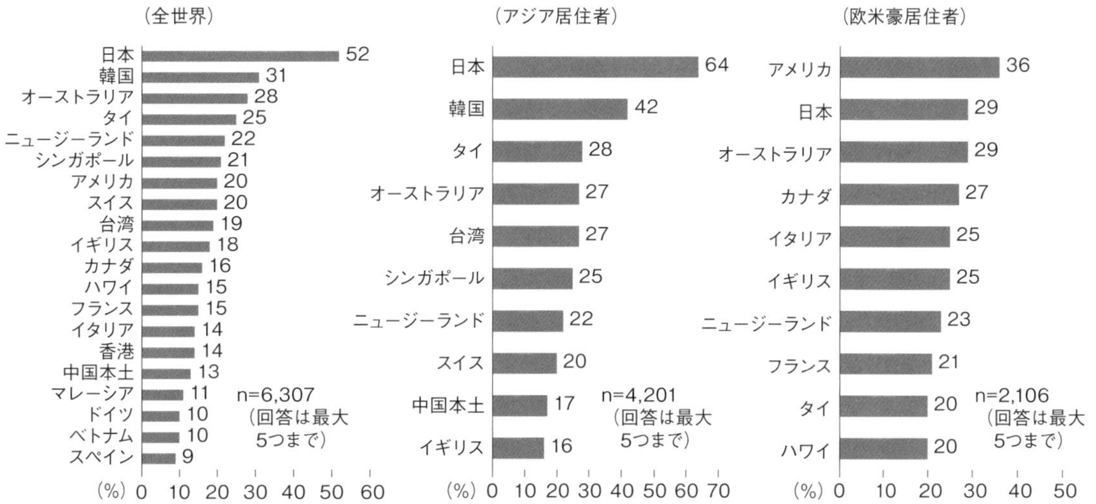

資料）（株）日本政策投資銀行「DBJ・JTBF アジア・欧米豪　訪日外国人旅行者の意向調査　2022年度版」

図表3-4　外国人が訪日旅行で体験したいこと

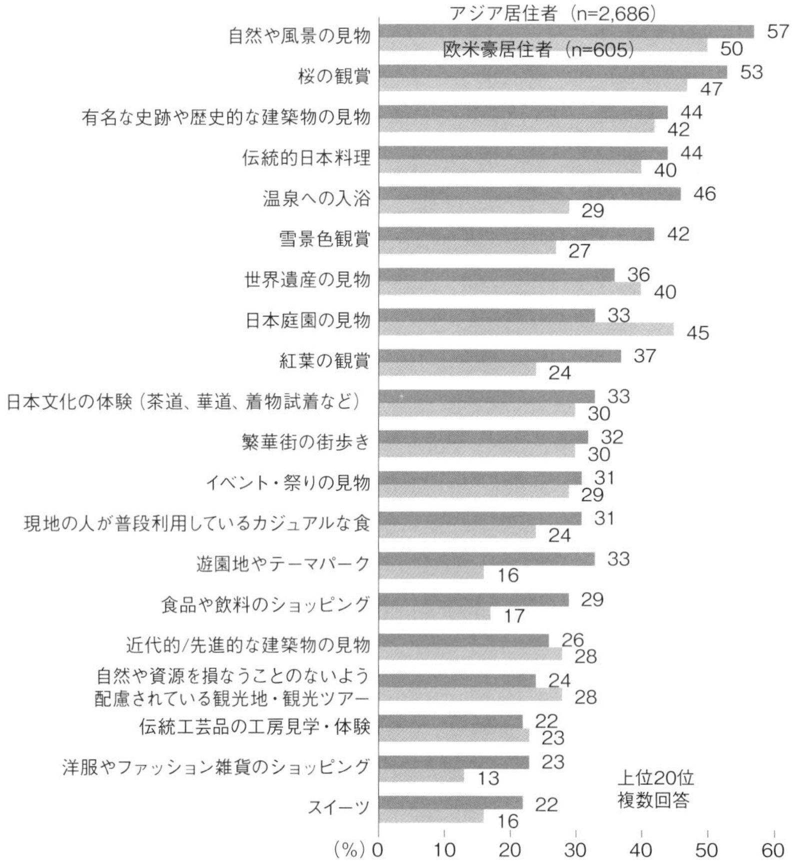

資料）（株）日本政策投資銀行「DBJ・JTBF アジア・欧米豪　訪日外国人旅行者の意向調査　2022年度版」

実施したReader's choice award 2022で九州旅客鉄道（株）（福岡市博多区、JR九州）のクルーズトレイン「ななつ星 in 九州」が2年連続の世界一に選出された。

欧米富裕層インバウンドは早期に回復の見通し

本書各論の執筆者であり、杵築市で富裕層インバウンド向けウォーキングツアーを企画・販売・実施するThe Japan Travel Company（株）取締役・クリスティ　ポール氏によると、2022年10月の水際対策緩和以降、インバウンドFIT（海外個人旅行）によるウォーキングツアーへの申し込みは急増しており、2022年12月時点で既に2023年中のツアーはフルブッキングの状況にあるという。

同社ツアーは、ツアー料金は1人当たり平均40～50万円前後、客層は欧米豪や香港、シンガポールなどの個人旅行客である。歩くことに加え学ぶことを楽しむ知的好奇心が強い、40～70歳代の富裕層が中心となっている。最も人気のツアーは10泊11日で中山道を歩いて巡るツアーで、歩きながら日本を巡り、知られざる日本の歴史や文化を感じ、学ぶことができる。

インバウンドのなかでも、こうした富裕層など個人向けツアーは、いち早く回復することが期待される。

コロナ禍前への回復は2024年以降

国連世界観光機関（UNWTO）は、世界の観光動向や見通しを定期的に公表している。2022年６月時点の見通しでは、３カ月前の見通しが上方修正された。2022年第１四半期の世界の旅行者数が前年同期比で約３倍に回復したためである。なかでもヨーロッパ向けが約４倍、北中南米が約２倍となっている。2022年12月現在、日本では水際対策が緩和されたばかりだが、世界市場は力強く回復している。

こうした回復傾向を背景に、UNWTOの観光専門家パネルによる国際観光市場の見通しも上方修正されている。2022年３月時点の見通しでは、世界市場のコロナ禍前までの回復は2024年以降とする専門家が最多であったが、同年６月時点では2023年とみる専門家が最多となり、ヨーロッパ、中東においてその傾向が強い（図表３-５）。一方、アジア・太平洋地域は最も悲観的に見られており、専門家のうち69%が回復は2024年以降としている。日本におけるインバウンドの本格的な回復は、現在のところ2024年以降となる可能性がある。

図表３-５　国際観光市場の2019年水準への回復見通し
（2022年６月時点）

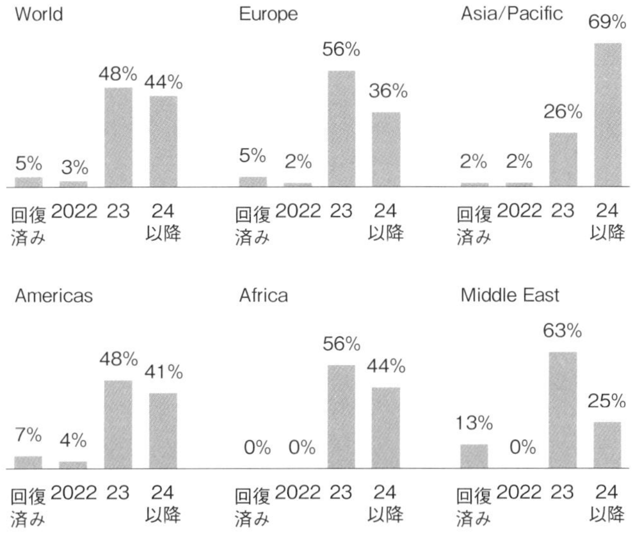

資料）UNWTO「VACCINES AND REOPEN BORDERS DRIVING TOURISM'S RECOVERY」より九経調作成

4　MICE市場の展望

一様でないMICEへの影響

コロナ感染拡大に伴い、多くの参加者が長距離移動を伴って集まるMICEは、それ以前の形態での開催が難しくなった。一部の会議や展示会、学会はオンラインに移行し、その利便性が理解され、人が一堂に会することの価値や意義が問い直されている状況にある。

MICE市場においては、「Webツールでの代替が可能と認識されたもの」と、「現地での開催の必要性が認識されたもの」で異なる動きとなっている。前者の代表が、いわゆるMICE

図表４-１　社内会議開催会場の変化

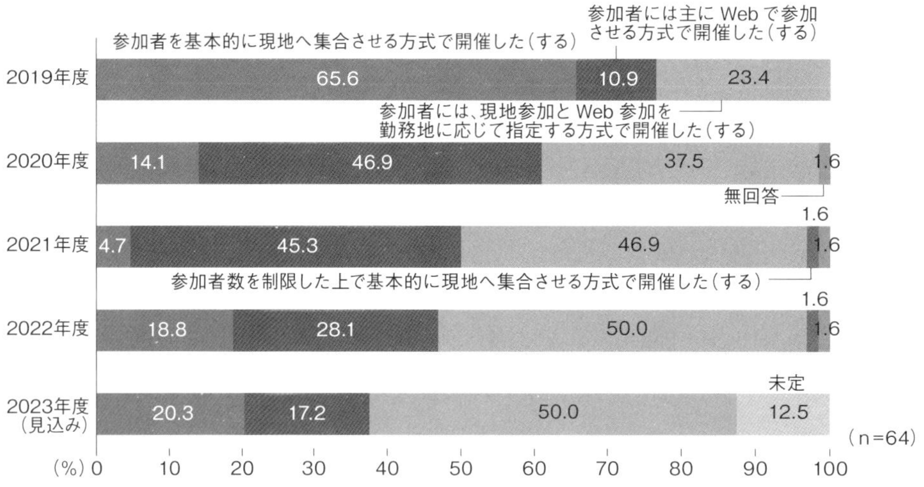

注）合計は端数処理により各項目の合計と一致しないことがある
資料）九経調「会議出張と報奨旅行の動向把握のためのアンケート」。以下、「九経調企業アンケート」とする。

図表４-２　顧客向け会議開催会場の変化

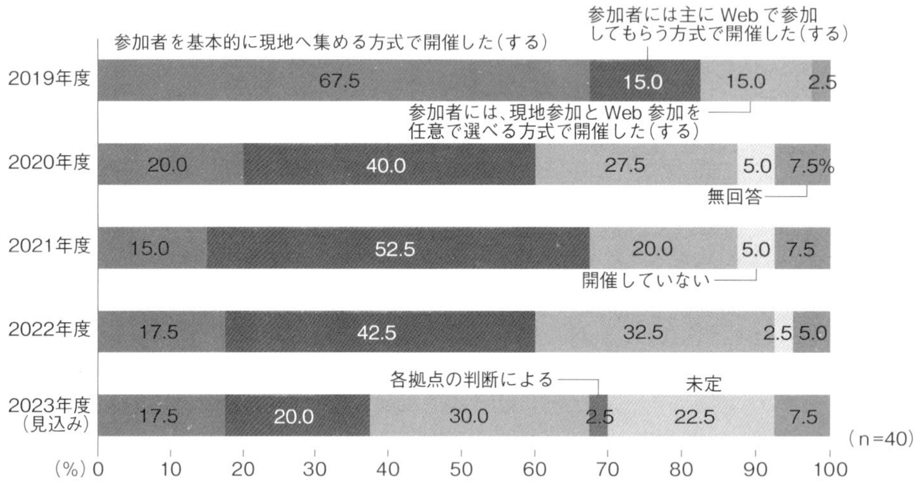

注）合計は端数処理により各項目の合計と一致しないことがある
資料）九経調企業アンケート

の「M」の中でも企業が社内向けに実施する会議である。九経調が全国の企業向けに実施したアンケートによると、社内向け会議はコロナ禍で「参加者を基本的に現地へ集合させる方式」が大きく減少し、オンラインへの代替が進んだ（図表４-１）。顧客向け会議も同様の傾向となり、よりWebを活用した会議にシフトしている（図表４-２）。現地参加の比率はコロナ禍の2021年度をボトムに多少増加してはいるが、2023年度の見込みでもコロナ禍前の水準には至っていない。社内向け会議については、企業が出張を減らしていることを示す調査結果[4]もある。

現地開催需要が戻りつつある学術会議

「現地での開催の必要性が認識されたもの」の代表が、MICEの「I」や「E」にあたる報奨旅行やイベントなどである。オンラインによるバーチャルツアーやライブ配信といった手

4 （株）産労総合研究所（東京都千代田区）「2021年度　国内・海外出張旅費に関する調査結果」。詳細は第３章参照

段がコロナ禍で普及・拡大し、参加者の裾野を広げる役割を果たしたが、現状では現地参加の代替となるには至っていないと考えられる。

双方の要素が含まれるのが、MICEの「C」にあたる学術会議である。九経調が全国の学会向けに実施したアンケートによると、コロナ感染拡大初期の2020年度はオンライン開催が最も多く、現地でのリアル開催とその模様をオンライン配信するハイブリッド開催は少なかった（図表4-3）。2021年度はオンライン開催がさらに増えたが、開催を中止するケースが減り、ハイブリッド開催が増加した。

他方、2022年度は、オンライン開催が減少し、ハイブリッド開催と、リアル開催が増加しており、企業による会議とは異なる傾向を示した。2023年度はさらにその傾向が強くなる見通しである。Webの利用で参加者の裾野が広がったメリットはあり、今後もオンライン参加の需要は残る一方、参加者同士のネットワーキングの観点から、現地開催の需要も根強い。また、ハイブリッド開催は費用面での負担が大きいとの声もあり、徐々にリアル開催が回復すると考えられる。

図表4-3　学術会議の開催形態の変化

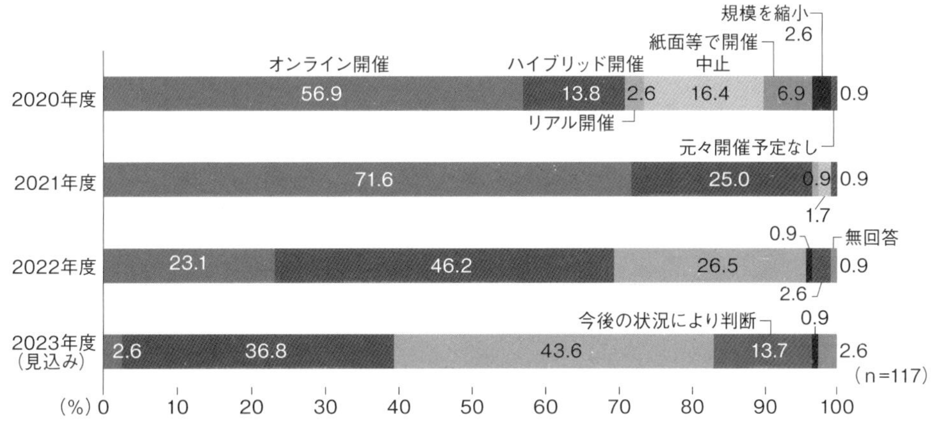

注）合計は端数処理により各項目の合計と一致しないことがある
資料）九経調「学術会議の動向とニーズ把握のためのアンケート」。以下、「九経調学会アンケート」とする。

期待されるコンベンション・展示会需要の回復

企業アンケートおよび学会アンケートでみたように、MICEの回復状況は一様でない。2022年度時点の見通しでは、企業による会議はオンラインへの代替が進み、コロナ禍前には戻らない可能性がある。ビジネス旅行需要の大きい都市や宿泊施設には、少なからず影響が生じると考えられる。一方、学術会議は、コロナ禍でオンラインによる代替がみられたが、徐々にハイブリッド開催からリアル開催へと元に戻りつつある。展示会や見本市を含め、参加者同士のネットワーキングは変わらず需要があり、コンベンションやイベントは2023年以降回復する可能性が高い。

コンベンション・展示会誘致のカギとなる「観光地としての魅力」

国際的な学会については、交通利便性から首都圏や関西圏での開催が主となっており、コロナ収束後も地方への誘致は容易ではない。一方で、「多くの参加者が見込まれるアジア地域と近い」「近郊に豊富な自然や観光資源に恵まれている」といった点は、九州が他地域と比較して優位な要素と考えられる。
アクセス面については、主要拠点空港である福岡空港や那覇空港の国際線ネットワークの拡充に取り組み、国外参加者の利便性を高めることが求められる。そのうえで、他地域と同様の戦略を取るのではなく、九州の強みが開催メリットとなる対象、例えばアジア地域の学会や各地域の産業と関わりのある学会や展示会の誘致が重要と考えられる。
その上で、MICEにおいては、オンライン参加者も引きつけるような「観光地としての魅力」を高めることの重要性がコロナ禍で高まったと考えられる。通常はオンラインで参加する層も、「九州地域での会議であれば行こう」と思わせるような観光面での魅力が重要となる。開催都市だけでの観光を考えるのではなく、周辺地域の観光資源も含めた活用が求められる。

5 環境変化に対応したこれからの観光地づくり

以上のように、コロナ禍での地域経済悪化の主因は移動の抑制と旅行客の減少にあった。旅行需要は2022年においてもコロナ禍前の水準には回復していないが、2022年11月からの旅行支援施策は一定の効果を上げており、今後の回復が見込まれる。観光産業は、コロナ禍前までは九州地域において一定の規模を持ち、移出型産業として地域経済を支える存在となっている。九州経済の成長のため、観光による地域づくりはこれからも重要なテーマとなるだろう。
ここでは、データ分析から得られた九州観光の課題と、コロナ禍を含めた近年の変化をもとに、それらに対応する地域・事業者の取り組みから、今後の観光地づくりのあり方を検討したい。

1）地域資源の再編集による魅力向上

コロナ禍の行動制約や行動変容は観光行動にも影響を与えた。スマホデータの分析によると、マイクロツーリズムの動きや、自然の風景をみる旅行や自然を使ったアクティビティによる密集の回避なども生じた。サイクリングやキャンプ、登山など、これまで根強いファンがいたアクティビティの旅行が再注目されていることも判った。こうした旅行目的・趣味の多様化や地域の自然・文化・歴史への注目度の高まりを踏まえると、地域の資源を生かした観光地づくりはこれまで以上に重要となる。
コロナ禍での変化は、コロナ収束とともに元に戻る可能性もあるが、従来から趣味・旅行目的の多様化が進むなかでは、旅行に新たな選択肢が増えたと捉えることもできる。アウトドアやスポーツなど、魅力が再認識された旅行は、観光行動が平常に戻りつつある2022年末時点でも衰えておらず、今後も旅行客を集めるコンテンツとなり続ける可能性もある。九州地域では、経済団体や国・地方自治体、企業などが主導し、国際サイクルレース「ツール・

ド・九州」の開催や、それにあわせたサイクル周遊型旅行商品の開発が行われている。

地域資源の活用はこれまでも観光にとって重要な事項であったが、時代・トレンドや旅行志向の変化にあわせて、常に再編集を行い、魅力を向上させることが必要である。

コロナ禍での取り組みとしては、「歴史・文化コンテンツの再編集による高付加価値サービス」が注目される。地域に根付いた歴史・文化の活用を行う上で、単にそれらを紹介するだけではなく、消費者の嗜好や時代の変化にあわせてコンテンツ化することが重要である。嬉野温泉（嬉野市）における温泉旅館と茶農家が連携した「ティーツーリズム」や、NPO法人ASO田園空間博物館（阿蘇市）による、阿蘇の草原地帯をフィールドに展開するスポーツ・コンテンツツーリズムは地域資源の魅力を高め、集客とリピーター増加につながっている。山鹿市の菊鹿ワイナリーを生かしたウェディング観光も、人生の節目に山鹿への訪問を促す取り組みである。

九州地域のポテンシャルを生かす取り組みとして、「アドベンチャーツーリズムによるインバウンド集客」も注目される。The Japan Travel Company（株）（杵築市）では、地域の文化・資源を生かしたインバウンド向けウォーキングツアーを企画・販売・実施し、欧米豪の富裕層を集客している。日本の原風景を感じられる自然や農業などの営み、生活を、外国人客の興味を喚起する形でツアーに組み込むことで、高い満足度とリピーター獲得に成功している。

図表５-１　地域資源の再編集による魅力向上　事例

市町村	事業主体	地域資源の再編集	主な取り組み
嬉野市	旅館大村屋ほか地域事業者	茶産業 ↓ 茶文化による高級体験サービス	・嬉野茶を活用した茶空間の体験、お茶を楽しむプレミアムな宿泊サービスを開発 ・茶農家が茶師・コンシェルジュとなることで、付加価値の高い観光サービスを提供
山鹿市	（株）ローカルデベロップメントラボ	ワイナリー、神社等の施設 ↓ 地域交流拠点、フォトウェディング	・菊鹿ワイナリーを拠点に、街全体を会場とした新しいウェディング観光モデルを構築。人生の節目に山鹿市を再訪する関係性構築を目指す ・ワイナリーを地域の交流拠点として活用
阿蘇市	NPO法人 ASO田園空間博物館	阿蘇の草原地帯（牧野） ↓ アクティビティツアー、コスプレのフィールド	・阿蘇地域で伝統的に維持される牧野（ぼくや）をフィールドとして活用し、アクティビティツアーを実施 ・コスプレの場としても活用し、コアな愛好者による来訪需要を創出 ・サイクリスト、コスプレイヤー等のファンコミュニティを通じたプロモーションと来訪者増加、リピーター獲得に成功
熊本県 南阿蘇村	（一社）みなみあそ観光局	南阿蘇の自然や食 ↓ 「ラーケーション」のコンテンツ	・イデアITカレッジと連携し、南阿蘇の自然や文化を楽しみながら学べる「ラーケーション阿蘇」を実施 ・学びの機会を提供することで関係人口の創出と関係の深化を図り、継続的な来訪客、リピーターを獲得
熊本県 錦町	（一社）錦まち観光協会	戦争遺跡 ↓ 体験型平和学習コンテンツ	・町内にある「人吉海軍航空基地跡」を発掘・保全と活用を行う「にしきひみつ基地ミュージアム」を設立 ・秘密基地のような外部遺構に立ち入り、太平洋戦争末期の戦況や予科練生の生活を体験できる仕組みをつくり、学生による平和学習だけでなく、ミステリーツアーとしても利用
杵築市	The Japan Travel Company（株）	国東地区の歴史、仏教文化 ↓ 富裕層インバウンド向けアドベンチャーツアー	・日本の田舎の風景や文化を体験できる富裕層向けウォーキングツアーを企画・実施し多くのインバウンドを誘致 ・中山道を歩く人気ツアーのほか、国東地区でもツアーを実施 ・日本人でも訪れることが少ない寺院や道を案内し、高い満足度とリピーターを獲得

資料）九経調作成

観光地へのリピーターを創出する仕組みとして「地域の学びを通じたコンテンツ造成」も重要である。継続的な集客やリピーターを創出するためには、地域資源をPRするだけでなく、継続的に足を運ばせる工夫が必要となる。(一社)みなみあそ観光局(熊本県南阿蘇村)が実施する学生・社会人向けに阿蘇の自然・文化を楽しみながら学べる「ラーケーション阿蘇」や、にしきひみつ基地ミュージアム(熊本県錦町)での体験型平和学習は、コロナ禍でもリピーターを獲得している。

2)新たな人の流れを生み出す仕組みづくり

コロナ禍では、古民家や歴史的施設をリノベーションし、高級業態の宿泊施設として再利用する動きが各地でみられた。九州では、ホテル　カルティア太宰府(太宰府市)やNIPPONIA HOTEL八女福島商家町(八女市)、御宿 富久千代(鹿島市)、Nazuna　飫肥　城下町温泉(日南市)のほか、平戸城(平戸市)でのキャッスルステイといった個性的な取り組みが行われている。

これらは、高級業態の宿泊施設の展開という点に加え、地域資源を生かした「新たな人の流れの創出」として注目される。地域の歴史の中心にある施設を生かした滞在客の誘致は、それまでとは異なる新たな客層を地域に呼び込み、観光消費の活性化と、域内事業者の観光産業への参画を促している。

「ワーケーションによる仕事づくりによる新たな人の流れの創出」も注目される動きである。コロナ禍の新しい働き方として「ワーケーション」への関心が高まり、九州地域でも観光施設・遊休施設を活用した取り組みが広がっている。ただし、実際に安定的に稼働し、地

図表5-2　新たな人の流れを生み出す仕組みづくり　事例

市町村	事業主体	滞在型観光の形式	主な取り組み
八女市	八女タウンマネジメント(株)	古民家ホテル「NIPPONIA HOTEL 八女福島　商家町」	・老舗酒造所が所有する古民家を改装し、街並みを生かした小規模ホテルを開業 ・商工会議所がリーダーシップを発揮 ・滞在型観光により、街並みを生かした新規事業を行う事業者が増加
嬉野市	(株)イノベーションパートナーズ	老舗旅館「和多屋別荘」を活用したワーケーション	・老舗旅館の一角をリノベーションし、オフィス利用と「温泉ワーケーション」を実施 ・イノベーションパートナーズにより、嬉野で仕事づくりができる企業を選定し誘致 ・嬉野での仕事づくりによる関係人口と新たな人の流れを創出
平戸市	平戸市・(一社)平戸観光協会	平戸城を活用した宿泊施設開発と滞在型観光推進	・平戸城を活用した体験コンテンツを造成し、「平戸城CASTLESTAY懐柔櫓」を開業 ・平戸の歴史を生かした周遊コンテンツを造成
日南市	(株)NAZNAなど	市、民間が所有する旧武家屋敷を改装した高級旅館	・民間事業者を主体として、市、民間が所有する旧武家屋敷の保全と積極的な活用を実施 ・飫肥地区の雰囲気を生かした高級旅館のほか、飲食店、オフィスとして旧武家屋敷を利用 ・同市油津商店街の再生ノウハウを生かした観光地づくり
沖縄県読谷村	Airbnb Japan(株)	地域の宿泊施設をリーダーとする地域づくりとワーケーション	・地域の資源を生かした事業や課題解決のためのプロジェクトを実施できる企業を同社が選定し、読谷村でのワーケーションを支援 ・地域の宿泊施設オーナーがリーダーとなり、ワーケーション企業と地域の事業者、住民との関係づくりを継続 ・関係人口の構築により継続的な人の流れを創出

資料)九経調作成

域の観光需要創出につながるケースは少ない。そうしたなか、着実な成果を上げているのが、嬉野温泉にある和多屋別荘（嬉野市）を拠点に実施されている「温泉ワーケーション」である。企業立地と地域での仕事づくりによる関係人口創出と、ワーケーションをセットで実施することで、嬉野への新たな人の流れを生み出している。また Airbnb Japan（株）（東京都新宿区）は、ワーケーションのワーカーと地域住民との交流を促し、地域の課題や魅力を再評価することでプロジェクトを創出し、地域の関係人口を増加させている。これもまた、読谷村への新しい人の流れを生む取り組みとして注目される。

3）主体的な事業者間の連携による観光地づくり

観光による地域経済の成長を持続するためには、まず観光産業を支える事業者が主体となることが必要である。九州の有名観光地では、旧来より「事業者主体の観光地づくり」が行われてきた。「黒川温泉一旅館」の理念のもと、温泉旅館組合を主体に観光地づくりを進める黒川温泉（熊本県南小国町）や、DMO を主体に観光地づくりを進める由布市は、観光地としてのブランドを継承し、高めている。また、長門市では、（株）星野リゾート（長野県軽井沢町）による観光マスタープランを元に官民が一体となって温泉地再生を行い、その取り組みが数多くの賞を受賞した。

図表 5 - 3　主体的な事業者間の連携による観光地づくり　事例

市町村	事業主体	連携事業者、機関	主な取り組み
長門市	長門湯本温泉まち（株）	まちづくり会社、長門市、山口県等	・星野リゾートと長門市、山口県が連携し、観光マスタープランを策定。域外の専門家とともに長門湯本温泉の再生を実施。宿泊施設だけでなく河川や道路整備も一体的に行い、温泉地の魅力を向上 ・域内事業者による新規事業が20数年ぶりに誕生し、温泉地再生が進行
久留米市	（株）サンカクキカク	自治体、小規模事業者	・店舗でふるさと納税を行い、返礼品を受け取ることができるシステムを開発。観光地での寄附とリピート購入に貢献 ・小規模店舗、飲食店の参画を促し、観光地での消費額増加に寄与
雲仙市	（一社）雲仙観光局	DMO、雲仙市、域内外事業者	・雲仙温泉、小浜温泉の両組合が一体となり、雲仙市全域での観光地づくりを推進 ・合同ワーキングで地域課題を抽出し、観光コンテンツの造成等の具体的な取り組みを実施
熊本県南小国町	黒川温泉観光旅館協同組合	黒川地区の温泉旅館	・組合が主体となって黒川未来会議を実施し、域内外連携を強化 ・組合による旅館の人材採用、人材育成 ・環境負荷を低減する観光地づくりを実践
別府市	（株）アマネク	別府市中心市街地の飲食店	・中心市街地の飲食店での食事代をホテルのルームキーで決済できるシステムを導入
佐伯市	宇目ひよこの会	農産物加工所、農家、鉄道会社	・地域の特産品を活用した高価格帯の商品開発 ・鉄道会社と連携した販路の確保
由布市	（一社）由布市まちづくり観光局	DMO、由布市	・DMO が主体となり地域ブランドを維持 ・グリーンスローモビリティの導入等、保養地としての魅力を向上
薩摩川内市	（株）薩摩川内市観光物産協会	宿泊事業者、地域内商店	・宿泊と体験プランをセットにした観光商品を開発 ・地域の商店や釣り具店、民宿などが体験メニューを考案し観光事業に参入
奄美市	奄美イノベーション（株）	宿泊事業者、高齢者施設、地域住民	・伝統建築の空き家を宿泊施設や交流拠点として再生 ・地域住民による自然・歴史体験サービスを宿泊者に提供し、地域住民との交流を図る

資料）九経調作成

「地域内での消費を促す仕組みづくり」も求められる。アマネク別府（別府市）は、宿泊者に施設外での消費を促し、地域の活性化につなげるキャッシュレスサービスを開発し、別府市で導入した。（株）サンカクキカク（久留米市）は、訪れた土地の店舗や施設でふるさと納税を直接行い、その場ですぐに返礼品を受け取るサービス「ふるさとズ」を開発し、全国の自治体への導入を目指している。

「域内外の連携による観光地づくり」も重要である。中山間地域にある佐伯市宇目地区では、地域の特産品販売を JR 九州と連携して行い、リピーターを獲得している。甑島（薩摩川内市）でも、域内の宿泊と体験サービスをセットにしたプランを開発することで、来訪者が増加するとともに、体験サービスに参画する事業者を増やした。（一社）雲仙観光局（雲仙市）は、域内だけでなく域外の住民・事業者との連携を促すプラットフォームを作り、観光課題を抽出するとともに、新たな観光コンテンツ造成に取り組んでいる。

観光地づくりにおいては、「観光による地域課題解決への貢献」も重要な視点である。奄美イノベーション（株）（奄美市）によるまちづくりプロジェクト「伝泊」は、伝統建築の空き家を宿泊施設として再生し、地域住民の交流拠点としても活用している。地域の催事や島の伝統的な遊びを使ったプログラムを住民とともに開発し、宿泊客に提供している。地域との協働により、新たな価値を旅行者に提供する取り組みである。

おわりに

コロナ感染者の落ち着きと、コロナワクチン接種の広がりから、九州地域への来訪者は平常へと戻りつつある。コロナ禍で大きな打撃を受けた観光地は、これからの本格的な回復に向けた取り組みが急務となる。観光プロモーションの再開や、観光産業における人手不足解消も求められる。

本書では、スマホデータをもとにコロナ禍の観光行動と、コロナ後にも繋がる行動変容を分析した。また、外部環境の変化が続くなかでも引き続き重要となる施策として「地域資源の再編集による魅力向上」「新たな人の流れを生み出す仕組みづくり」「主体的な事業者間の連携による観光地づくり」の 3 点を挙げた。九州各地の多様な資源やポテンシャルを生かし、観光行動変容に対応した観光地づくりの参考となれば幸いである。

第1章

スマホデータを用いた九州地域における観光人流の定量分析

はじめに

本章ではスマートフォンを通じて取得した人流ビッグデータを活用して、九州地域における観光流動を分析する。

2000年代以後、人流の分析に位置情報データを活用する事例が増加しており、位置情報データの取得手段も、初期のGPS端末から、携帯電話基地局データ、カーナビや交通系ICカードの移動データなどへと広がってきた。特に、2010年代以降は、スマートフォンが普及したことで、スマートフォンのGPSで測位した緯度経度情報（GPSデータ）、Wi-Fiアクセスポイントと交信した履歴（Wi-Fiアクセスポイントデータ）など、スマートフォンデバイスからの大規模な人流データの利活用が進んでいる。観光分野においても、来訪者数の把握手段としては宿泊施設・集客施設の利用者数の集計、来訪者属性や周遊の把握方法としてはアンケート調査が広く用いられてきたが、人流ビッグデータを用いることで、宿泊を伴わない来訪者も含めて、来訪者数や来訪者情報を正確、詳細、即時的に把握できるようになった。

本章では、コロナ禍で変容を続けた九州地域の観光流動について、九経調が運営する人流分析プラットフォーム「おでかけウォッチャー」を活用し、2つのアプローチから分析を試みる。ひとつ目は、九州地域全体を対象とした構造分析に取り組む。2019年を基準として、2020年以降の地域全体、および市区町村・観光スポット単位でみた来訪状況の変化を把握する。また、今後の観光振興の鍵となる若年層に着目し、若年層の九州地域における観光流動の特徴を明らかにする。ふたつ目に、コロナ禍において変化が際立った4つの観光形態（マイクロツーリズム、キャンプツーリズム、都市型観光、リゾート）に着目し、個別地域を対象とした実態を分析する。地域内でのスポット、時期、属性別にみた来訪・周遊の分析を通じて、コロナ禍による観光流動変化の実態を明らかにし、また各地域および九州地域における今後の観光流動を展望する。

1 分析に用いる人流データ

1）おでかけウォッチャーについて

本章の分析で活用する「おでかけウォッチャー」は、観光に特化した人流モニタリングツールである。位置情報データは、140以上のスマートフォンアプリを通じて利用者から明示的な同意を得て取得したデータであり、（株）ブログウォッチャー（東京都中央区）が保有する。他のGPSデータと比較して、サンプル対象者が月間2,500万人と多く、実際の来訪者数が少ない観光スポットでも計測可能な点が大きな特徴である。また位置情報から、各ユーザーの発地と勤務地域を特定し、日常生活圏と想定される発地から20km以内の移動および通勤移動を除外した、非日常の移動のみを調査対象として抽出している点も特徴である。

おでかけウォッチャーでは、抽出した人流ビッグデータから、事前登録したスポット毎の日別来訪者数に加えて、市区町村内複数スポットへの重複訪問を差し引いた、市区町村単位での実来訪者数も集計・公表している。全国、地域ブロック、都道府県、県内地域別の来訪者数は、市区町村別来訪者数を合算して算出する。加えて、ユーザーの発地情報に基づく発地別の来訪者数、ユーザーが登録した属性情報（性・年齢（20～60歳代の10歳刻み））に基づく属性別来訪者数、観光スポット間の周遊数の分析、およびこれらのクロス集計分析が可能である。なお、登録したスポットの範囲内に一定時間（10～30分程度）以上滞在した場合にのみ来訪者として判定されるため、車・公共交通による通過人員は来訪者として判定されない。また、各データの集計単位は1日であり、例えば同じ観光スポットへ同月内に2日訪問した場合は、各日で来訪者数として集計され、月単位の集計でも2人分としてカウントされる。

2）分析対象となる観光スポットの指定

おでかけウォッチャーでは、事前に指定したスポットに基づいて来訪・周遊を集計する。分析対象となる観光スポットは、観光レビューサイトTripadvisorにおけるレビュー数上位の観光スポット、各県観光連盟Webサイトの観光地紹介ページに掲載されている観光スポットを中心に、計1,154の観光スポットを選定した（図表1-1）。なお、スポットのジャンル別分析に向けて、スポット毎に16のジャンルから単一のジャンルを割り当てている。来訪を判定する各スポットの範囲は、単一または複数の250mメッシュから指定しているが、3節の個別地域分析の対象となる4地域の一部スポットは、10mメッシュ単位で指定している。

図表1-1　県別指定観光スポット数

	指定スポット数	うち個別地域分析対象
福岡県	158	24
佐賀県	40	－
長崎県	150	58
熊本県	113	48
大分県	106	32
宮崎県	124	－
鹿児島県	112	－
沖縄県	298	64
山口県	53	－
合計	1,154	226

資料）九経調作成

市区町村別の分析については、先述で指定したスポットに基づいて判定した場合、市区町村内に含まれるスポット数に応じて来訪者数が大きく変動することが想定される。そのため本分析では、おでかけウォッチャーにて公表している、各市区町村につき最大20地点設定されたモニタリングスポットに基づく来訪者数を分析対象データとして用いている[1]。

2 九州地域における観光行動の構造

1）観光地への来訪状況

来訪者数は落ち込むものの緩やかに改善

2019年から2022年末までの九州地域における日本人の来訪者推移を示す（図表１-２）。2019年の来訪者数は１月や５月、８月などで季節変動はあるものの概ね横ばいで推移していたが、コロナ感染拡大によって減少に転じており、2020年春の第一波では特に落ち込みが顕著である。例えば、ゴールデンウィークの５日間（５月１日～５日）の平均来訪者数は35.4万人で、前年比▲90.9%となっている。その後、感染者数が落ち着き、政府が2020年７月22日にスタートした「Go Toトラベルキャンペーン」の効果もあって来訪者数は増加した。11月の月間来訪者数は2019年比▲26.3%まで回復したものの、2020年末にはコロナ感染者数が増加し、再び減少に転じた。2021年においても県民割などのキャンペーンはあったものの、感染者数の増加や、県民割の適用対象が県内旅行に限定されたこともあり、2020年ほどの回復には至らなかった。2022年の来訪者数は感染者数の増加によって落ち込んだが、県民割の支援適用対象の拡充（県内旅行から地域ブロック内の都道府県からの旅行者）、また10月11日に開始された「全国旅行支援」や「九州たびたびの旅」の効果も後押しし、コロナ禍前の水準に回復

図表１-２　九州地域の来訪者推移

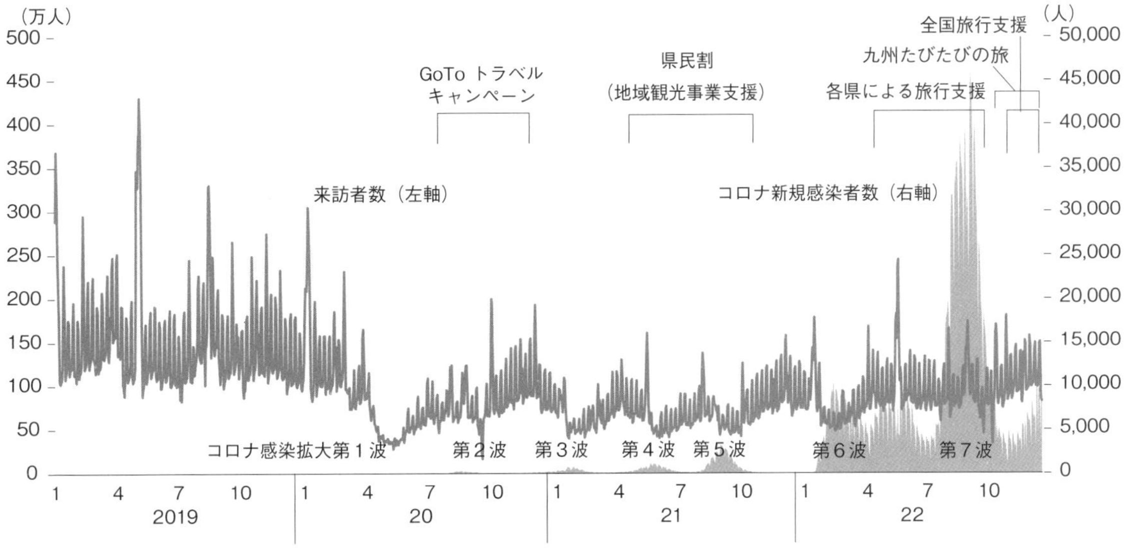

資料）厚生労働省「データからわかる・新型コロナウイルス感染症情報」および九経調「おでかけウォッチャー」をもとに作成

1　分析データの詳細な取得条件は、参考資料１「『おでかけウォッチャー』分析データの取得条件設定」を参照

しつつある。

九州地域の来訪者数は全国の一割

2019年の九州地域の県別来訪者数をみると、福岡県は全国シェアが４%強となっており１%前後の他県に比べて突出している（図表１-３）。九州・沖縄計の全国シェアは10.25%となり、他の経済指標と同様に「一割経済」の規模である。

コロナ禍の2021年の都道府県別来訪者数は、2019年に比べ、軒並み来訪者数が大きく減少した（図表１-４）。なかでも、航空機の移動を伴う沖縄県は2019年比で▲64.4%と大きく減少した。一方で、熊本地震からの復興が進んだ熊本県は同▲42.9%と比較的減少幅が小さい。

全国シェアを2019年と2021年で比較すると、九州地域各県の全国シェアは沖縄県を除いて上昇している。

図表１-３　九州地域の県別来訪者数（2019年）

（単位：人、%）

	来訪者数	全国シェア
九州・沖縄	511,676,643	10.25
福岡県	223,928,311	4.49
佐賀県	38,540,133	0.77
長崎県	35,929,098	0.72
熊本県	58,686,242	1.18
大分県	38,186,561	0.77
宮崎県	23,682,271	0.47
鹿児島県	40,847,239	0.82
沖縄県	51,876,788	1.04
山口県	37,895,741	0.76

資料）九経調「おでかけウォッチャー」をもとに作成

図表１-４　九州地域の県別来訪者数（2021年）

（単位：人、%）

	来訪者数	全国シェア
九州・沖縄	244,392,680	11.79
福岡県	102,091,985	4.93
佐賀県	19,352,506	0.93
長崎県	17,201,861	0.83
熊本県	33,512,354	1.62
大分県	20,072,468	0.97
宮崎県	12,929,997	0.62
鹿児島県	20,743,335	1.00
沖縄県	18,488,174	0.89
山口県	20,421,572	0.99

資料）九経調「おでかけウォッチャー」をもとに作成

コロナ禍で来訪地の分散化が進行

九州地域への来訪者数に対するエリア別のシェアを見ると、2019年は都市圏に多く集中していることが分かる（図表１-５）。内訳を見ると、福岡市が所在する福岡地方に１／４以上の来訪者が集中しており、次に熊本市が所在する熊本地方で約7.6%、北九州地方で7.3%となっている。

そして、2019年と2021年のシェアを比較すると、福岡県では、2019年では約27%あった福岡地方が約24%まで低下した一方で、筑後地方や筑豊地方はシェアを高めている。その他のエリアも、沖縄県を除いてほとんどのエリアでシェアが伸び、福岡地方に一極集中していた来訪者がコロナ禍で分散している。

図表１-５　九州地域エリア別来訪者（2021年、2019年）　（単位：人、％、％pt）

県	エリア	2021年		2019年		シェアの差（2021年－2019年）
		来訪者数	シェア	来訪者数	シェア	
福岡県	筑後地方	14, 581, 536	5. 51	24, 350, 932	4. 43	1. 08
	筑豊地方	5, 793, 709	2. 19	9, 422, 285	1. 71	0. 47
	福岡地方	63, 001, 798	23. 79	150, 060, 848	27. 31	▲3. 51
	北九州地方	18, 714, 942	7. 07	40, 094, 246	7. 30	▲0. 23
佐賀県	南部	15, 693, 484	5. 93	31, 908, 588	5. 81	0. 12
	北部	3, 659, 022	1. 38	6, 631, 545	1. 21	0. 18
長崎県	壱岐・対馬	603, 452	0. 23	963, 742	0. 18	0. 05
	五島	686, 028	0. 26	1, 314, 592	0. 24	0. 02
	南部	10, 661, 480	4. 03	23, 339, 637	4. 25	▲0. 22
	北部	5, 250, 901	1. 98	10, 311, 127	1. 88	0. 11
熊本県	阿蘇地方	6, 035, 341	2. 28	8, 549, 740	1. 56	0. 72
	球磨地方	1, 100, 091	0. 42	2, 015, 396	0. 37	0. 05
	熊本地方	21, 940, 177	8. 29	41, 579, 394	7. 57	0. 72
	天草・芦北地方	4, 436, 745	1. 68	6, 541, 712	1. 19	0. 49
大分県	西部	4, 303, 126	1. 62	6, 875, 309	1. 25	0. 37
	中部	10, 555, 796	3. 99	22, 656, 981	4. 12	▲0. 14
	南部	1, 743, 876	0. 66	2, 717, 900	0. 49	0. 16
	北部	3, 469, 670	1. 31	5, 936, 371	1. 08	0. 23
宮崎県	南部山沿い	2, 896, 054	1. 09	5, 446, 258	0. 99	0. 10
	南部平野部	4, 734, 117	1. 79	9, 145, 285	1. 66	0. 12
	北部山沿い	1, 266, 085	0. 48	1, 978, 361	0. 36	0. 12
	北部平野部	4, 033, 741	1. 52	7, 112, 367	1. 29	0. 23
鹿児島県	奄美地方	1, 284, 183	0. 48	2, 357, 101	0. 43	0. 06
	薩摩地方	16, 188, 059	6. 11	32, 583, 410	5. 93	0. 18
	種子島・屋久島地方	702, 925	0. 27	1, 323, 572	0. 24	0. 02
	大隅地方	2, 568, 168	0. 97	4, 583, 156	0. 83	0. 14
沖縄県	久米島	86, 075	0. 03	245, 581	0. 04	▲0. 01
	宮古島地方	1, 782, 812	0. 67	4, 122, 120	0. 75	▲0. 08
	石垣島地方	1, 357, 123	0. 51	3, 715, 304	0. 68	▲0. 16
	本島中南部	9, 849, 841	3. 72	29, 503, 844	5. 37	▲1. 65
	本島北部	5, 367, 709	2. 03	14, 213, 277	2. 59	▲0. 56
山口県	西部	6, 349, 147	2. 40	12, 517, 823	2. 28	0. 12
	中部	6, 569, 015	2. 48	12, 602, 407	2. 29	0. 19
	東部	3, 094, 483	1. 17	5, 616, 742	1. 02	0. 15
	北部	4, 408, 927	1. 66	7, 158, 769	1. 30	0. 36

注１）気象庁「予報と警報・注意報の細分区域表（令和４年３月24日現在）」によりエリア区分分け
注２）シェアは九州地域全体の来訪者数に対する割合
注３）シェアが０％の区域は省く
資料）九経調「おでかけウォッチャー」をもとに作成

県庁所在都市で来訪者数の減少が顕著

2019年の九州地域における来訪者上位市区町村を見ると、福岡市博多区の来訪者数が約6, 500万人と突出し、他の市区町村でも県庁所在都市が上位となっている（図表１-６）。2021年はいずれも来訪者数が大きく減少したが、特に那覇市で増減率は▲70. 2%と落ち込みが顕著である。また、福岡市博多区では▲60. 5%、福岡市中央区で▲60. 3%、長崎市では▲57. 4%と都心部では来訪者数の落ち込みが激しい。一方で、うきは市では▲4. 6%、阿蘇市では▲

図表１-６　市区町村来訪者ランキング

（単位：人、％）

市区町村	2022年 順位	2021年 順位	2019年 順位	2022年（～11月） 来訪者数	2021年 来訪者数	2019年 来訪者数	増減率 （2021年／2019年）
福岡市博多区	1	1	1	33, 841, 533	25, 673, 597	64, 988, 322	▲60. 5
福岡市中央区	2	2	2	21, 655, 136	16, 878, 048	42, 462, 442	▲60. 3
北九州市小倉北区	3	3	3	10, 038, 260	8, 491, 844	18, 857, 879	▲55. 0
鹿児島市	4	4	4	8, 517, 504	7, 254, 361	16, 498, 103	▲56. 0
長崎市	5	7	7	7, 697, 206	5, 386, 487	12, 634, 603	▲57. 4
熊本市中央区	6	6	6	6, 879, 899	5, 664, 945	13, 239, 388	▲57. 2
佐賀市	7	5	8	6, 591, 530	6, 042, 217	11, 434, 456	▲47. 2
那覇市	8	10	5	5, 985, 202	4, 003, 123	13, 422, 347	▲70. 2
下関市	9	8	9	5, 412, 139	4, 382, 055	9, 245, 322	▲52. 6
別府市	10	13	12	4, 493, 528	3, 388, 385	7, 449, 503	▲54. 5
久留米市	11	9	10	4, 451, 272	4, 067, 978	8, 692, 270	▲53. 2
大分市	12	11	11	4, 269, 888	3, 792, 528	8, 212, 910	▲53. 8
宮崎市	13	12	13	4, 206, 458	3, 596, 180	7, 271, 707	▲50. 5
佐世保市	14	16	15	3, 783, 426	3, 093, 821	6, 854, 350	▲54. 9
山口市	15	15	17	3, 631, 613	3, 121, 744	5, 888, 479	▲47. 0
北九州市門司区	16	18	16	3, 384, 398	2, 622, 562	5, 934, 528	▲55. 8
阿蘇市	17	17	28	3, 266, 588	2, 780, 401	3, 565, 956	▲22. 0
鳥栖市	18	14	14	3, 235, 356	3, 197, 640	7, 154, 457	▲55. 3
宮古島市	19	29	21	2, 732, 586	1, 762, 671	4, 091, 651	▲56. 9
うきは市	20	20	53	2, 447, 211	2, 298, 483	2, 408, 154	▲ 4. 6

資料）九経調「おでかけウォッチャー」をもとに作成

22.0%と来訪者数の減少が比較的少ない。

なお、2022年11月末時点において、あと１ヶ月を残しながらも来訪者上位市区町村全てが2021年の来訪者数を超えている。また、那覇市や宮古島市が来訪者数順位を上げており、沖縄県の来訪者も回復してきている。

ショッピングスポットや温泉地はコロナ禍でも人気

2019年に九州地域で来訪者が多かったスポットを見ると、下通商店街（熊本市中央区）や博多リバレイン・博多座（福岡市博多区）、キャナルシティ博多（福岡市博多区）、鳥栖プレミアム・アウトレット（鳥栖市）など中心市街地や繁華街、ショッピングスポットの来訪者数も多い（図表１-７）。

2021年では、移動自粛のため郊外型ショッピングスポットが人を集めているが、嬉野温泉（嬉野市）といった温泉スポットも順位を上げている（図表１-８）。一方で、国際通り（那覇市）や中洲歓楽街（福岡市博多区）といった観光要素の強いスポットでは、来訪者が2019年比で70%以上減少している。

2022年に来訪者が多いスポットをみると、2021年では無観客試合も影響して来訪者数が大きく減少していた福岡 PayPay ドーム（福岡市中央区）で来訪者数が倍増し大きく順位を上げたほか、沖縄県への来訪者数の回復から、国際通り（那覇市）や平良市街地（宮古島市）も順位が上がっている（図表１-９）。また、ららぽーと福岡（福岡市博多区）、THE OUTLETS KITAKYUSHU（北九州市八幡東区）がオープンしたことにより、スポット周辺の来訪者数が急増している。

なお、各年の来訪者数上位100スポットのシェアは、2019年が59.7%に対し、2021年は57.6%、2022年（11月末時点）は56.7%となっており、来訪先の分散化が進んでいる。

図表１-７　2019年来訪者数上位スポット　（単位：人、%）

スポット	所在市区町村	来訪者数	シェア
天神	福岡市中央区	32,535,652	6.85
下通商店街	熊本市中央区	11,736,070	2.47
国際通り	那覇市	9,637,371	2.03
天文館周辺	鹿児島市	9,119,000	1.92
中洲歓楽街	福岡市博多区	8,282,128	1.74
博多リバレイン・博多座	福岡市博多区	8,002,267	1.68
キャナルシティ博多	福岡市博多区	7,409,838	1.56
新市街商店街・サクラマチクマモト	熊本市中央区	6,104,045	1.28
橘通り	宮崎市	6,047,051	1.27
福岡 PayPay ドーム	福岡市中央区	5,262,416	1.11
県庁前通り	那覇市	4,995,786	1.05
鳥栖プレミアム・アウトレット	鳥栖市	4,331,622	0.91
東長寺／福岡大仏	福岡市博多区	4,322,577	0.91
太宰府天満宮	太宰府市	4,023,104	0.85
門司港レトロ	北九州市門司区	3,930,322	0.83
イオンモール宮崎	宮崎市	3,673,201	0.77
MARK IS 福岡ももち	福岡市中央区	3,633,774	0.76
沖縄美ら海水族館	沖縄県本部町	3,621,700	0.76
櫛田神社	福岡市博多区	3,517,122	0.74
ハウステンボス	佐世保市	3,353,865	0.71

注）交通・乗り物ジャンルを除く
資料）九経調「おでかけウォッチャー」をもとに作成

図表１-８　2021年来訪者数上位スポット　（単位：人、%）

スポット	所在市区町村	2021年順位	2019年順位	順位変動	2021年来訪者数	2019年来訪者数	増減率(2019年比)
天神	福岡市中央区	1	1	―	13,336,408	32,535,652	▲59.0
下通商店街	熊本市中央区	2	2	―	4,816,804	11,736,070	▲59.0
天文館周辺	鹿児島市	3	4	↑	4,076,062	9,119,000	▲55.3
博多リバレイン・博多座	福岡市博多区	4	6	↑	2,980,488	8,002,267	▲62.8
橘通り	宮崎市	5	9	↑	2,909,484	6,047,051	▲51.9
新市街商店街・サクラマチクマモト	熊本市中央区	6	8	↑	2,887,593	6,104,045	▲52.7
国際通り	那覇市	7	3	↓	2,567,254	9,637,371	▲73.4
キャナルシティ博多	福岡市博多区	8	7	↓	2,498,004	7,409,838	▲66.3
中洲歓楽街	福岡市博多区	9	5	↓	2,424,119	8,282,128	▲70.7
鳥栖プレミアム・アウトレット	鳥栖市	10	12	↑	2,129,454	4,331,622	▲50.8
イオンモール熊本	熊本県嘉島町	11	21	↑	2,096,598	3,237,895	▲35.2
イオンモール宮崎	宮崎市	12	16	↑	1,937,509	3,673,201	▲47.3
ゆめタウン佐賀	佐賀市	13	22	↑	1,771,420	3,098,176	▲42.8
トリアス久山	福岡県久山町	14	25	↑	1,711,269	3,000,253	▲43.0
門司港レトロ	北九州市門司区	15	15	―	1,686,450	3,930,322	▲57.1
イオンモール鹿児島	鹿児島市	16	29	↑	1,552,830	2,783,345	▲44.2
太宰府天満宮	太宰府市	17	14	↓	1,399,426	4,023,104	▲65.2
県庁前通り	那覇市	18	11	↓	1,346,794	4,995,786	▲73.0
東長寺／福岡大仏	福岡市博多区	19	13	↓	1,311,924	4,322,577	▲69.6
嬉野温泉	嬉野市	20	31	↑	1,264,796	2,567,742	▲50.7

注）交通・乗り物ジャンルは除く
資料）九経調「おでかけウォッチャー」をもとに作成

図表１-９　2022年来訪者数上位スポット　（単位：人）

スポット	所在市区町村	2022年順位	2021年順位	順位変動	2022年（～11月）来訪者数	2021年来訪者数
天神	福岡市中央区	1	1	—	16, 255, 021	13, 336, 408
下通商店街	熊本市中央区	2	2	—	6, 042, 082	4, 816, 804
天文館周辺	鹿児島市	3	3	—	4, 824, 601	4, 076, 062
博多リバレイン・博多座	福岡市博多区	4	4	—	4, 465, 828	2, 980, 488
国際通り	那覇市	5	7	↑	4, 405, 641	2, 567, 254
新市街商店街・サクラマチクマモト	熊本市中央区	6	6	—	3, 905, 175	2, 887, 593
中洲歓楽街	福岡市博多区	7	9	↑	3, 592, 575	2, 424, 119
キャナルシティ博多	福岡市博多区	8	8	—	3, 406, 693	2, 498, 004
橘通り	宮崎市	9	5	↓	3, 286, 774	2, 909, 484
福岡 PayPay ドーム	福岡市中央区	10	27	↑	2, 641, 717	1, 116, 815
県庁前通り	那覇市	11	18	↑	2, 164, 765	1, 346, 794
門司港レトロ	北九州市門司区	12	15	↑	2, 161, 096	1, 686, 450
太宰府天満宮	太宰府市	13	17	↑	2, 149, 643	1, 399, 426
東長寺／福岡大仏	福岡市博多区	14	19	↑	2, 031, 008	1, 311, 924
イオンモール熊本	熊本県嘉島町	15	11	↓	1, 973, 877	2, 096, 598
鳥栖プレミアム・アウトレット	鳥栖市	16	10	↓	1, 876, 483	2, 129, 454
イオンモール宮崎	宮崎市	17	12	↓	1, 871, 874	1, 937, 509
ららぽーと福岡	福岡市博多区	18	329	↑	1, 861, 918	136, 109
ハウステンボス	佐世保市	19	21	↑	1, 787, 819	1, 260, 408
嬉野温泉	嬉野市	20	20	—	1, 708, 002	1, 264, 796
THE OUTLETS KITAKYUSHU	北九州市八幡東区	21	137	↑	1, 670, 870	387, 754
ゆめタウン佐賀	佐賀市	22	13	↓	1, 649, 868	1, 771, 420
金鱗湖	由布市	23	25	↑	1, 614, 540	1, 142, 957
熊本城	熊本市中央区	24	37	↑	1, 608, 371	987, 188
由布院温泉	由布市	25	23	↓	1, 575, 769	1, 169, 275
T ギャラリア沖縄 by DFS	那覇市	26	28	↑	1, 570, 263	1, 084, 796
平良市街地	宮古島市	27	36	↑	1, 542, 947	989, 258
アメリカンビレッジ	沖縄県北谷町	28	38	↑	1, 511, 574	975, 943
櫛田神社	福岡市博多区	29	40	↑	1, 497, 831	961, 509
MARK IS 福岡ももち	福岡市中央区	30	50	↑	1, 439, 468	892, 763

注）交通・乗り物ジャンルを除く
資料）九経調「おでかけウォッチャー」をもとに作成

近距離間の移動が増加

各年の来訪者数上位20スポットの発地別の距離帯をみると、コロナ禍前の2019年、九州地域では発地から各観光スポットの距離が300km 以上の長距離から訪れる人が36%を超えていた（図表１-10）が、コロナ禍により、2021年では24. 2%まで低下している。一方で、中・近距離の割合は2019年から2021年にかけて高くなっており、とりわけ20km 以上40km 未満は2019年の23. 2%だったものが2021年には37. 5%まで上昇した。2022年に入り、沖縄県への来訪が徐々に戻ったこともあり、300km 以上の比率が上昇しているが、100km 未満の割合は依然として2019年時点よりも高く、近隣集客型の傾向が続いている。

図表１-11は各年の来訪者数上位20スポットの発地都道府県ランキングを示している。コロナ禍で福岡県の比率が大きくなるなど九州地域のシェアが大きくなる一方、東京都や神奈川県、大阪府の割合が低下している。

図表１-10　来訪者数上位20スポットの発地距離帯別比較

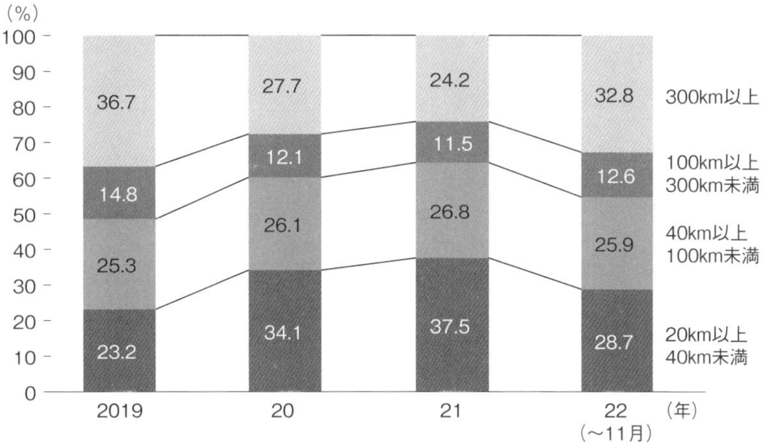

注）各年の来訪者数上位20スポットを基に算出
資料）九経調「おでかけウォッチャー」をもとに作成

図表１-11　来訪者数上位20スポットの発地都道府県ランキング　（単位：%、%pt）

	2019年		2021年			2022年（～11月）		
順位	都道府県	シェア	都道府県	シェア	シェアの差（2021年－2019年）	都道府県	シェア	シェアの差（2022年－2021年）
1	福岡県	29.58	福岡県	36.32	6.74	福岡県	32.75	▲3.56
2	熊本県	9.54	熊本県	12.67	3.13	熊本県	11.14	▲1.53
3	東京都	5.64	鹿児島県	6.98	2.15	東京都	5.77	1.19
4	宮崎県	5.08	佐賀県	6.54	2.31	佐賀県	5.35	▲1.19
5	鹿児島県	4.83	宮崎県	5.94	0.86	宮崎県	4.63	▲1.30
6	神奈川県	4.41	東京都	4.57	▲1.07	神奈川県	4.35	1.14
7	佐賀県	4.23	神奈川県	3.22	▲1.20	鹿児島県	4.28	▲2.71
8	大阪府	4.05	大阪府	3.07	▲0.97	大阪府	3.87	0.80
9	長崎県	3.66	長崎県	2.97	▲0.68	長崎県	3.69	0.72
10	愛知県	2.52	沖縄県	2.06	▲0.40	愛知県	2.36	0.65

資料）九経調「おでかけウォッチャー」をもとに作成

平日の来訪者割合が増加し分散化が進行

2019年から2022年11月までの年間来訪者を、平日と土日・祝日で比較すると2019年の来訪者数割合は平日で54.4%、土日・祝日は45.6%であった（図表１-12）。一方、2020年のコロナ禍以降、2019年と比較すると平日の来訪者数割合が増え、土日・祝日の来訪者数割合が減っている。コロナ禍で「密閉」「密集」「密接」の三密を回避する行動を取る人が増加したことが理由と考えられる。

図表１-12　来訪者の平日・土日祝日割合の推移

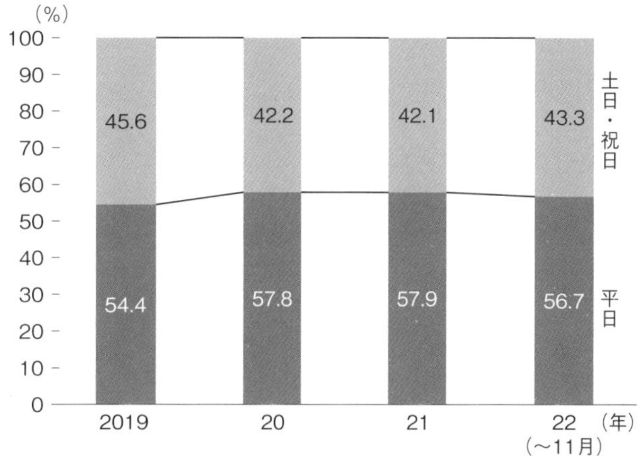

資料）九経調「おでかけウォッチャー」をもとに作成

2）コロナ禍で奮闘した観光地

うきは市、朝倉市、阿蘇市はコロナ禍でも奮闘

2019年来訪者数上位100市区町村のなかで、2019年から2021年にかけて九州地域で来訪者数の減少率が最も低かったのはうきは市となり、次は朝倉市となる（図表1-13)。コロナ禍でマイクロツーリズムが注目され、両市は福岡都市圏から約1時間の距離にあることから人気を集めている。また、阿蘇市も減少率が低い。ここは、阿蘇山上、草原、阿蘇くじゅう国立公園を基軸に、様々なテーマのツーリズムが展開されておりアウトドア型という特性もあって、コロナ禍でも人気を集めており、加えて熊本地震で被災した交通インフラが2020年以後に順次復旧し、アクセスが改善していることも理由として挙げられる。一方、遠距離移動がコロナ禍で減っていることにより、南城市や沖縄県本部町、那覇市などは来訪者の減少率が高い。また、福岡市、長崎市、熊本市といった都心部も減少率が高い。

図表1-13　来訪者増減率上位、下位市区町村　（単位：%、人）

順位	市区町村名	増減率（2021年／2019年）	2019年来訪者数	2021年来訪者数	順位	市区町村名	増減率（2021年／2019年）	2019年来訪者数	2021年来訪者数
1	うきは市	▲4.6	2,408,154	2,298,483	1	南城市	▲81.0	1,267,496	241,255
2	朝倉市	▲16.4	2,240,662	1,874,053	2	沖縄県本部町	▲77.3	3,682,666	836,277
3	阿蘇市	▲22.0	3,565,956	2,780,401	3	那覇市	▲70.2	13,422,347	4,003,123
4	山陽小野田市	▲26.8	1,637,660	1,198,023	4	豊見城市	▲65.8	2,088,414	714,773
5	大津町	▲26.8	1,523,412	1,114,762	5	太宰府市	▲64.9	4,268,695	1,498,056
6	竹田市	▲29.3	1,928,005	1,362,935	6	沖縄県北谷町	▲64.5	2,988,108	1,060,567
7	宇土市	▲29.5	1,486,272	1,047,213	7	石垣市	▲63.0	2,847,057	1,054,718
8	菊池市	▲30.1	2,100,426	1,467,772	8	福岡市東区	▲62.5	3,965,870	1,485,511
9	山鹿市	▲30.2	2,410,857	1,682,247	9	沖縄県恩納村	▲62.1	3,034,668	1,151,607
10	上天草市	▲30.9	2,545,485	1,759,856	10	福岡市早良区	▲61.1	3,077,267	1,195,655
11	萩市	▲33.3	2,429,464	1,619,733	11	北九州市小倉南区	▲60.8	1,832,247	717,904
12	熊本県南阿蘇村	▲33.8	1,956,470	1,295,007	12	福岡市博多区	▲60.5	64,988,322	25,673,597
13	熊本市南区	▲35.2	3,237,895	2,096,598	13	福岡市中央区	▲60.3	42,462,442	16,878,048
14	福津市	▲36.8	2,143,403	1,355,046	14	糸満市	▲60.1	1,817,098	724,699
15	中津市	▲37.3	2,911,413	1,824,250	15	名護市	▲59.7	4,612,963	1,857,436
16	佐伯市	▲37.4	1,612,540	1,009,758	16	沖縄県北中城村	▲59.1	1,630,907	666,838
17	日向市	▲37.4	1,377,273	861,532	17	福岡市西区	▲58.2	3,308,306	1,383,944
18	長門市	▲37.5	2,352,778	1,471,402	18	長崎市	▲57.4	12,634,603	5,386,487
19	天草市	▲37.8	1,933,824	1,203,554	19	熊本市西区	▲57.4	1,538,713	656,014
20	宗像市	▲38.6	3,773,737	2,318,637	20	熊本市中央区	▲57.2	13,239,388	5,664,945

注）2019年来訪者数上位100市区町村が対象
資料）九経調「おでかけウォッチャー」をもとに作成

コロナ禍で人気を集めたショッピング・サービス、温泉・スパ、自然資源

スポットを16のジャンルに分け、そのシェアを2019年と2021年で比較すると、ショッピング・サービス、温泉・スパ、自然資源のジャンルがシェアを伸ばしている（図表1-14)。一方、コロナ禍で遠距離での旅行が敬遠されたこともあり、ホテル・旅館や交通・乗り物など

図表1-14　ジャンル別シェア増減（2019年－2021年）

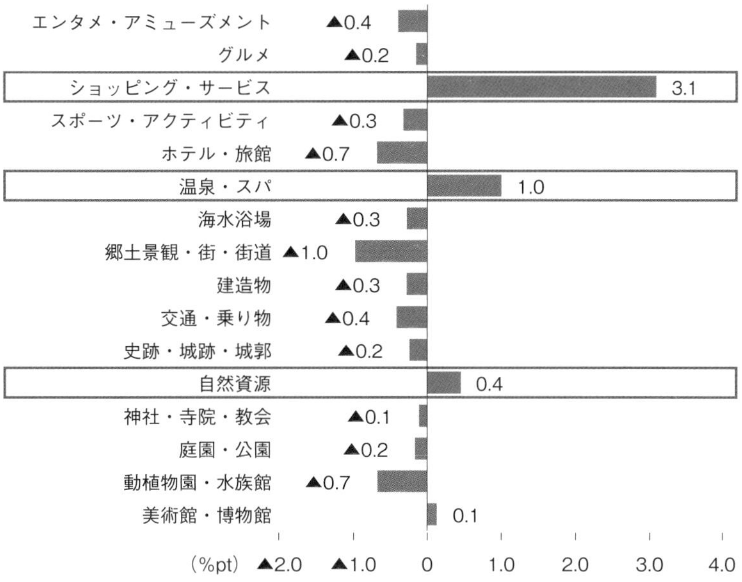

資料）九経調「おでかけウォッチャー」をもとに作成

のジャンルはシェアが低下している。また、コロナ禍での人混みを避ける傾向や施設による受入人数の制限、緊急事態宣言発令時の休館などから、郷土景観・街・街道、動植物園・水族館やエンタメ・アミューズメントもシェアを下げている。

変動が大きい自然資源ジャンル

2019年から2021年にかけてシェアが増加しているショッピング・サービス、温泉・スパ、自然資源の来訪者推移を示した（図表1-15）。コロナ禍前はゴールデンウィークや夏休み、秋の行楽シーズンで来訪者が大きく増加しており、そのなかでも自然資源スポットは特に増加していた。2020年春の感染拡大第一波で来訪者数はいずれのジャンルにおいても落ち込む

図表1-15　シェアが伸びている（2019－2021年）ジャンルの来訪者数推移（2019年月平均＝100）

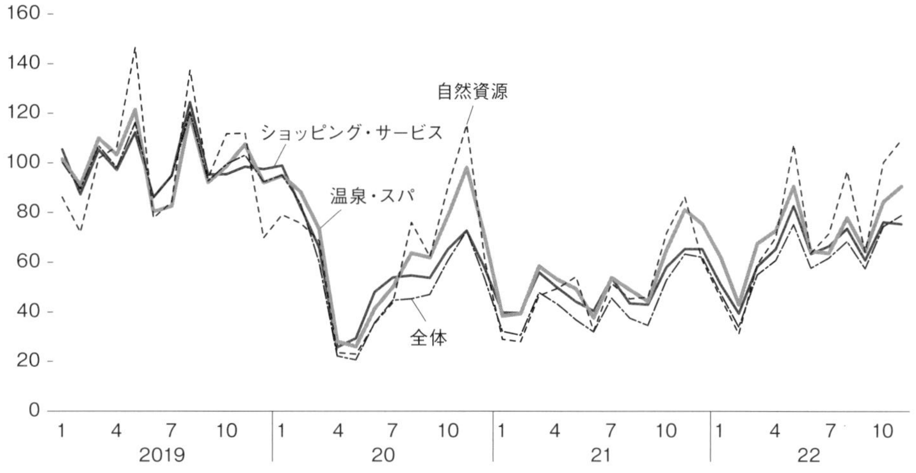

注）2022年11月末時点
資料）九経調「おでかけウォッチャー」をもとに作成

が、Go To トラベルなどのキャンペーンでは、コロナ禍で人混みを避ける傾向から自然資源スポットの来訪者は特に大きく増加しており、2022年10月開始の「全国旅行支援」でも数を伸ばしている。温泉・スパも旅行キャンペーンなどで増加はするものの、自然資源スポットほどの伸びには至っていない。ショッピング・サービスは最も増加幅が少なく、全体推移と似た動きをしている。

アクティビティのある自然資源スポットが人気

自然資源ジャンルで2019年から2021年にかけて特にシェアを伸ばしたスポットはえびの高原（えびの市）である（図表1-16）。ここは標高1200m にある自然豊かな高原で、えびの

図表1-16　シェアが伸びている（2019年－2021年）スポット（自然資源）　（単位：%pt、人）

スポット名	所在市区町村	シェアの差（2021年－2019年）	2019年来訪者数	2021年来訪者数	2022年（～11月）来訪者数
えびの高原	えびの市	1.47	316,142	299,174	332,839
草千里ヶ浜	熊本県南阿蘇村／阿蘇市	1.32	591,341	419,118	616,406
久住高原	竹田市	1.30	420,694	333,597	412,286
大観峰	阿蘇市	1.29	647,955	443,871	566,639
曽木の滝	伊佐市	0.74	290,079	215,272	229,086
白川水源	熊本県南阿蘇村	0.74	360,838	249,015	280,441
都井岬	串間市	0.68	100,107	115,846	140,566
平尾台	北九州市小倉南区	0.63	167,517	143,926	160,527
原尻の滝	豊後大野市	0.61	410,502	261,016	305,523
菊池渓谷	菊池市	0.55	162,425	133,971	138,774
丸尾滝	霧島市	0.53	1,027,753	555,234	708,211
明神池	萩市	0.53	236,763	167,764	206,494
慈恩の滝	大分県玖珠町／日田市	0.51	258,201	176,928	200,562
辺戸岬	沖縄県国頭村	0.48	144,139	117,909	118,006
生駒高原	小林市	0.47	174,876	131,766	145,635

注）2019年来訪者数が50,000人を超えるスポットを対象
資料）九経調「おでかけウォッチャー」をもとに作成

図表1-17　キャンプ場の来訪者数推移（2019年月平均＝100）

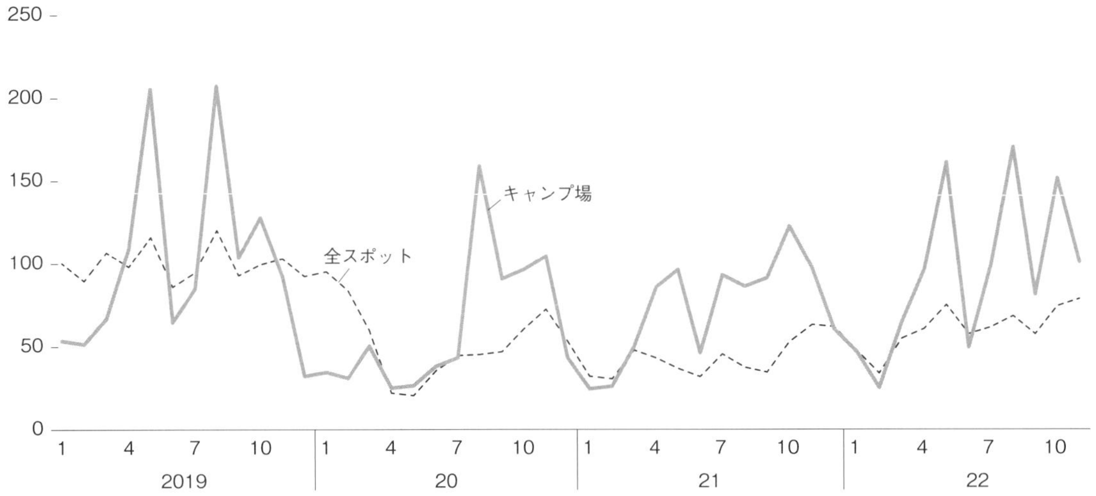

注1）2022年11月末時点
注2）キャンプ場と名称につくスポットで集計
資料）九経調「おでかけウォッチャー」をもとに作成

エコミュージアムセンターや日本最南端の屋外スケート場、キャンプ場などの施設がある。2位の草千里ヶ浜（熊本県南阿蘇村／阿蘇市）は、絶好のロケーションを誇っており、乗馬や散策などでも人気を集めている。

自然資源ジャンルの上位スポットを見ると、キャンプ場やアクティビティスポットが人気を集めている。

キャンプ場はコロナ禍でも来訪者の減少幅が小さく、リピーターが増加し、市場が拡大している。キャンプ場への来訪者数（対2019年1月比）は、コロナ禍前の水準には及ばないものの好調に推移している（図表1-17）。

温泉も自然資源やマイクロツーリズムがトレンド

温泉・スパジャンルで2019年から2021年にかけてシェアが特に伸びたスポットは、平山温泉（山鹿市）である（図表1-18）。ここは、どこか懐かしい里山風景の中に源泉掛け流しのお湯を楽しめる旅館や立ち寄り湯、家族湯などが点在している。2位は、阿蘇内牧温泉（阿蘇市）である。阿蘇市は良質で豊富な湯量を誇る温泉地で知られているが、その中でも代表的な温泉街となる。3位の湯本温泉（長門市）は山口県で最も古い温泉街で、山口県初となる音信川沿いの川テラスや飛び石の設置に加え、レストラン・カフェなども続々と開業している。温泉スポットの上位をみると、自然資源やマイクロツーリズムがトレンドとなっている。

図表1-18　シェアが伸びている（2019年－2021年）スポット（温泉・スパ）　（単位：%pt、人）

スポット名	所在市区町村	シェアの差（2021年－2019年）	2019年来訪者数	2021年来訪者数	2022年（～11月）来訪者数
平山温泉	山鹿市	1.27	867,470	646,031	672,659
阿蘇内牧温泉	阿蘇市	1.15	1,265,721	840,734	989,927
湯本温泉	長門市	0.98	891,040	617,050	653,242
原鶴温泉	朝倉市	0.82	700,579	492,103	551,852
京町温泉	えびの市	0.68	481,043	354,800	353,324
山鹿温泉	山鹿市	0.57	1,754,726	1,014,357	1,064,768
筋湯温泉	大分県九重町	0.49	278,064	219,769	272,472
わいた温泉郷	熊本県小国町	0.48	598,488	387,949	414,322
筑後川温泉	うきは市	0.44	200,987	171,071	203,545
長湯温泉	竹田市	0.43	512,426	334,971	397,755
火の山温泉どんどこ湯	熊本県南阿蘇村	0.39	403,870	271,808	292,953
法華院温泉	竹田市	0.20	82,588	73,707	75,112
ほっとふっと105	雲仙市	0.18	661,467	377,395	376,265
青井岳荘青井岳温泉	都城市	0.12	121,171	81,431	89,286
白鳥温泉上湯	えびの市	0.09	50,225	39,637	8,859

注）2019年来訪者数が50,000人を超えるスポットが対象
資料）九経調「おでかけウォッチャー」をもとに作成

ショッピング・サービスは道の駅が人気を牽引

ショッピング・サービスジャンルにおいて2019年から2021年にかけてシェアが特に伸びたスポットは、郊外型のイオンモール熊本（熊本県嘉島町）になる（図表１-19）。ここは、郊外型の大型ショッピングセンターで、コロナ禍で移動自粛のなか人気を集めた。２位は道の駅うきは（うきは市）で筑後平野が一望できる高台にあり、旬なフルーツをはじめとした安心安全な農産物・特産品が揃っている人気の場所である。そのほか上位スポットをみると、道の駅が多く並んでおり、人気を集めていることが分かる。

図表１-19　シェアが伸びている（2019－2021年）スポット（ショッピング・サービス）　（単位：%pt、人）

スポット名	所在市区町村	シェアの差（2021年－2019年）	2019年来訪者数	2021年来訪者数	2022年（～11月）来訪者数
イオンモール熊本	熊本県嘉島町	0.69	3,237,895	2,096,598	1,973,877
道の駅うきは	うきは市	0.68	858,286	949,783	989,485
道の駅あそ望の郷くぎの	熊本県南阿蘇村	0.54	1,060,646	937,807	916,227
道の駅むなかた	宗像市	0.54	1,336,274	1,065,358	1,081,649
道の駅原鶴	朝倉市	0.43	818,881	734,409	745,549
道の駅大津	熊本県大津町	0.42	959,080	788,635	895,010
ゆめタウン佐賀	佐賀市	0.36	3,098,176	1,771,420	1,649,868
トリアス久山	福岡県久山町	0.35	3,000,253	1,711,269	1,429,945
トキハわさだタウン	大分市	0.34	1,630,385	1,051,452	1,018,993
道の駅おおとう桜街道	福岡県大任町	0.29	754,022	591,483	580,691
道の駅みやま	みやま市	0.29	789,102	607,825	634,728
道の駅芦北でこぽん	熊本県芦北町	0.29	657,753	541,563	568,426
イオンモール鹿児島	鹿児島市	0.28	2,783,345	1,552,830	1,327,902
道の駅萩しーまーと	萩市	0.27	761,098	579,901	633,358
リゾラテラス天草	上天草市	0.26	909,515	644,003	684,366

注）2019年来訪者数50,000人を超えるスポットを対象
資料）九経調「おでかけウォッチャー」をもとに作成

３）ミレニアル・Ｚ世代に選ばれる観光地

エンタメ・アミューズメント、海水浴、動植物園・水族館が若年層に人気

2021年来訪者の属性を見ると、全体では男性では30～50歳代、女性は40歳代、60歳代が高くなっている（図表１-20）。このうち、若年層（20～30歳代）比率が高いのはエンタメ・アミューズメント、海水浴場、動植物園・水族館といったジャンルである。女性比率が高いジャンルはエンタメ・アミューズメント、ショッピング・サービス、動植物園・水族館となっている。男性20歳代では郷土景観・街・街道、女性20歳代ではエンタメ・アミューズメントの比率が高い。男性30歳代では海水浴場や建造物、ホテル・旅館、女性30歳代ではエンタメ・アミューズメント、動植物園・水族館の比率が高い。

2022年の来訪者属性は、2021年同様にエンタメ・アミューズメント、海水浴場、動植物園・水族館といったジャンルで若年層比率が高い（図表１-21）。また、2021年と2022年のジャンル別属性比率を比較すると、活動が活発となり、海水浴場や動植物園などのジャンルが人気

図表１-20　ジャンル別来訪者の属性比率（2021年・九州地域）

（単位：人、％）

ジャンル	来訪者数	男･20代	男･30代	男･40代	男･50代	男･60代	女･20代	女･30代	女･40代	女･50代	女･60代	男	女	若年層
エンタメ・アミューズメント	4,783,370	6.2	11.3	11.3	10.9	8.3	6.5	11.1	12.1	9.0	13.3	48.0	52.0	35.1
グルメ	2,789,988	6.2	12.5	12.7	15.4	11.3	3.9	6.8	8.8	9.1	13.4	58.1	41.9	29.2
ショッピング・サービス	78,865,655	6.2	11.0	11.5	13.2	11.4	5.2	7.4	10.4	9.3	14.3	53.3	46.7	29.8
スポーツ・アクティビティ	3,684,213	6.2	10.8	13.0	14.6	11.7	3.5	7.1	9.8	10.5	12.8	56.4	43.6	27.6
ホテル・旅館	7,060,861	5.4	13.3	11.2	14.6	11.6	4.1	7.3	9.5	9.3	13.6	56.1	43.9	30.2
温泉・スパ	14,637,126	6.6	11.8	11.6	14.0	13.0	3.9	6.8	9.1	9.2	14.1	57.0	43.0	29.1
海水浴場	3,795,186	5.6	15.2	12.2	13.8	9.4	4.9	8.9	10.1	8.9	11.0	56.1	43.9	34.7
郷土景観・街・街道	32,084,482	7.4	13.5	12.6	14.0	11.2	4.8	6.2	8.7	8.3	13.5	58.6	41.4	31.8
建造物	1,873,141	6.7	13.7	11.7	15.4	10.6	5.1	7.0	9.5	9.5	10.7	58.1	41.9	32.6
交通・乗り物	88,087,032	7.1	12.2	12.5	14.6	11.8	5.5	5.2	8.5	7.8	14.7	58.2	41.8	30.1
史跡・城跡・城郭	8,829,283	6.1	11.3	12.2	14.4	12.7	4.4	6.5	9.1	9.5	13.8	56.7	43.3	28.4
自然資源	9,846,655	7.0	11.4	11.0	13.6	12.5	4.5	7.7	9.3	9.7	13.3	55.6	44.4	30.7
神社・寺院・教会	14,291,087	6.1	11.5	12.0	14.2	11.4	4.8	6.8	9.8	9.9	13.5	55.1	44.9	29.2
庭園・公園	6,906,588	6.2	12.0	12.0	14.3	10.6	4.5	7.9	10.3	9.7	12.5	55.2	44.8	30.5
動植物園・水族館	6,380,209	6.1	12.1	12.7	11.9	9.4	5.8	10.7	11.0	8.4	11.9	52.2	47.8	34.7
美術館・博物館	7,976,098	5.5	10.8	11.6	14.9	12.9	4.4	7.0	9.5	10.0	13.3	55.8	44.2	27.7

注１）若年層は20歳代から30歳代
注２）比率が高いほど濃い色で示している
資料）九経調「おでかけウォッチャー」をもとに作成

図表１-21　ジャンル別来訪者の属性比率（2022年１～11月・九州地域）

（単位：人、％）

ジャンル	来訪者数	男･20代	男･30代	男･40代	男･50代	男･60代	女･20代	女･30代	女･40代	女･50代	女･60代	男	女	若年層
エンタメ・アミューズメント	6,212,557	5.1	12.4	9.9	11.7	8.3	6.0	11.2	11.2	10.0	14.1	47.4	52.6	34.7
グルメ	3,477,419	4.8	11.4	10.5	14.6	11.3	3.9	7.0	9.9	10.1	16.4	52.7	47.3	27.1
ショッピング・サービス	93,775,204	5.5	11.8	9.7	13.2	10.8	5.4	7.8	10.0	9.7	16.2	51.0	49.0	30.4
スポーツ・アクティビティ	5,006,695	5.5	11.4	10.3	13.7	10.7	4.1	8.0	10.8	10.7	14.9	51.6	48.4	29.0
ホテル・旅館	10,037,300	4.4	13.6	9.5	14.2	10.8	4.1	7.7	9.7	10.3	15.6	52.6	47.4	29.8
温泉・スパ	17,508,202	5.2	12.0	9.7	14.2	12.7	4.2	7.2	8.8	9.8	16.2	53.9	46.1	28.6
海水浴場	5,461,938	5.3	16.2	9.7	11.6	7.8	5.0	9.6	10.0	9.7	15.1	50.5	49.5	36.1
郷土景観・街・街道	43,189,848	6.1	14.2	9.8	13.3	10.8	5.1	6.8	8.7	8.6	16.7	54.2	45.8	32.1
建造物	2,601,363	6.3	13.4	8.9	13.2	11.2	5.2	7.1	10.1	10.6	14.1	52.9	47.1	31.9
交通・乗り物	115,068,993	5.9	12.8	9.8	13.2	11.3	5.9	5.7	8.5	8.3	18.5	53.1	46.9	30.3
史跡・城跡・城郭	11,744,832	5.0	12.1	9.6	14.4	11.9	4.7	7.2	8.6	10.2	16.2	52.9	47.1	29.0
自然資源	12,814,499	5.5	11.5	8.8	13.3	12.9	4.5	7.9	9.3	10.7	15.7	52.0	48.0	29.5
神社・寺院・教会	18,669,194	5.2	12.6	9.9	13.9	11.0	4.7	7.0	9.4	10.4	15.9	52.5	47.5	29.5
庭園・公園	9,017,478	4.8	12.6	10.0	13.8	11.0	4.9	8.6	9.5	10.8	14.1	52.2	47.8	31.0
動植物園・水族館	8,630,408	5.4	13.1	10.5	11.2	8.5	6.0	11.2	10.3	9.7	14.0	48.8	51.2	35.8
美術館・博物館	9,809,613	5.0	12.2	9.6	15.6	11.3	4.4	8.0	9.2	10.9	13.7	53.8	46.2	29.7

注１）若年層は20歳代から30歳代
注２）比率が高いほど濃い色で示している
資料）九経調「おでかけウォッチャー」をもとに作成

になるほか、美術館・博物館の若年層比率も上がっている。

動植物園・水族館、テーマパーク、ショッピングスポットが上位

2021年の若年層（20～30歳代）比率が高いスポットを見ると、マリンワールド海の中道（福岡市東区）やアフリカンサファリ（宇佐市）、大分マリーンパレス水族館「うみたまご」・高崎山自然動物公園（大分市）などの動植物園・水族館が人気を集めている（図表１-22）。また、ハーモニーランド（大分県日出町）や阿蘇ファームランド（熊本県南阿蘇村）などのテーマパークや、サンエー浦添西海岸パルコシティ（浦添市）やみらい長崎ココウォーク（長崎市）、キャナルシティ博多（福岡市博多区）といったショッピングスポットも上位に並んでいる。2022年も同様の傾向が続いているが、沖縄県への移動が戻ってきていることから、2022年はなごみの塔（沖縄県竹富町）や波の上ビーチ（那覇市）、やちむん通り（那覇市）などが上位に並んでいる（図表１-23）。

図表１-22　若年層（20～30歳代）比率が高いスポット（2021年）

（単位：人、％）

スポット	市区町村	来訪者数	男性比率	女性比率	若年層比率
マリンワールド海の中道	福岡市東区	261, 570	46. 6	53. 4	47. 1
ハーモニーランド	大分県日出町	255, 023	43. 5	56. 5	44. 2
アフリカンサファリ	宇佐市	235, 889	49. 5	50. 5	41. 8
大分マリーンパレス水族館「うみたまご」･高崎山自然動物園	大分市	330, 166	45. 2	54. 8	40. 4
サンエー浦添西海岸パルコシティ	浦添市	354, 688	47. 9	52. 1	40. 3
瀬長島	豊見城市	397, 090	54. 7	45. 3	40. 1
血の池地獄	別府市	279, 467	51. 7	48. 3	39. 9
みらい長崎ココウォーク	長崎市	449, 883	50. 2	49. 8	39. 7
キャナルシティ博多	福岡市博多区	2, 498, 004	59. 5	40. 5	38. 6
桜井二見ケ浦	糸島市	309, 422	48. 4	51. 6	38. 6
海響館	下関市	472, 337	53. 8	46. 2	38. 1
御船山楽園	武雄市	202, 932	48. 8	51. 2	38. 0
阿蘇ファームランド	熊本県南阿蘇村	275, 520	44. 7	55. 3	38. 0
海の中道海浜公園	福岡市東区	245, 874	51. 0	49. 0	38. 0
船越漁港（かき小屋）	糸島市	239, 120	56. 9	43. 1	37. 9
アメリカンビレッジ	沖縄県北谷町	975, 943	50. 2	49. 8	37. 8
イオンモール沖縄ライカム	沖縄県北中城村	587, 599	47. 1	52. 9	37. 4
沖縄アウトレットモールあしびなー	豊見城市	606, 205	57. 4	42. 6	37. 4
モラージュ佐賀	佐賀市	844, 565	52. 5	47. 5	37. 4
大観峰	阿蘇市	443, 871	62. 0	38. 0	37. 0

注）来訪者数上位300スポットを対象
資料）九経調「おでかけウォッチャー」をもとに作成

図表１-23　若年層（20～30歳代）比率が高いスポット（2022年１～11月）

（単位：人、％）

スポット	市区町村	来訪者数	男性比率	女性比率	若年層比率
ハーモニーランド	大分県日出町	312, 069	42. 4	57. 6	45. 1
マリンワールド海の中道	福岡市東区	392, 821	46. 1	53. 9	44. 9
アフリカンサファリ	宇佐市	297, 005	45. 3	54. 7	43. 0
なごみの塔	沖縄県竹富町	274, 288	49. 2	50. 8	40. 7
TOTO ミュージアム	北九州市小倉北区	351, 014	65. 9	34. 1	40. 4
サンエー浦添西海岸パルコシティ	浦添市	400, 161	46. 1	53. 9	40. 1
海の中道海浜公園	福岡市東区	460, 213	49. 2	50. 8	39. 3
桜井二見ケ浦	糸島市	329, 686	45. 8	54. 2	39. 3
波の上ビーチ	那覇市	558, 451	55. 9	44. 1	39. 0
阿蘇ファームランド	熊本県南阿蘇村	343, 445	43. 7	56. 3	38. 8
やちむん通り	那覇市	794, 339	53. 6	46. 4	38. 5
ナゴパイナップルパーク	名護市	369, 723	50. 3	49. 7	38. 4
キャナルシティ博多	福岡市博多区	3, 406, 693	55. 6	44. 4	38. 3
イオンモール沖縄ライカム	沖縄県北中城村	660, 402	43. 0	57. 0	38. 2
みらい長崎ココウォーク	長崎市	513, 498	44. 7	55. 3	38. 1
瀬長島	豊見城市	562, 286	49. 0	51. 0	37. 5
大分マリーンパレス水族館「うみたまご」･高崎山自然動物園	大分市	469, 004	46. 5	53. 5	37. 3
福岡城跡	福岡市中央区	628, 259	62. 7	37. 3	36. 9
伊芸サービスエリア上り	沖縄県金武町	440, 522	58. 5	41. 5	36. 6

注）来訪者数上位300スポットを対象
資料）九経調「おでかけウォッチャー」をもとに作成

４）周遊の状況

周遊関係が強いのは自然資源と温泉・スパジャンル

おでかけウォッチャーでは、各観光スポットの来訪前後に立ち寄ったスポットを把握することができ、そこから周遊の状況を分析できる。各県上位30周遊ルートでのショッピング・サービス、自然資源、温泉・スパジャンルのスポット間周遊構成比率を見ると、ショッピング・サービスジャンルでは、ホテル・旅館、交通・乗り物ジャンルとの周遊関係が強い（図表１-24）。2021年も同様の傾向が続いている。

図表１-24　３ジャンルにおけるスポットジャンル別前後周遊先構成比率

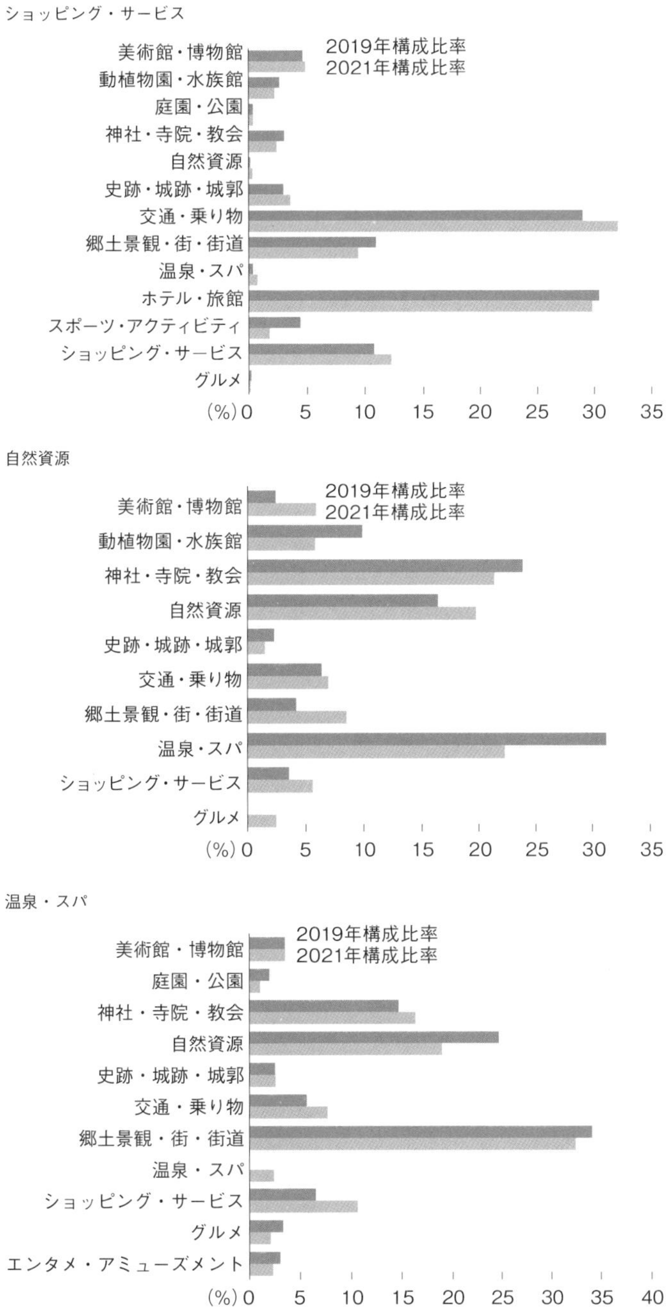

資料）九経調「おでかけウォッチャー」をもとに作成

自然資源ジャンルでは、神社・寺院・教会や温泉・スパ、自然資源との周遊関係が強く、これらの観光資源の親和性が高い傾向がある。2021年になってからも同様のジャンル間の周遊が多いが、コロナ禍で自然豊かな場所に行く人が増え、自然資源間の周遊が増加しているとみられる。

温泉・スパジャンルは、温泉街が含まれる郷土景観・街・街道ジャンルとの周遊関係が強い。また、2019年から2021年にかけて温泉・スパと自然資源間のシェアが減ってはいるものの、周遊関係は強い。

駅・空港や市街地、有名観光地を起点に周遊

2021年の九州内の15km 以上のスポット間周遊の上位50を図示すると、博多駅（福岡市博多区）から最も線が伸びており、博多駅と小倉駅（北九州市小倉北区）、博多駅と熊本駅（熊本市西区）など博多駅が周遊のハブになっている（図表１-25）。また、そのほかのスポットを見ても、鹿児島空港（霧島市）や那覇空港（那覇市）、佐賀駅（佐賀市）、熊本駅、大分駅（大分市）など交通結節点を起点に周遊している。15km 未満の周遊をみると、福岡県では博多駅以外に門司港（北九州市門司区）や朝倉エリア周辺で周遊が起きている（図表１-26）。佐賀県では嬉野温泉（嬉野市）、長崎県では長崎市付近、熊本県では熊本市や阿蘇周辺、大分県は由布院、別府周辺、鹿児島県は鹿児島市や霧島周辺、宮崎県では宮崎市周辺、沖縄県では那覇市周辺、山口県では下関市周辺などで周遊が多い。市街地周辺の周遊が多いことはもちろんのこと、有名観光地を起点としても周遊が起きている。

図表１-25　スポット間距離15km 以上の周遊（2021年、上位50）

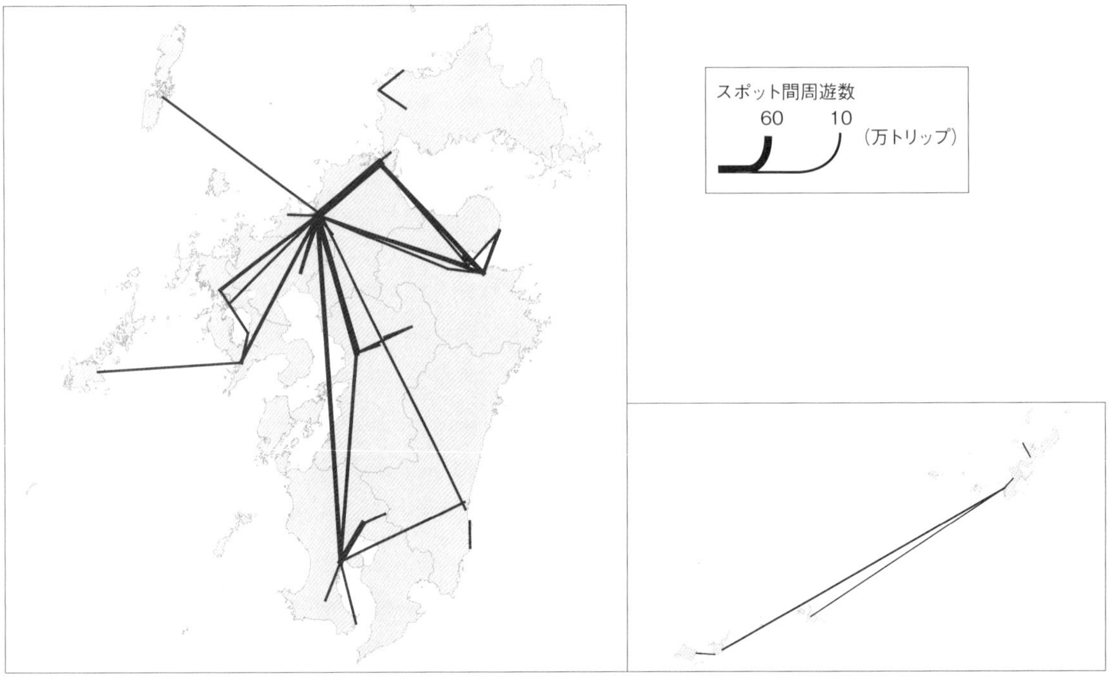

注）２地点間の距離500km 以上を除く
資料）九経調「おでかけウォッチャー」をもとに作成

図表１-26　スポット間距離15km 未満の周遊（2021年、上位200）

注）２地点間の距離１km 未満を除く
資料）九経調「おでかけウォッチャー」をもとに作成

3　個別地域からみたウィズコロナツーリズムの動向

前節ではおでかけウォッチャーの観光流動データを基に、九州地域全体の来訪者の構造、およびコロナ禍による変化を分析した。その結果、コロナ禍によって来訪の分散化、近距離移動の増加、自然資源や温泉の人気上昇などが読み取れた。

本節では、コロナ禍による来訪状況の変容をより具体的に明らかにするため、九州地域内の個別地域に焦点を当てて、スポット毎の来訪者数の推移、来訪者の属性(発地、性・年齢)や周遊の状況を分析する。分析の対象は、コロナ禍で正・負の影響が顕著な観光形態を掘り下げるため、うきは・朝倉（マイクロツーリズム)、阿蘇・くじゅう（キャンプツーリズム)、長崎市（都市型観光・街歩き)、宮古島市（リゾート）の４地域・４形態とした。これらの４地域の概要は図表１-27の通りである。九州・沖縄の2021年来訪者数の対2019年比▲52.2%

図表１-27　分析対象地域概要

分析対象地域	分析対象の観光形態	対象市町村	分析対象観光スポット数	来訪者数（人、%）		
				2019年	2021年	増減率
うきは・朝倉	マイクロツーリズム	福岡県うきは市・朝倉市	24	4,648,816	4,172,536	▲10.2
阿蘇・くじゅう	キャンプツーリズム	熊本県阿蘇市・南小国町・小国町・産山村・高森町・西原村・南阿蘇村、大分県竹田市・九重町・玖珠町	キャンプ場：10 比較施設：17 周辺観光地：57	176,444	149,145	▲15.5
長崎市	都市型観光・街歩き	長崎県長崎市	58	12,634,603	5,386,487	▲57.4
宮古島市	リゾート	沖縄県宮古島市	64	4,091,651	1,762,671	▲64.5

資料）九経調「おでかけウォッチャー」をもとに作成

（図表１-３、１-４）に対し、うきは・朝倉や阿蘇・くじゅうは来訪者数の減少幅が小さい。一方で、長崎市や宮古島市は減少幅が大きくなっている。

１）うきは・朝倉におけるマイクロツーリズムの動向

福岡県の中部に位置するうきは・朝倉は、福岡市中心部から30～40km、車で１時間～１時間半程度で到着することから、福岡市からの日帰り観光地の１つに数えられる。主な観光地としては、うきは市には吉井白壁の町並み、筑後川温泉、朝倉市には秋月城跡、三連水車（三連水車の里あさくら）、原鶴温泉などがある。また、朝倉市は柿、うきは市はブドウ、もも、梨など果実類の産地でもあり、フルーツ狩りや直売も観光資源となっている。

道の駅を中心にコロナ禍でも来訪者数を維持

コロナ禍により、遠方への外出を控えて近場のスポットで観光を楽しむ「マイクロツーリズム」がトレンドになったことで、大都市近郊に位置する観光地は、それ以外の観光地と比較して、2020年以降の来訪客数の減少幅が小さい傾向にある。うきは市・朝倉市も同様で、2020年以降における来訪者数の対2019年比は、全国の水準を大きく上回る（図表１-28)。

図表１-28　うきは市・朝倉市来訪者数推移　（単位：万人、％）

地域	来訪者数				増減率（2019年比）		
	2019年	2020年	2021年	2022年（～11月）	2020年	2021年	2022年（～11月）
うきは市	241	223	230	245	▲7.5	▲4.6	9.1
朝倉市	224	201	187	195	▲10.1	▲16.4	▲6.0
福岡県	22,393	12,006	10,209	12,264	▲46.4	▲54.4	▲40.6
全国	498,990	250,748	207,247	251,606	▲49.7	▲58.5	▲45.9

注）2022年の増減率は、2019年１～11月との比較
資料）九経調「おでかけウォッチャー」をもとに作成

うきは・朝倉における2019年以降の観光スポット別来訪者数を図表１-29に示している。主要観光地のうち2021年で最も来訪者が多かったのは道の駅うきはであり、以下道の駅原鶴、三連水車・三連水車の里あさくらと続く。上位３施設は、いずれも直売所を備えた施設であり、特に道の駅うきはは、（株）リクルート（東京都千代田区）が公表する「九州・山口道の駅ランキング」で2015年から７年連続で１位を獲得するなど、九州でも有数の人気を誇る道の駅となっている。同施設は、コロナ禍にあった2020年以降も、来訪者数が増加を続けている点が大きな特徴である。このほか、道の駅原鶴、三連水車・三連水車の里あさくらは2020・2021年の対2019年比が▲10%前後、吉井白壁の町並み、秋月城跡が同▲20%弱となっており、コロナ禍前を下回るものの、全国平均と比較すると減少幅は小さい。

その他の施設では、浮羽カントリークラブもコロナ禍前より来訪者が増加している。コロナ禍により、密を避ける屋外型アクティビティが再注目されるなか、ゴルフ人口も増加の傾向にあり、とりわけ福岡都市圏から日帰りで訪問可能な同施設が注目されていると考えられる。一方、調音の滝やフルーツ狩りなど、全ての屋外型観光がコロナ禍の水準を上回るわけではない。

図表１-29　うきは・朝倉観光スポット別来訪者数・2019年比

（単位：千人、％）

観光スポット	来訪者数				増減率（2019年比）		
	2019年	2020年	2021年	2022年（～11月）	2020年	2021年	2022年（～11月）
道の駅うきは	858	921	950	989	7.3	10.7	21.9
道の駅原鶴	819	808	734	746	▲1.3	▲10.3	▲2.0
三連水車・三連水車の里あさくら	756	708	664	706	▲6.3	▲12.2	0.1
原鶴温泉	701	529	492	552	▲24.4	▲29.8	▲14.4
吉井白壁の町並み	517	425	427	410	▲17.8	▲17.4	▲14.9
秋月城跡	288	254	236	245	▲11.6	▲17.9	▲6.7
筑後川温泉	201	168	171	204	▲16.6	▲14.9	10.1
ぶどうのたね（レストラン・フルーツ狩り）	64	59	53	61	▲7.5	▲17.1	0.9
フルーツ狩り（３地点）	44	20	16	25	▲54.0	▲64.4	▲43.6
調音の滝	31	16	14	17	▲48.6	▲53.5	▲44.3
浮羽カントリークラブ	25	34	45	38	38.9	80.0	73.5
流川の桜並木	20	9	11	13	▲54.7	▲47.3	▲35.6
ホタルの里広場キャンプ場	18	14	15	11	▲23.3	▲19.9	▲39.9
吉井百年公園	12	8	8	7	▲28.4	▲30.9	▲32.5
山里の廃校利用美術館共星の里	9	9	13	8	▲1.4	40.4	▲13.1
つづら棚田	7	8	12	10	18.0	63.8	47.3
うきは駅周辺	520	410	380	392	▲21.2	▲27.0	▲18.9
筑後吉井駅前	356	296	272	267	▲16.7	▲23.5	▲17.9
筑後大石駅周辺	72	44	36	40	▲39.2	▲50.2	▲40.3
田篭地区	17	18	19	18	0.7	7.3	2.7

注）2022年の増減率は、2019年１～11月との比較
資料）九経調「おでかけウォッチャー」をもとに作成

図表１-30は主要な観光スポットにおける月別来訪者数の推移を示している。これをみると、観光スポット毎に季節性の大小が存在し、特に桜・紅葉の名所である秋月城跡は、３・４・11月に来訪が集中しているのが顕著である。また道の駅うきは、道の駅原鶴も８～11月に来訪者が増加する傾向がみられる。一方、吉井白壁の町並み、筑後川温泉は季節変動が小さい。

ただし筑後川温泉の来訪者数に関しては、国・県による旅行・宿泊助成事業が来訪者数の増減に大きく影響している。図表１-31は2019年同月と比較した各月の来訪者数比率を示しているが、筑後川温泉では2020年10月～12月、2021年10月～2022年１月、2022年４月以降など、旅行・宿泊助成事業が実施された月は概ね2019年同月を上回っている。また2022年８～９月も、他の観

図表１-30　うきは・朝倉主要観光スポット別来訪者数推移

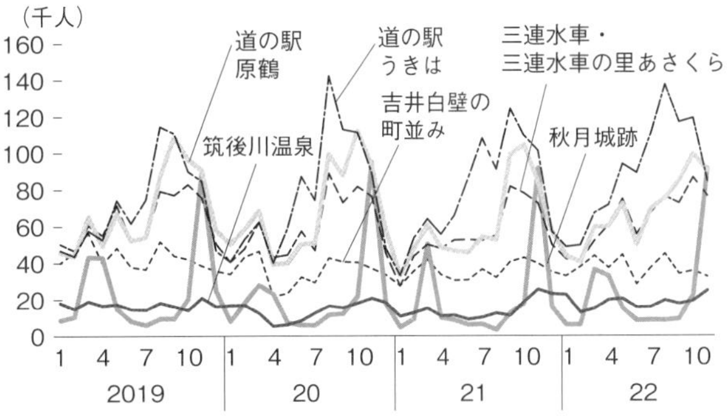

資料）九経調「おでかけウォッチャー」をもとに作成

図表１-31　主要観光スポット別来訪者数の推移（2019年同月＝100）

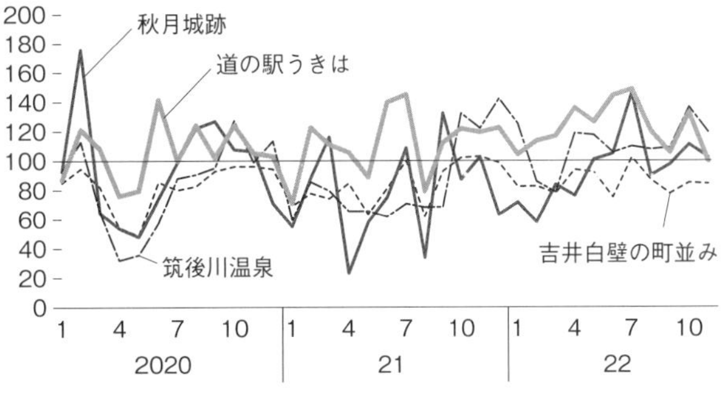

資料）九経調「おでかけウォッチャー」をもとに作成

光地では新型コロナ感染拡大に伴い来訪者が一時的に減少したなか、助成事業の継続によって宿泊需要は落ち込まず、筑後川温泉のみ同時期の減少がみられなかった。

福岡市・福岡市近郊からの来訪者がプラスに寄与

マイクロツーリズムの動向を分析するため、道の駅うきは、吉井白壁の町並み、筑後川温泉における来訪者の発地市町村について年別に比較する。道の駅うきはでは、2019年の発地別来訪者のうち福岡県が70%以上を占め、特に福岡市・福岡市近郊の割合が高かった（図表1-32）。コロナ禍となった2020年には、福岡県・隣県を除く来訪者は約44%も減少している。一方、福岡県内からの来訪は約20%増加し、全体の来訪者数増加に寄与した。福岡県でも福岡市のほか、筑紫野市、大野城市、飯塚市などの来訪者数が大きく増加している。福岡県内からの来訪者は2021年も増加を続け、2022年はおおむね横ばいの推移となった。ただし2022年は、他県からの来訪が回復したことから、全体では4年連続での来訪者数増加に至っている。

吉井白壁の町並み、筑後川温泉についても、福岡県・隣県を除く地域からの来訪者数は50%近く減少したのに対して、近距離からの来訪者数の減少幅は小幅に留まっている（図表1-33、図表1-34）。両スポットともに福岡市からの来訪者数減少が小さいほか、筑後川温泉では福岡市近郊と、福岡県その他からの来訪はむしろ増加した。全体の来訪者数は減少した両スポットも、マイクロツーリズムの恩恵は大いにあったといえる。

図表1-32　道の駅うきはの発地市町村別来訪者数構成

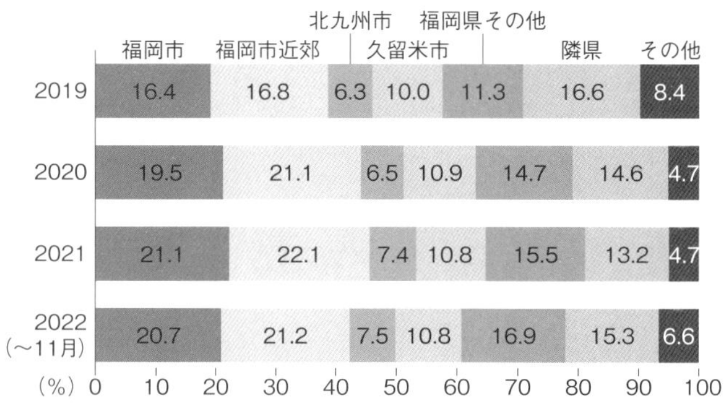

注1）図内数値は来訪者数（万人）
注2）隣県は佐賀県・熊本県・大分県
資料）九経調「おでかけウォッチャー」をもとに作成

図表1-33　吉井白壁の町並みの発地市町村別来訪者数構成

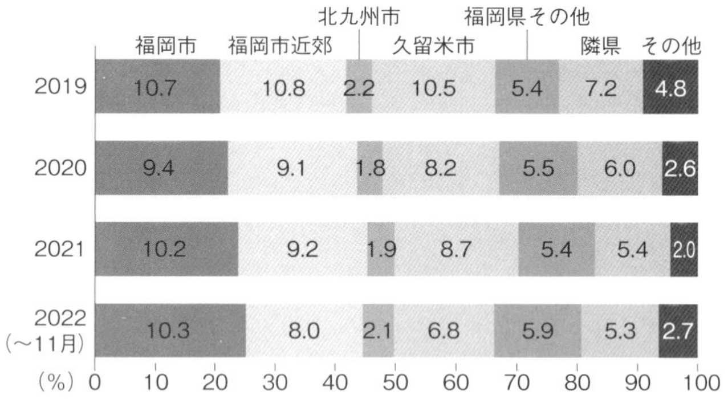

注1）図内数値は来訪者数（万人）
注2）隣県は佐賀県・熊本県・大分県
資料）九経調「おでかけウォッチャー」をもとに作成

図表1-34　筑後川温泉の発地市町村別来訪者数構成

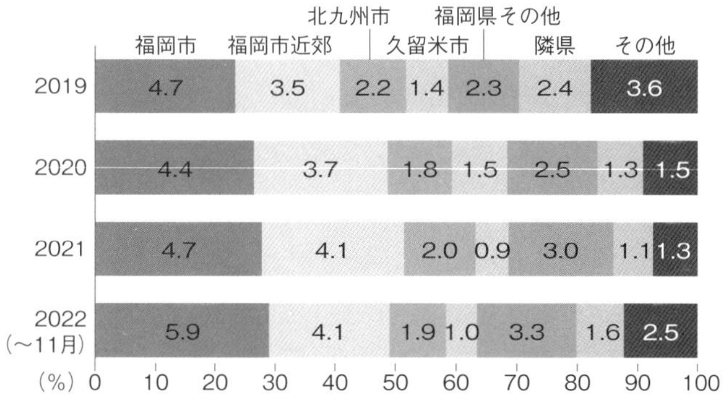

注1）図内数値は来訪者数（万人）
注2）隣県は佐賀県・熊本県・大分県
資料）九経調「おでかけウォッチャー」をもとに作成

コロナ禍で周遊は域内化

うきは・朝倉で最も来訪者の多い道の駅うきはについて、来訪前後に訪問した観光スポットを年次で比較する。

2019年時点で、前後訪問先として最も多かったのは道の駅原鶴で、以下うきは駅周辺、吉井白壁の町並みと続く。域外では道の駅くるめ（久留米市）、豆田町商店街（日田市）などへの周遊が多い（図表１-35）。

これが2021年には、域外への周遊数は2019年に比べ減少しているのに対し、うきは・朝倉域内への周遊は増加している。先述の吉井白壁の町並み、筑後川温泉への周遊も増加しており、道の駅うきはの来訪者増加による周辺観光地への波及が認められる。ただし、周遊先として大きく増加したのは、道の駅原鶴、にじの耳納の里などの直売所が中心である。属性別では、特に60歳代など高齢層において道の駅・直売所間の周遊が多い（図表１-36）。

図表１-35　道の駅うきはの来訪前後における観光スポット訪問数（単位：千人回）

観光スポット	2019年	2020年	2021年	2022年（11月）
道の駅原鶴	69.8	81.0	78.0	78.2
うきは駅周辺	52.7	32.6	33.2	43.3
吉井白壁の町並み	50.5	43.5	50.9	54.5
三連水車・三連水車の里あさくら	46.0	51.4	49.1	56.1
原鶴温泉	23.4	22.1	26.9	25.9
筑後川温泉	16.5	15.7	21.6	23.7
フルーツ狩り（３地点）	12.6	6.1	4.8	8.7
ぶどうのたね（レストラン・フルーツ狩り）	11.8	12.3	11.8	14.4
にじの耳納の里	6.8	8.7	26.3	44.1
その他うきは・朝倉域内	24.8	24.5	24.6	25.5
うきは・朝倉域内計	314.8	297.8	327.0	374.3
道の駅くるめ（久留米市）	27.1	25.1	25.2	32.1
日田豆田町商店街（日田市）	23.7	16.0	17.5	21.2
慈恩の滝・道の駅慈恩の滝くす（大分県玖珠町／日田市）	13.0	9.6	10.1	11.2
道の駅ゆふいん（由布市）	11.9	6.5	6.0	9.2
サッポロビール九州日田工場（日田市）	9.4	2.8	1.9	2.8
道の駅おおとう桜街道（福岡県大任町）	7.9	5.7	6.8	7.1
道の駅小国ゆうステーション（熊本県小国町）	7.6	6.0	7.1	10.7
星の文化館・茶の文化館（八女市）	7.2	6.0	9.4	8.2
鳥栖プレミアム・アウトレット（鳥栖市）	7.0	6.3	5.6	5.8
その他域外	128.2	100.7	100.6	132.2
域外計	243.0	184.7	190.3	240.6

資料）九経調「おでかけウォッチャー」をもとに作成

図表１-36　道の駅うきはの来訪前後における観光スポット訪問数（2021年１月～2022年11月）　（単位：％）

	20～30歳代		40～50歳代		60歳代	
	前後訪問先	シェア	前後訪問先	シェア	前後訪問先	シェア
1	道の駅原鶴	14.8	道の駅原鶴	15.2	道の駅原鶴	19.0
2	吉井白壁の町並み	14.0	三連水車・三連水車の里あさくら	10.3	三連水車・三連水車の里あさくら	10.6
3	三連水車・三連水車の里あさくら	9.1	吉井白壁の町並み	10.0	吉井白壁の町並み	9.6
4	うきは駅周辺	7.0	うきは駅周辺	7.9	にじ耳納の里	8.2
5	にじ耳納の里	5.2	にじ耳納の里	5.5	うきは駅周辺	6.6
6	筑後川温泉	5.2	道の駅くるめ	5.4	原鶴温泉	5.8
7	道の駅くるめ	4.2	原鶴温泉	4.9	道の駅くるめ	5.3
8	原鶴温泉	3.0	筑後川温泉	3.8	日田豆田町商店街	4.2
9	ぶどうのたね	3.0	日田豆田町商店街	2.8	筑後川温泉	3.9
10	星の文化村・茶の文化村	2.5	ぶどうのたね	2.1	慈恩の滝・道の駅慈恩の滝くす	2.2

注）背景色灰色は道の駅・直売所
資料）九経調「おでかけウォッチャー」をもとに作成

秋月城跡では閑散期の来訪者数増に若年層が寄与

「筑前の小京都」とも呼ばれ、200本もの桜が並ぶ「杉の馬場」や黒門周辺のカエデが見所の秋月城跡は、図表１-30のとおり３・４・11月に来訪が集中する。2019年では年間来訪者数の61％がこの３カ月に集中しているが、コロナ禍においてもこの傾向は変わらない。新型コロナ感染拡大、さくら祭りの中止により、３・４月の来訪者数は2020年以降コロナ禍前を大きく下回るものの、11月は2020年以降いずれの年も感染が小康状態にあったことから、来訪者はコロナ禍前並みとなっている。

また図表１-31をみると、2020年８～11月、2022年５～７月など、上記のシーズン外にも2019年を上回る月が存在している。そしてシーズン外の来訪者数増加には、若年層の寄与も大きい。秋月城跡における月別の年齢別来訪者比率をみると、シーズンである11月は、年平均より60歳代など高齢層の割合が高い一方、シーズン外では、20歳代や30歳代の割合が高い月が多い（図表１-37）。福岡県や近隣県における、季節性の高い他の観光地でも、同様の傾向にある施設が多い[2]（図表１-38）。高齢層では、紅葉や花など季節性の高い要素を目的とする観光が多いのに対し、若年層では飲食・個人の趣味・嗜好など季節性の低い要素を目的とする観光が高齢層と比較して多いことが要因として考えられる。ただし、若年層は勤労者の割合が高いことから、平日への分散はみられなかった。

[2] ５月・８月にピークがある施設では、同月に祝日や夏休みがあることから、若年層の比率が高くなるケースが多い。例えば白川水源について20歳代の来訪者比率を、平日のみを対象として比較すると、ピーク期9.0％に対してオフピーク期10.4％となる。また太宰府天満宮では、参拝に訪れる受験生とその親が１月に多い傾向にあり、ピーク期に最も多い年代は40歳代となる

図表１-37　秋月城跡の月・平休日別にみた年齢層別来訪者比率（2021年１月～2022年11月）

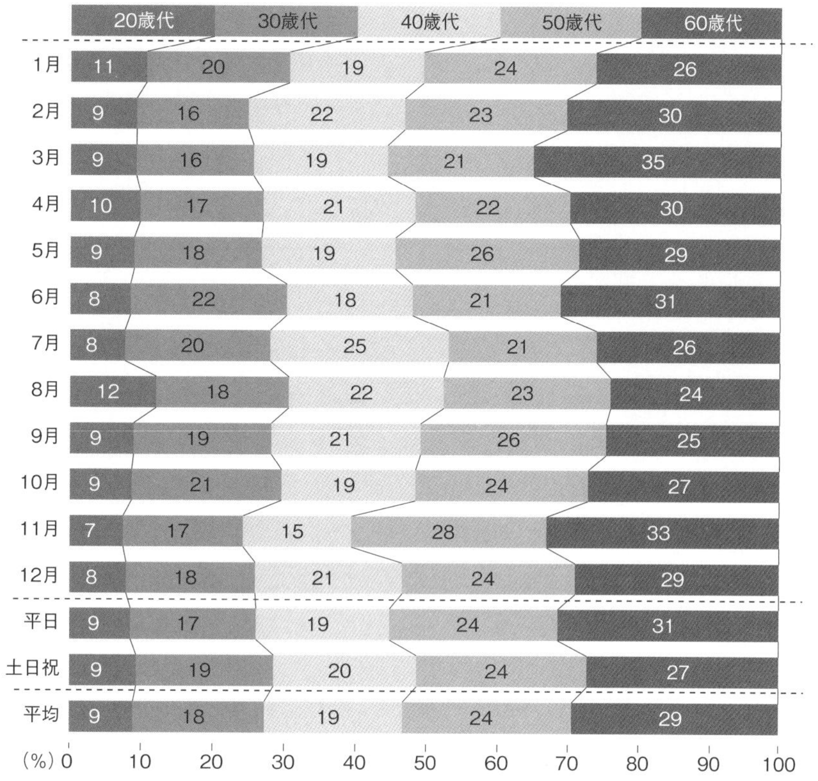

資料）九経調「おでかけウォッチャー」をもとに作成

図表１-38　観光スポットのピーク期・オフピーク期別にみた年齢層別来訪者比率（2021年１月～2022年11月）

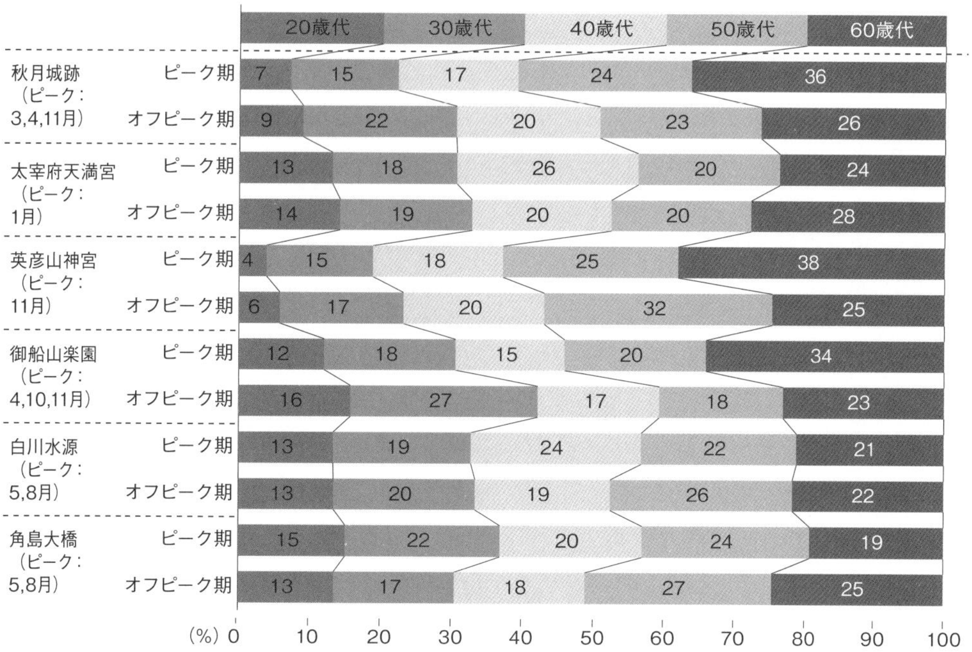

資料）九経調「おでかけウォッチャー」をもとに作成

2）阿蘇・くじゅう地域におけるキャンプツーリズムの動向

足下のキャンプブームは「第二次キャンプブーム」と呼ばれている。1990年代の第一次キャンプブームは４WD車の普及、企業の週休２日制導入などを背景に発生し、ピークの1996年にはキャンプ人口は約1,580万人と推計された[3]。以降、娯楽の多様化によってキャンプブームは下火となり、2010年には約720万人まで減少したものの、2010年代後半からは、自然（脱都会）志向の高まり、SNSの普及、キャンプを題材とした漫画・アニメやYouTube動画、第一次ブームでキャンプを体験した子供が大人になりキャンプに回帰したことなどから、キャンプ人口が再び増加し、2019年にはキャンプ人口は860万人まで回復した。また第二次キャンプブームでは、ソロキャンプやグランピングなどキャンプ様式の多様化、既存・新興アウトドアブランドの躍進も特徴となっている。そして2020年以降のコロナ禍では、三密を避けられる娯楽としてキャンプがさらなる注目を浴びている。

九州内でも特にキャンプ場が集中する阿蘇・くじゅう地域[4]のキャンプ場（10地点）を対象に、来訪状況や利用者の属性や周辺観光地への周遊を、ペンション・コテージ（７地点）やハイクラスの旅館・ホテル（８地点）との比較を通じて分析する。

キャンプ場来訪者の季節変動はコロナ禍を経て縮小

図表１-39は、2019年の月別来訪者数平均を100とした、来訪者数の推移を業態別に示している。これをみると、キャンプ場の特徴として季節性が大きいことが分かる。阿蘇・くじゅう地域では、キャンプ場来訪者のピークは５・８月にあり、10月も盛り上がる一方、冬季の12～３月や梅雨の６月は閑散期となる。2019年の来訪者数をみると、来訪者が最も多かった５月の来訪者数は、最も少なかった１月の13.4倍で、これは他の業態（ペンション・コテージ3.0倍、旅館・ホテル2.4倍）を大きく上回る。

コロナ禍以降、先述のとおりキャンプが注目を集めたが、来訪客数自体は依然として2019年を下回っており、2020年は対2019年比▲30.7%、2021年は同▲15.5%となっている。ブー

図表１-39　業態別来訪者数推移（2019年月平均＝100）

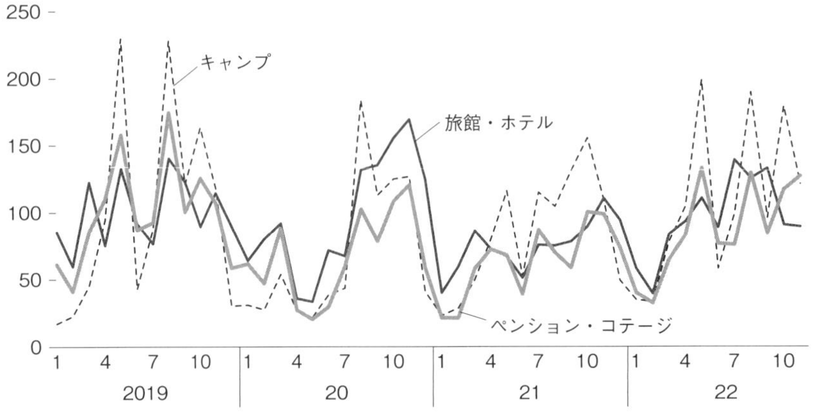

資料）九経調「おでかけウォッチャー」をもとに作成

[3]（一社）日本オートキャンプ協会（東京都新宿区）「オートキャンプ白書2022」より
[4] 熊本県阿蘇市、南小国町、小国町、産山村、高森町、西原村、南阿蘇村、大分県竹田市、九重町、玖珠町

ムに反する来訪者数減少の理由として（一社）日本オートキャンプ協会は、コロナ禍で新たにキャンプを始めた人が増えた一方、2020年は５月、2021年は８～９月とピーク期が緊急事態宣言によって施設休業になったこと、混雑回避に向けたキャンプサイト数削減などにより受入人数が減少したことなどを指摘している。なお、2022年はコロナ禍前を上回っている。

また図表１-39をみると、2021年以降、閑散期にあたる11～２月の来訪者数が増加していることも読み取れる。キャンプの多様化が進むなかで、ソロ・少人数のキャンプを中心に冬季にも実施する層も増加傾向にある。加えて、（一社）日本オートキャンプ協会は、第二次キャンプブームにおける秋・冬の来訪者増について、「焚き火」人気の高まりを指摘している。癒しの効果やフォトジェニック性から、焚き火を目的とするキャンプ場利用者が近年増加傾向にある。これらの利用者は、暑い夏を避け、秋や冬のキャンプを嗜好するため、これらの時期の来訪者数が伸びている。一方でピーク期の５・８月の来訪者数はキャンプサイト数削減等の影響でコロナ禍前を下回ることから、結果として季節による格差は縮小し、2022年において最大月（５月）来訪者数は最小月（２月）の6.0倍となっている。

キャンプ場来訪者の８割以上が北部九州３県を発地

キャンプ場における来訪者の発地都道府県上位を年次で比較する（図表１-40）。いずれの年も、発地として最も多いのは福岡県で、以下熊本県、大分県、佐賀県と続いている。福岡県の構成比は2019年の56.7%から2020年には57.8%まで上昇したものの、2021年には54.2%まで低下し、2022年もほぼ同様の水準である。対して熊本県は、2019年の14.9%から2021年には22.8%まで上昇している。マイクロツーリズムにより近隣でキャンプを楽しむ人が増加し、特に2021年以降は県民割の実施、国道57号北側復旧ルート開通（2020年10月）など熊本方面からの交通アクセス改善、リピーター層への移行より近隣・県内志向が一段と強まったこと、近年は全国でキャンプ場の開業が相次いでおり、それらを含む福岡県内のキャンプ場に同県からの客が流れたことが、福岡県・熊本県の比率変化の要因であると考えられる。

なお、キャンプ場来訪者全体のうち、福岡県、熊本県、大分県の北部九州３県で占める割合は86.3%（2022年１～11月）で、2019年から3.4%pt 上昇している。他の業態と比較しても、旅館・ホテルが64.8%、コテージが68.9%で、キャンプ場では特に高くなっている。ハイクラスなホテル・旅館などでは、差別化要因（ロケーション・ブランド

図表１-40　発地都道府県別来訪者数比率（キャンプ場、期間全体の上位５都道府県）

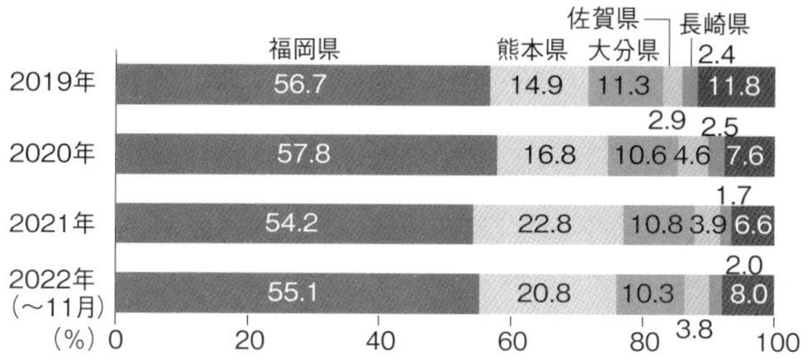

資料）九経調「おでかけウォッチャー」をもとに作成

図表１-41　発地都道府県別来訪者数比率（ホテル・旅館期間全体の上位５都道府県）

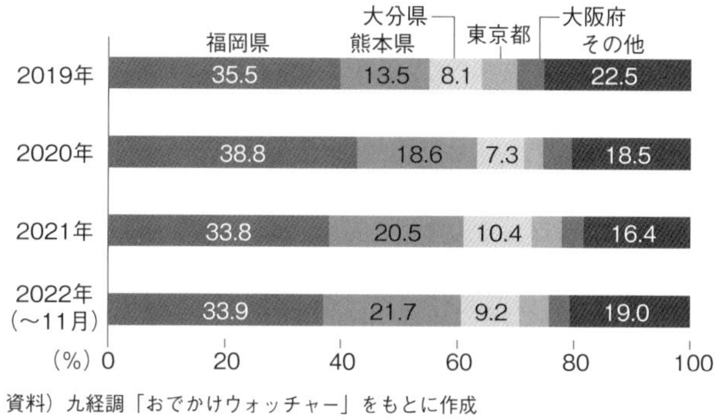

資料）九経調「おでかけウォッチャー」をもとに作成

など）によって全国からの集客圏がある一方、差別化が難しく、かつ自家用車での来訪が多いキャンプ場では来訪の近距離化が高く、今後もその傾向は継続するとみられる。

図表１-42　発地都道府県別来訪者数比率（ペンション・コテージ期間全体の上位５都道府県）

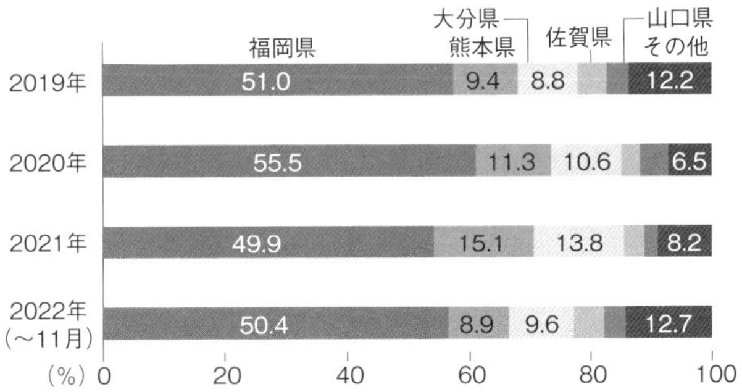

資料）九経調「おでかけウォッチャー」をもとに作成

季節で異なる来訪年齢層

キャンプ場来訪者の年齢層をみると、最も多いのは40歳代（28.2%）で、次点が30歳代（26.7%）となる（図表１-43）。30・40歳代が多い理由としてはファミリーでのキャンプが多いこと、第一次キャンプブームに子供だった世代と重なることが挙げられ、50歳代や60歳代の割合が高いペンション・コテージ、旅館・ホテルよりも年齢層が若い。またキャンプ場では、20歳代の割合も比較的高い。

図表１-43　業態別来訪者属性比率（2021年１月～2022年11月）

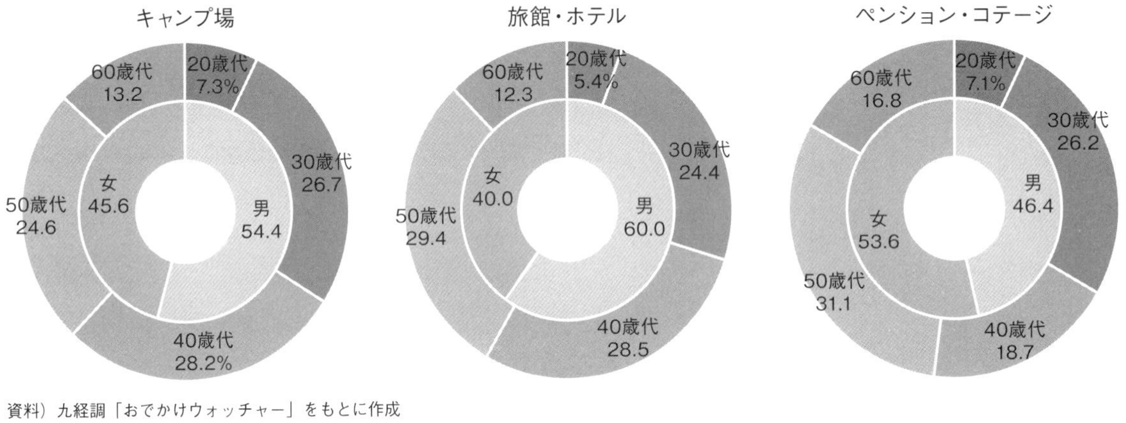

資料）九経調「おでかけウォッチャー」をもとに作成

キャンプ場来訪者数の年齢層別比率を月別にみると、ファミリーが中心の40歳代は、７～９月に比率が高くなる（図表１-44）。一方、２～３月や11月は30歳代・50歳代の比率が高くなる。また11～12月は20歳代の比率も比較的高い。先述のとおり、秋・冬のキャンプには「ソロ・少人数」「焚き火を嗜好」など第二次キャンプブームの特徴となる層が多いと考えられるが、人流データをみても、若年層をはじめ幅広い層にブームが浸透し、阿蘇・くじゅう地域への来訪に繋がっている。

図表１-44　月別来訪者年齢層比率（キャンプ場、2021年１月～2022年11月）

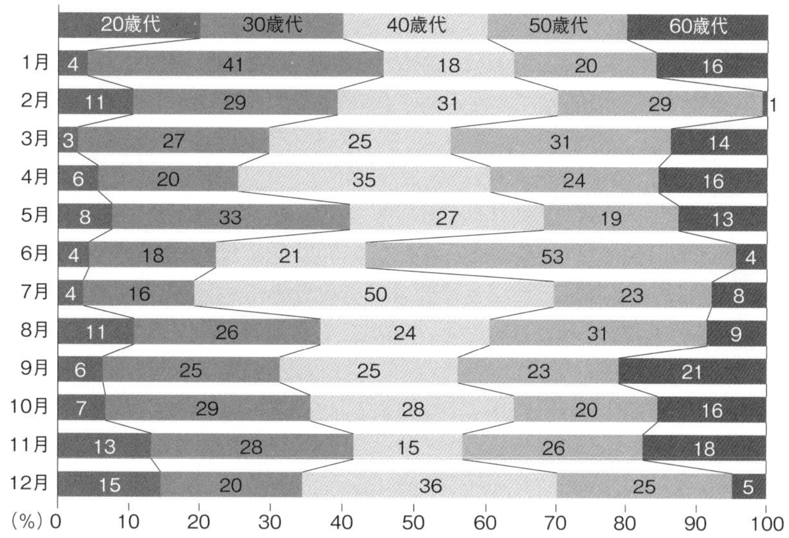

資料）九経調「おでかけウォッチャー」をもとに作成

キャンプ場からも近隣観光地へ周遊

キャンプ場から近隣観光地への周遊状況を分析するため、キャンプ場からの前後周遊比率（キャンプ場から域内観光スポットへの前後周遊数÷キャンプ場入込客数[5]）を四半期毎に算出し、ペンション・コテージ、旅館・ホテルと比較する。図表１-45をみると、キャンプ場からの前後周遊比率は0.4～0.5前後であり、他業態とも大差ない、つまりキャンプ場来訪者においても、旅館・ホテル宿泊者などと同様の程度、域内の観光スポットへ来訪していることが明らかになった。

図表１-45　業態別前後周遊比率推移

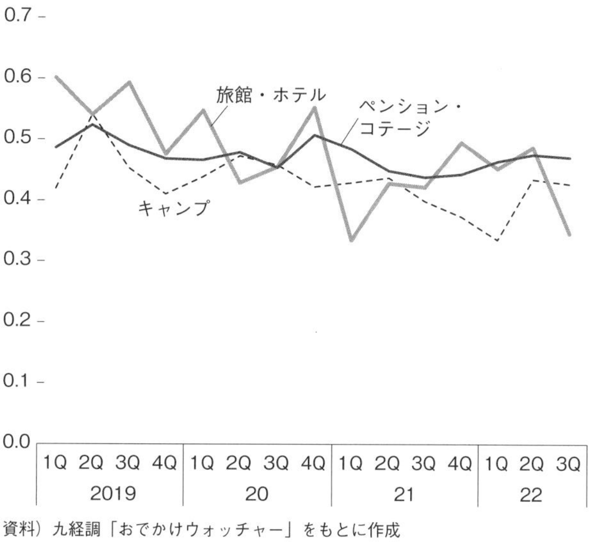

資料）九経調「おでかけウォッチャー」をもとに作成

[5] 本分析に活用した「おでかけウォッチャー」では、任意の観光スポットの来訪前後に別の観光スポットを訪れた人数を観光スポット毎・訪問前後別に表示できるが、この計算を通じて、キャンプ場の来訪前・来訪後のいずれも域内の観光スポットを訪問しなかった場合は０、来訪前・来訪後のいずれかで域内観光スポットを訪問した場合は１、双方で訪問した場合は２とした、キャンプ場来訪者における周遊数（０～２）の平均値を算出することができる。

またコロナ禍以降、全ての業態で比率が緩やかな低下、つまり域内への観光周遊が減少傾向にある。新型コロナ感染拡大により、密となる観光地を避けてキャンプ場や旅館等への滞在・宿泊のみを目的に来訪する層が増えたこと、加えて近場からの来訪が増加したことが理由として考えられる。

なお、キャンプ場からの周遊先としては、瀬の本レストハウス（熊本県南小国町）が最も多く、以下黒川温泉（熊本県南小国町）、道の駅小国ゆうステーション（熊本県小国町）と続く。そのほか、温泉地や道の駅が上位を占めており、買い物や入浴、食事のために立ち寄っていると想定される。また、ガンジーファーム（竹田市）や九重“夢”大吊橋（大分県九重町）など、観光地への訪問もみられている（図表１-46）。

図表１-46　キャンプ場（左）、旅館・ホテル（右）からの前後周遊先

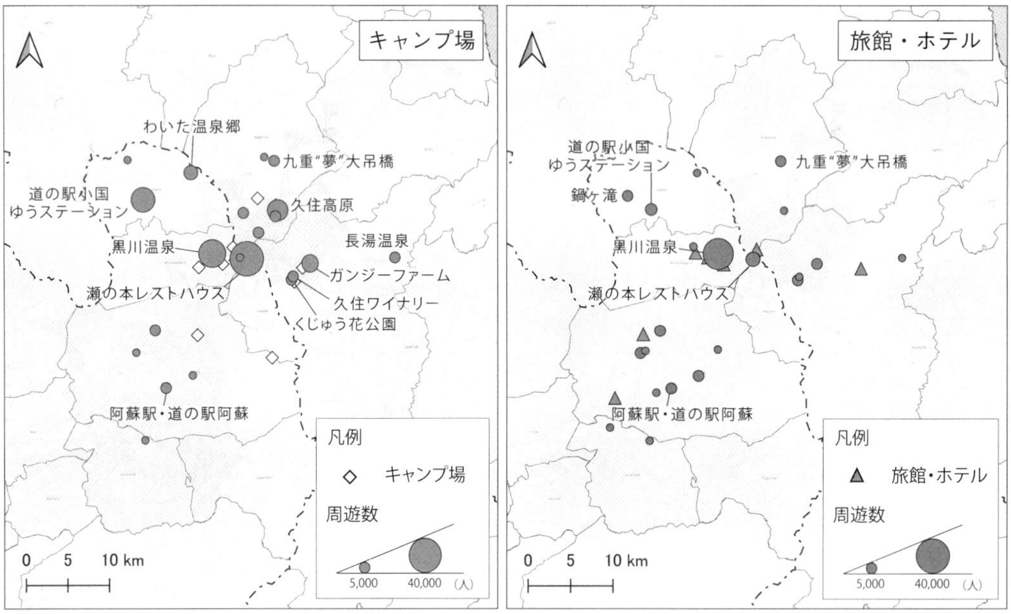

注）2019年１月～2022年11月末における各上位20スポットを抽出
資料）九経調「おでかけウォッチャー」をもとに作成

３）長崎市における都市型観光地の動向

2022年９月の西九州新幹線開業により、新たに新幹線終着地の１つとなった長崎市は、日本でも有数の、街歩きに特化した観光施策に取り組む都市である。

歴史・文化・景観・食などの地域資源を有し、かつては修学・研修旅行など団体旅行のメッカとして栄えたが、1990年代以降、個人化・脱見物化など旅行のトレンドが変化するなか、長崎弁でぶらぶら歩くを意味する「さるく」をモットーに、観光街歩きを強く打ち出す方針へと転換した。街全体をパピリオンとし、街歩きコース・ガイドツアー・体験型イベントを数多く設定した「長崎さるく博’06」が成功を収め、以降もコースの更新、ガイドマップの作成、ガイドの育成などの取り組みを続けている。加えて、2010年代は、大河ドラマ・アニメの舞台としての登場、インバウンド客・クルーズ船の寄港増加などがあり、地域にとって追い風となっていた。

遠方からの観光来訪が多かった長崎市

2019年における来訪者数をスポット別にみると、観光施設のうち最も多いのは新地中華街で、以下グラバー通り、グラバー園、出島、大浦天主堂と続く（図表１-47)。また観光施設以外にも、浜町や思案橋・銅座、丸山といった繁華街・歓楽街、アミュプラザ長崎・みらい長崎ココウォークなどの商業施設、長崎駅などの交通拠点も来訪者数が多い。来訪者数を発地距離帯別に比較すると、長崎市中心部にある多くの観光地で、発地距離が300km以上の来訪者が５割以上を占めている。なお、浜町などの繁華街でも遠方からの来訪比率が高いが、これは分析対象となる流動データでは、市内在住者などの居住地から20km以内の流動を除いているためである。

図表１-48は2019年の長崎市内における観光客周遊状況を示している。長崎駅・アミュプラザ長崎を中心に、新地中華街、グラバー園、大浦天主堂、原爆資料館、稲佐山などの観光地のほか、浜町、思案橋・銅座などの繁華街・歓楽街、みらい長崎ココウォークなどの大型商業施設へ流動が伸びている。また郊外では、稲佐山と市中心部（アミュプラザ長崎、新地

図表１-47　スポット別来訪者数・距離帯別来訪者比率（2019年）　（単位：千人、％）

	スポット名	来訪者数	距離帯別来訪者比率			
			20km～40km未満	40km～100km未満	100km～300km未満	300km以上
観光スポット	新地中華街	2,414	4.7	16.7	30.5	48.1
	グラバー通り	1,109	2.0	11.1	22.1	64.8
	グラバー園	903	0.9	9.1	18.7	71.3
	出島	652	5.5	11.6	21.2	61.8
	大浦天主堂	583	0.6	5.7	16.1	77.6
	原爆資料館	529	1.6	12.6	18.9	66.8
	稲佐山	525	4.6	14.3	24.8	56.3
	長崎出島ワーフ	431	8.2	21.4	23.1	47.3
	平和公園	442	1.0	12.2	17.4	69.4
	i+Land nagasaki	346	12.9	22.5	42.0	22.7
	長崎ペンギン水族館	209	6.9	43.5	24.9	24.7
	諏訪神社・長崎歴史文化博物館	217	8.2	25.7	23.1	43.1
	水辺の森公園	132	21.2	29.5	21.9	27.5
	野母崎・長崎市恐竜博物館	160	47.1	14.3	20.9	17.8
	長崎県美術館	148	22.1	33.1	20.0	24.8
	端島（軍艦島）	109	6.2	21.4	49.1	23.3
	アイランドルミナ・伊王島灯台	93	2.2	4.1	13.3	80.4
	遠藤周作文学館	91	26.6	15.7	20.3	37.3
	長崎市亀山社中記念館・龍馬通り	76	1.1	12.0	20.5	66.4
商業施設・繁華街・歓楽街	アミュプラザ長崎	2,940	19.7	21.0	24.6	34.7
	浜町	2,260	16.7	21.3	28.2	33.8
	長崎港ターミナル・ゆめタウン	1,680	25.5	28.8	20.3	25.4
	思案橋・銅座	1,601	9.1	18.5	30.9	41.5
	みらい長崎ココウォーク	1,054	29.6	31.1	20.2	19.1
	眼鏡橋・アルコア中通り	811	7.5	16.8	25.7	50.0
	丸山	514	9.2	19.4	30.4	41.0
	新大工	152	14.5	26.9	25.9	32.7
その他	長崎駅	1,716	17.7	17.0	30.8	34.5
	長崎大学	329	12.5	34.4	24.5	28.5

資料）九経調「おでかけウォッチャー」をもとに作成

図表１-48　スポット別来訪者数・スポット間周遊数（2019年）

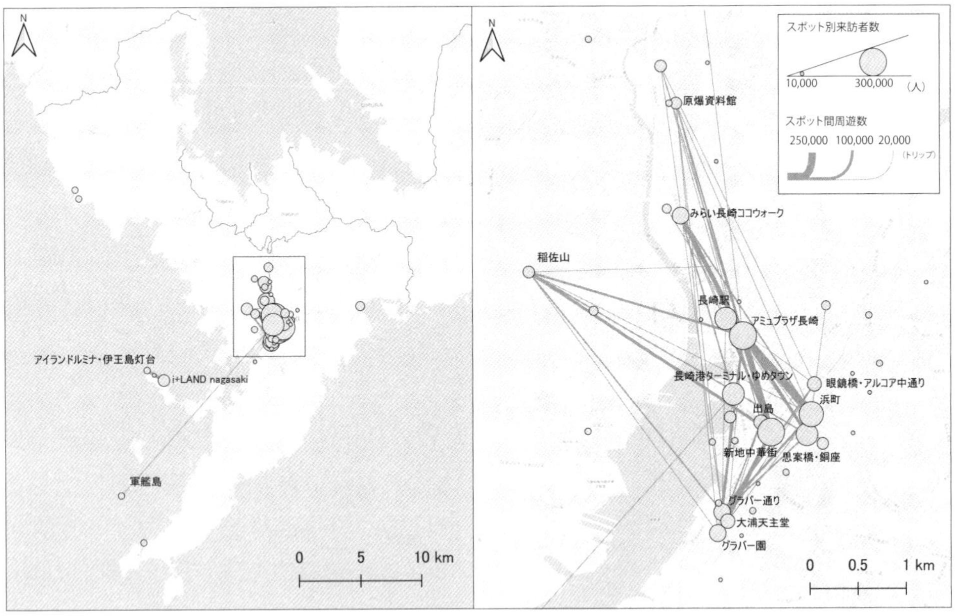

資料）九経調「おでかけウォッチャー」をもとに作成

中華街、グラバー通りなど）間の流動や、伊王島内（i+Land nagasaki など）の流動が目立つ。

コロナ禍により遠方の来訪者が大幅減

長崎市への来訪者数は2020年以降、新型コロナ感染拡大により大きく減少した（図表１-49）。年間の来訪者数は2019年の1,263万人に対し、2020年は687万人（対2019年比▲45.6%）、2021年は539万人（同▲57.4%）となっている。なお2022年は11月までで799万人（同▲36.8%）だが、同年11月の来訪者は対2019年同月比▲6.7%であり、来訪者数は徐々にコロナ禍前へ近づいている。

図表１-49　長崎市来訪者数推移

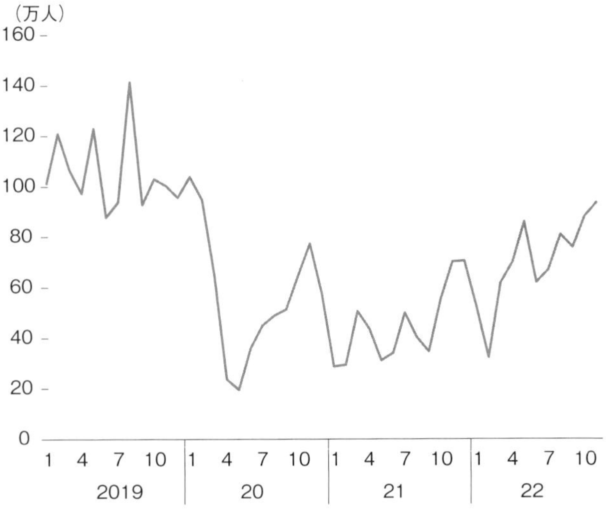

資料）九経調「おでかけウォッチャー」をもとに作成

長崎市来訪者数の推移を発地距離帯別にみると、300km 以上の来訪者については、感染拡大期による落ち込み、Go To トラベル期の回復など、来訪者数の増減が大きいことが分かる（図表１-50）。ただし、距離帯40km 未満など、近距離からの来訪も減少幅も小さくはない。市全体として遠方からの来訪比率が高く、それがコロナ禍で大きく減少したこと、その減少分を近距離からの来訪で補えなかったことが、先のうきは・朝倉と比較して大幅な来訪者数減少に繋がった要因である。

観光スポット別では、2021年に開業した長崎市恐竜博物館、郊外にあるリゾート施設のi+Land nagasaki、近隣からの来訪比率が比較的高かった長崎県美術館を除くと、いずれも2020年は対2019年比▲40%以下、2021年は▲60%以下となっており、特にグラバー園・大浦天主堂・原爆資料館など遠方からの来訪比率が高かった観光施設で減少率が大きい（図表１-51）。いずれのスポットも遠方からの来訪者数減少に対して近距離からの来訪減少幅が相対的に小さく、結果として2020～2021年は、来訪者に占める近距離の比率は各施設で上昇した。ただし、遠方からの来訪者数が回復を始めた2022年には、発地距離帯別比率は概ね2019年並みに収束している（図表１-52）。

図表１-50　長崎市来訪者数推移（発地距離帯別）

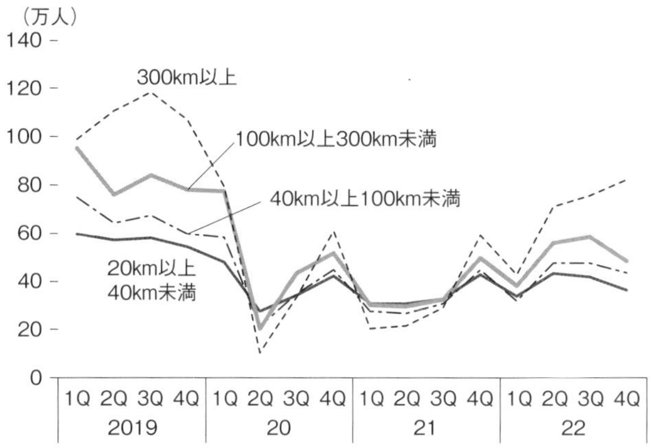

注）2022年４Ｑは11月末まで
資料）九経調「おでかけウォッチャー」をもとに作成

図表１-51　長崎市スポット別来訪者数、対2019年比　（単位：千人、％）

	スポット名	来訪者数				増減率（2019年比）		
		2019年	2020年	2021年	2022年（～11月）	2020年	2021年	2022年（～11月）
観光スポット	新地中華街	2, 414	1, 076	649	1, 090	▲55. 4	▲73. 1	▲51. 8
	グラバー通り	1, 109	440	233	474	▲60. 3	▲79. 0	▲54. 6
	グラバー園	903	348	184	436	▲61. 5	▲79. 6	▲48. 4
	出島	652	265	170	356	▲59. 4	▲74. 0	▲42. 1
	大浦天主堂	583	218	119	273	▲62. 6	▲79. 5	▲50. 2
	原爆資料館	529	215	145	288	▲59. 3	▲72. 5	▲42. 6
	稲佐山	525	300	198	356	▲42. 9	▲62. 3	▲27. 7
	長崎出島ワーフ	431	158	119	205	▲63. 4	▲72. 4	▲50. 3
	平和公園	442	162	109	256	▲63. 3	▲75. 3	▲38. 8
	i＋Land nagasaki	346	240	181	242	▲30. 8	▲47. 7	▲25. 9
	長崎ペンギン水族館	209	81	50	85	▲61. 0	▲75. 9	▲57. 0
	諏訪神社・長崎歴史文化博物館	217	105	76	117	▲51. 7	▲64. 9	▲43. 1
	水辺の森公園	132	30	25	64	▲77. 5	▲81. 0	▲49. 8
	野母崎・長崎市恐竜博物館	160	73	140	267	▲54. 2	▲12. 3	78. 4
	長崎県美術館	148	93	75	96	▲36. 8	▲49. 0	▲32. 4
	端島（軍艦島）	109	29	21	52	▲73. 9	▲81. 2	▲52. 1
	アイランドルミナ・伊王島灯台	93	39	20	36	▲58. 0	▲78. 9	▲58. 8
	遠藤周作文学館	91	56	44	114	▲38. 5	▲51. 6	30. 7
	長崎市亀山社中記念館・龍馬通り	76	34	19	40	▲55. 3	▲75. 4	▲43. 5
商業施設・繁華街・歓楽街	アミュプラザ長崎	2, 940	1, 549	1, 166	1, 420	▲47. 3	▲60. 3	▲47. 7
	浜町	2, 260	1, 327	958	1, 199	▲41. 3	▲57. 6	▲42. 5
	長崎港ターミナル・ゆめタウン	1, 680	997	831	990	▲40. 6	▲50. 6	▲36. 1
	思案橋・銅座	1, 601	741	516	701	▲53. 7	▲67. 8	▲52. 4
	みらい長崎ココウォーク	1, 054	535	450	513	▲49. 2	▲57. 3	▲47. 0
	眼鏡橋・アルコア中通り	811	390	237	407	▲51. 9	▲70. 7	▲46. 8
	丸山	514	303	209	252	▲41. 1	▲59. 3	▲46. 5
	新大工	152	92	78	108	▲39. 8	▲48. 6	▲23. 3
その他	長崎駅	1, 716	740	641	1, 966	▲56. 9	▲62. 7	23. 2
	長崎大学	329	143	119	174	▲56. 4	▲63. 8	▲43. 3

注）2022年の増減率は、2019年１～11月との比較
資料）九経調「おでかけウォッチャー」をもとに作成

図表１-52　主要観光スポットにおける発地距離100km 未満の来訪者比率

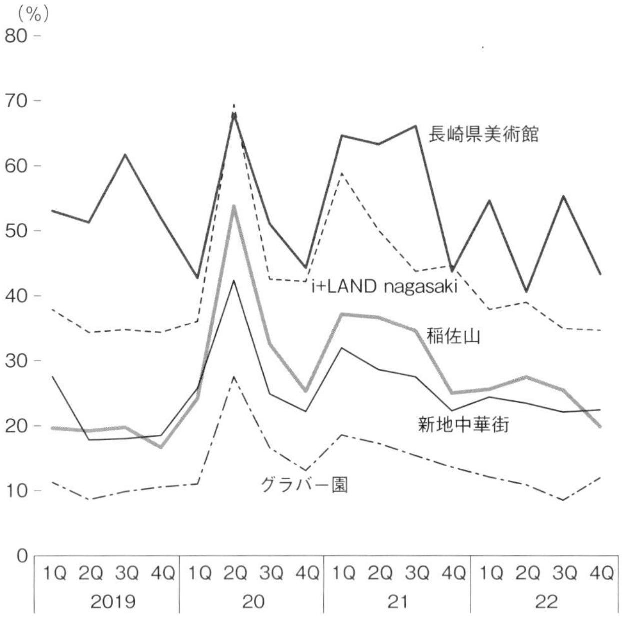

注）2022年４Ｑは11月末まで
資料）九経調「おでかけウォッチャー」をもとに作成

１人あたり周遊数もコロナ禍で落ち込むも足下は回復

図表１-53　１人・１日あたり観光スポット訪問数（発地距離帯別）

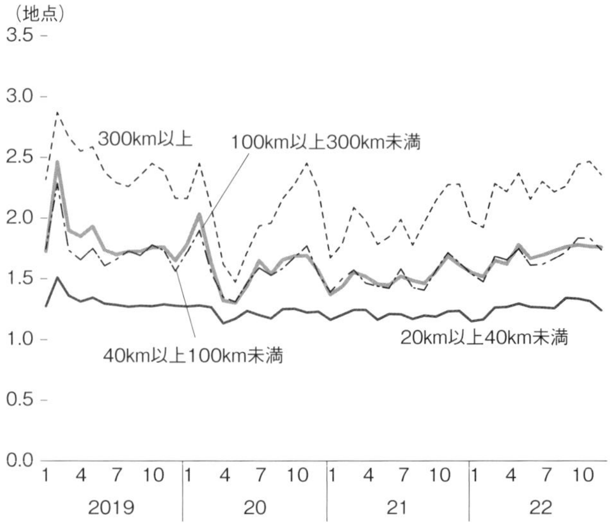

注）2022年11月末時点
資料）九経調「おでかけウォッチャー」をもとに作成

コロナ禍による観光周遊の変化を分析する。図表１-53は、長崎市来訪者の１人・１日あたり観光スポット訪問数を発地距離帯別に示している。これをみると、概ね距離帯が遠いほど周遊数が多い傾向にあり、2019年の平均は20～40km 未満が1.3スポットに対して40～100km 未満は1.8スポット、100km～300km 未満は1.9スポット、300km 以上では2.4スポットとなっていた。これが2020年の緊急事態宣言発令後、40km 以上の距離帯では大きく落ち込み、Go To トラベルキャンペーン期に一時回復したものの、2021年には再度落ち込んだ。ただし、2021年10月以降は回復傾向にあり、足下はコロナ禍前の水準に近づいている。なお、40km 未満の距離帯は、2019年の水準が低いことから、コロナ禍による減少幅は小さかったものの、回復は2022年４月以降と遅れている。

また図表１-54は、各観光スポットからの周遊状況と比較するため、2019年と2022年における前後周遊比率（長崎市内スポットへの前後周遊数÷観光スポット来訪者数）を示している。2019年時点ではスポット毎の前後周遊比率は、地理・交通の制約から別のスポットを経由する必要があるスポット（アイランドルミナ・伊王島灯台、軍艦島など）、市中心部に立地し周辺にスポットが集中する施設で高い傾向にあり、双方を満たすグラバー通り（周辺にグラバー園、大浦天主堂など）で最も比率が高くなった。

2022年の前後周遊比率をみると、多くのスポットで2019年並みとなる一方、新地中華街や、思案橋・銅座、丸山などの繁華街では2019年より落ち込んでいる。これらの観光地・繁華街では、飲食を訪問目的とする観光客が他スポットより多いが、飲食を交えた観光街歩きの回復が遅れている可能性が示唆される。

図表１-54　スポット別前後周遊比率

		2019年	2022年（～11月）
観光スポット	新地中華街	1.30	1.17
	グラバー通り	1.80	1.65
	グラバー園	1.65	1.63
	出島	1.49	1.49
	大浦天主堂	1.71	1.69
	稲佐山	1.46	1.34
	長崎出じまワーフ	1.43	1.44
	原爆資料館	1.36	1.38
	平和公園	1.42	1.40
	i+Land nagasaki	0.88	0.69
	長崎ペンギン水族館	0.65	0.72
	諏訪神社・長崎市歴史文化博物館	1.19	1.11
	水辺の森公園	1.23	1.34
	野母崎・長崎市恐竜博物館	0.31	0.30
	長崎県美術館	1.16	1.19
	端島（軍艦島）	1.49	1.56
	アイランドルミナ・伊王島灯台	1.50	1.46
	遠藤周作文学館	0.58	0.35
	亀山社中記念館・龍馬通り	1.57	1.56
商業施設・繁華街・歓楽街	浜町	1.27	1.11
	長崎港ターミナル・ゆめタウン	0.73	0.71
	思案橋・銅座	1.42	1.23
	みらい長崎ココウォーク	0.60	0.54
	眼鏡橋・アルコア中通り	1.48	1.38
	丸山	1.47	1.23
	新大工	0.82	0.65

注）2022年11月末時点、周遊先は長崎市内のスポットのみ集計対象
資料）九経調「おでかけウォッチャー」をもとに作成

回復期に向けては近隣から人気のスポットが回復のカギ

コロナ禍による来訪者数の減少が続いていた長崎市であるが、図表１-49の通り、2022年９月以降は来訪者数がコロナ禍前の水準に近づいている。全国旅行支援の実施により、遠方からの来訪が回復していることに加えて、長崎市では西九州新幹線開業、それに伴う佐賀・長崎デスティネーションキャンペーンによる宣伝効果も大きい。

うきは・朝倉の事例では、コロナ禍で近距離層から人気があった観光スポットで、直近では遠方からの来客も回復傾向にあった。これを長崎市でもみると、図表１-47で近距離からの来訪比率が高かった長崎県美術館、遠藤周作文学館、野母崎・長崎市恐竜博物館では、直近で発地距離300km 以上の来訪が他の観光スポットよりも伸びている傾向にある（図表１-55）。これらの観光スポットの「地元推し」は、長年培った「長崎さるく」にも新しい価値をもたらすことに期待したい。

図表１-55　発地距離300km 以上の月別来訪者数推移（2019年平均＝100）

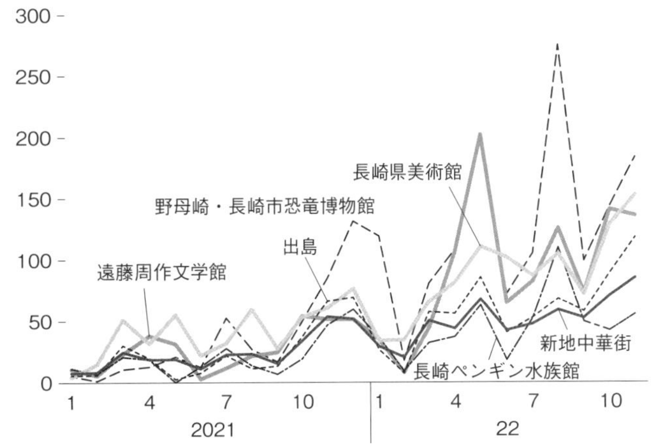

資料）九経調「おでかけウォッチャー」をもとに作成

4）宮古島市におけるリゾートツーリズムの動向

沖縄本島から南西約290kmに位置する宮古列島（宮古島、池間島、大神島、来間島、伊良部島、下地島、多良間島、水納島）は、沖縄本島とも異なる文化的資源に亜熱帯の気候、サンゴ礁由来の白い砂浜、そして「宮古ブルー」とも呼ばれる透明度の高く美しい海が魅力である。1972年の日本復帰後、インフラ開発が本格化しており、現在は宮古島、池間島、来間島、伊良部島、下地島の５島が橋梁で結ばれ、これに大神島を加えた６島が2005年の市町村合併で宮古島市となった。また宮古島東急リゾート（1984年開業）、シギラリゾート（1993年開業）などリゾート地としての整備も進み、特に2010年代後半は、伊良部大橋の開通（2015年）、下地島空港の再旅客化（2019年）などを契機とした大型開発が相次いだ。宮古島市における宿泊施設の客室数は、2010年の2, 495室から2020年には4, 775室まで増加している[6]。これらによる日本人観光客の増加に加えて、同時期にはクルーズ船の寄港も含め外国人観光客も増加、宮古圏域（宮古島市・沖縄県多良間村）の入域観光客数は2018年度に114万人と過去最高を更新し、2019年度は中国発クルーズ市場の停滞によって海路入込が減少したものの、空路入込は過去最高を更新していた（図表１-56）。

ただし2020年の新型コロナ感染拡大によって状況は大きく転換する。同年度以降、海路入込はゼロが続き[7]、空路入込も2020年度は対2019年度比▲51. 0%、2021年度も同▲40. 7%となっている。同市を含めて沖縄県の各地では、主な集客圏は関東・近畿であり距離が離れていること、県内での感染拡大、また一時は来訪自粛、特に医療体制が貧弱な離島への来島自粛が要請されたことなどから、来訪者数の減少者数は他地域よりも大きく、観光産業の比重の高さから、地域経済へのインパクトが甚大になった。

図表１-56　宮古圏域の交通手段別入込観光客数

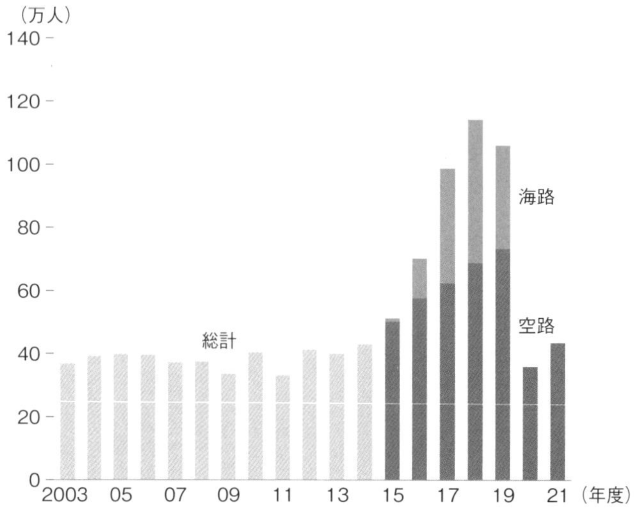

注）2006年までは年単位での集計
資料）宮古島市公表資料より九経調作成

6　沖縄県観光政策課「宿泊施設実態調査」より
7　2022年６月、日本クルーズ客船の「ぱしふぃっくびいなす」が平良港に入港し、２年４カ月ぶりの再開となった

コロナ禍で来訪地の分散化が進む

図表１-57は、スポット別来訪者数の推移を示している。これをみると、大半の施設が2020・2021年に来訪者数が大幅に減少し、2022年も回復に至っていないことが読み取れる。またリゾートホテルも、筑後川温泉（うきは市）やi+Land nagasaki（長崎市）などは宿泊助成事業による恩恵から来訪者数減少率が地域内の他スポットよりも小さかったのに対し、そもそもの集客圏が遠い宮古島市では、他スポットと同程度の減少幅になっている。

ただし図表１-57から、2022年（11月まで）来訪者数の対2019年比が高いスポットの存在も読み取れる。下地島空港や周辺施設（伊良部地区、下地島空港 RW17エンド）は空港旅客ターミナルの開業が2019年３月末であったことが大きな理由だが、東平安名岬や城辺地区なども、回復率が大きいスポットであるといえる。

コロナ禍によるスポット別来訪状況の変化をみるため、横軸に2019年の来訪者数、縦軸に2022年の来訪者数をとる散布図を作成した（図表１-58）。点線は切片を０とする近似直線であり、点線より上に位置するスポットは、来訪者数の回復傾向が相対的に強いスポットである。これをみると、2019年時点の来訪者数が20万人以上のスポットは、2022年の来訪者数は概ね近似直線から近い位置にあるが、20万人未満のスポットについては、近似直線を上回る、つまり来訪客数の回復率が平均を上回るスポットが多いことが分かる。近似直線を上回るスポット数をコロナ禍前の来訪者数規模で比較しても、20万人以上と並んで、２万〜５万人未

図表１-57　宮古島市の主要スポットにおける年別来訪者数　（単位：千人、％）

ジャンル	スポット	来訪者数				増減率（2019年比）		
		2019年	2020年	2021年	2022年（〜11月）	2020年	2021年	2022年（〜11月）
レジャー・買物	島の駅みやこ	547	287	187	319	▲47.5	▲65.8	▲37.8
	琉球の風　琉球離島マーケット	279	134	49	121	▲52.0	▲82.3	▲53.1
	雪塩ミュージアム	199	108	55	101	▲45.4	▲72.3	▲43.6
	うえのドイツ文化村	66	29	13	26	▲55.6	▲79.9	▲56.4
自然・海	パイナガマビーチ	273	146	94	158	▲46.3	▲65.3	▲38.6
	池間大橋	162	98	56	93	▲39.3	▲65.6	▲37.2
	来間大橋	157	68	40	67	▲56.9	▲74.6	▲55.0
	与那覇前浜ビーチ	150	60	39	85	▲59.9	▲73.9	▲40.1
	東平安名岬	113	70	32	104	▲38.3	▲71.6	0.4
	伊良部大橋	110	76	72	130	▲31.3	▲34.7	24.2
	下地島空港 RW17エンド	58	30	30	48	▲48.0	▲48.2	▲12.9
宿泊	リゾートホテル（５施設）	1,302	718	404	670	▲44.9	▲69.0	▲44.7
地区	平良市街地	2,426	1,408	989	1,543	▲42.0	▲59.2	▲31.6
	平良港エリア	430	207	93	171	▲51.8	▲78.4	▲56.9
	下地地区	266	126	99	168	▲52.7	▲62.6	▲33.1
	佐良浜地区	223	115	82	127	▲48.5	▲63.3	▲38.5
	伊良部地区	123	70	68	115	▲42.8	▲44.3	▲1.4
	砂川地区	91	52	36	65	▲42.4	▲59.7	▲23.0
	保良地区	99	61	29	51	▲38.9	▲70.3	▲45.1
	城辺地区	82	47	42	65	▲42.9	▲48.9	▲13.5
その他	宮古空港	1,708	939	579	878	▲45.0	▲66.1	▲44.3
	下地島空港	225	161	173	242	▲28.6	▲23.1	14.4

注）2022年の増減率は、2019年１〜11月との比較
資料）九経調「おでかけウォッチャー」をもとに作成

図表１-58　宮古島市スポット別来訪者数比較（横軸・2019年、縦軸・2022年）

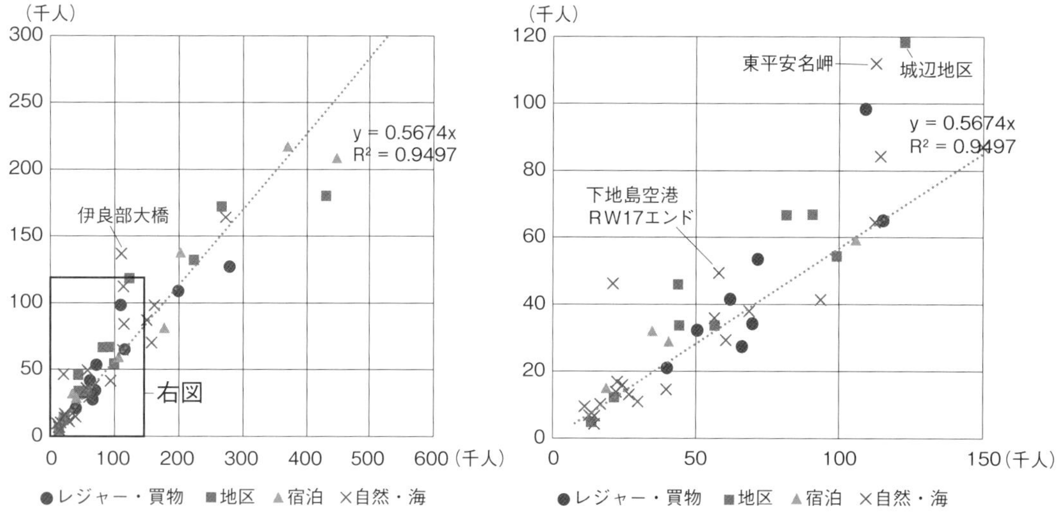

注１）平良市街地、宮古空港、2019年以降に開業した施設（下地島空港など）を除く
注２）右図は左図の枠内を拡大した図
注３）2022年は11月までの来訪者数
資料）九経調「おでかけウォッチャー」をもとに作成

満の規模帯で多いことが分かる（図表１-59）。

コロナ禍からの回復にあたって、来訪者規模の小さかったスポットの人気が高まっているといえる。理由としては、SNSの普及などから観光客の関心や行動が多様化したこと、またコロナ禍での密を避けるため、規模の小さい観光スポットを嗜好する観光客が増えたことの２点が考えられる。ただし、規模の小さいスポット全ての回復率が高いわけではなく、コロナ禍前２万人未満の規模帯ではむしろ回復傾向が弱いことも指摘できる。

図表１-59　2022年(～11月）の来訪者数が近似直線を上回るスポット数（ジャンル・2019年の来訪者数規模別）

（単位：スポット）

	2万人未満	2万～5万人未満	5万～10万人未満	10万～20万人未満	20万人以上	計
レジャー・買物	0／0	0／1	3／5	1／3	1／2	5／11
地区	0／1	3／3	3／4	1／1	2／3	9／12
宿泊	1／1	2／2	0／0	0／2	2／3	5／8
自然・海	2／7	4／7	2／5	6／7	1／1	15／27
計	3／9	9／13	8／14	8／13	6／9	34／58

注１）分母はジャンル・2019年来訪者数規模の該当スポット数
注２）近似直線を上回るスポットが、薄灰色は50％以上、濃灰色は67％以上
注３）平良市街地、宮古空港、2019年以降に開業した施設（下地島空港など）を除く
注４）2022年は11月までの来訪者数
資料）九経調「おでかけウォッチャー」をもとに作成

高年層の来訪が増加傾向　高年層は平均滞在日数も長く

宮古島市の来訪者数を年齢層別にみると、最も多いのは60歳代で、以下30歳代、50歳代と続く（図表１-60）。来訪者数推移を年齢層別にみると、2021年10月以降、60歳代の増加が顕著であり、宮古島市来訪者数の回復に大きく寄与していることが分かる（図表１-61）。

ただし、本データにおける来訪者数の集計が１日単位であり、来訪者の滞在期間が長い属性ほど、実人数ベースでの来訪者数に対して本データの来訪者数が上振れする点に注意が必要である。図表１-62は宮古島市のゲートウェイである宮古空港・下地島空港の属性別来訪者数

図表１-60　宮古島市来訪者年齢層比率（2021年１月～2022年11月）

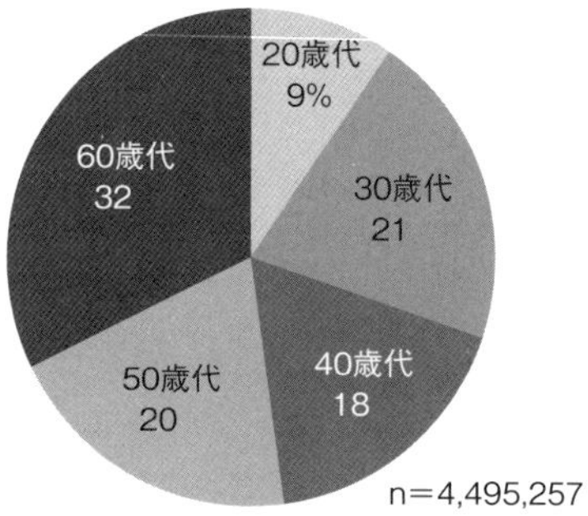

資料）九経調「おでかけウォッチャー」をもとに作成

をみると、60歳代の割合は28%まで低下する。

なお、宮古島市来訪者数とゲートウェイ来訪者数から算出した、市内滞在日数[8]の推移を年齢層別にみると、2021年は20歳代など若年層が高い傾向にあったのに対し、2022年、特に２Ｑ以降は、60歳代のみ横ばいある一方、それ以外の年齢層では低下傾向がみられる（図表１-63）。

図表１-61　年齢層別宮古島市来訪者数推移

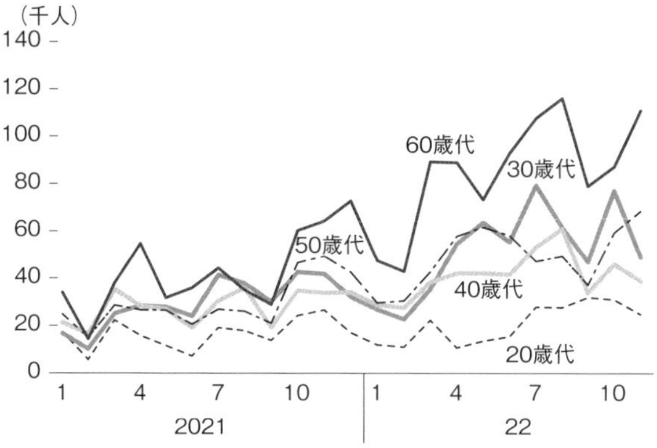

資料）九経調「おでかけウォッチャー」をもとに作成

図表１-62　宮古空港・下地島空港来訪者年齢層比率（2021年１月～2022年11月）

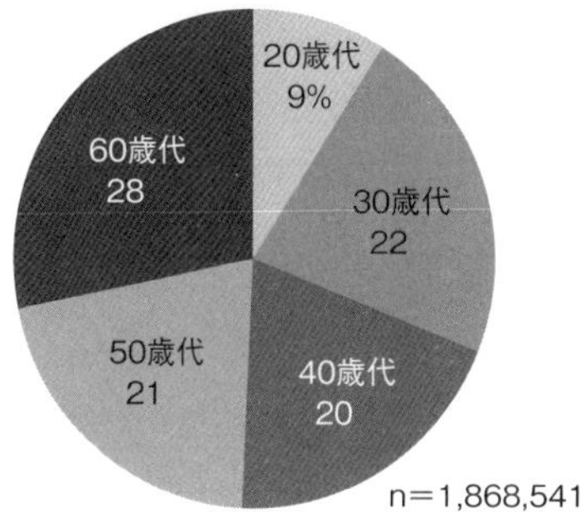

資料）九経調「おでかけウォッチャー」をもとに作成

図表１-63　年齢層別宮古島市平均滞在日数推移

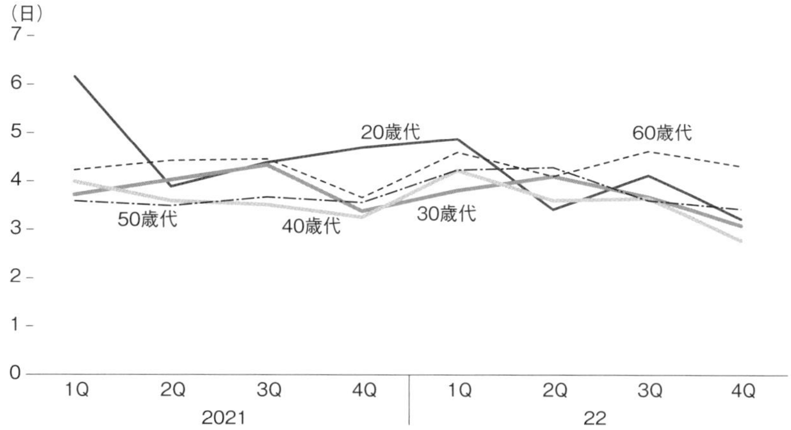

注１）宮古島市来訪者数÷ゲートウェイ来訪者数より算出。ゲートウェイ来訪者数は宮古空港・下地島空港の来訪者数に、2022年６月以降の60歳代のみクルーズ来訪者数（平良港エリアの属性別来訪者数の推移から5,000人／月と推定）を加えた。また滞在日数の2021年全体平均が、統計調査による2021年宮古圏域の平均泊数2.86泊（沖縄県「令和３年度観光統計実態調査」より）＋１日と一致するよう補正した

注２）2022年４Ｑは11月末まで

資料）九経調「おでかけウォッチャー」をもとに作成

[8]「おでかけウォッチャー」では、登録したスポットに一定時間（10～30分程度）以上滞在した調査対象を来訪者として計上する。空港への滞在は、復路時は待ち時間があるため30分以上の人が大半である一方、往路時は来訪者として計上されない事例も一定確率で存在する。宮古島市来訪のゲートウェイは、クルーズ船を除くと２空港に限られることから、宮古島市来訪者数÷ゲートウェイ来訪者数×（1.5～1.8程度、図表１-63の算出にあたっては1.64）が宮古島市への平均滞在日数と仮定できる。また属性別の比較にあたっては、属性に応じて往路時の空港滞在時間（来訪者としての計上確率）、および往復路時以外の空港訪問率が変わらないことが前提であり、また２空港を通過しない入域（ここではクルーズ船による入域）を図表１-63では補正している

訪問箇所が多い若年層　今後は北部・東部へ周遊増による滞在時間増加を

図表１-64は年齢層別にみた宮古島市訪問者における平均訪問地点数を示している。これをみると、若年層（20～30歳代）では平均訪問地点数が多い傾向が見て取れる。ただし、滞在日数は長くないことから（図表１-63）、短期間に観光地を周遊する形態を志向する観光客が多いと考えられる。

このほか、宮古島市に訪問する若年層の特徴をみるため、市内観光スポットの来訪者に占める若年層の割合が高いスポット・低いスポットを抽出した（図表１-65）。割合が最も高いのは、宮古島南部に位置する新里地区で、このほかシギラベイリゾートの宿泊施設や観光施設、周辺地区で若年層割合が上位にあった。また、下地島空港 RW17エンド、渡口の浜など伊良部島周辺の海岸スポットも若年層の割合が高かった。一方で、宮古島東部に位置する城辺地区・保良地区や中心市街地であり平良市街地・平良港などでは、相対的に若年層の割合が低い傾向にある。

周遊状況をみても、平良市街地からシギラベイリゾート・伊良部島方面への周遊は、若年層比率が高い傾向にある（図表１-66）。今後に向けては、若年層の関心を宮古島北部や東部にも広げることが、行動範囲の拡大、ひいては滞在時間の増加に繋がると考えられる。

図表１-64　年齢層別平均訪問地点数

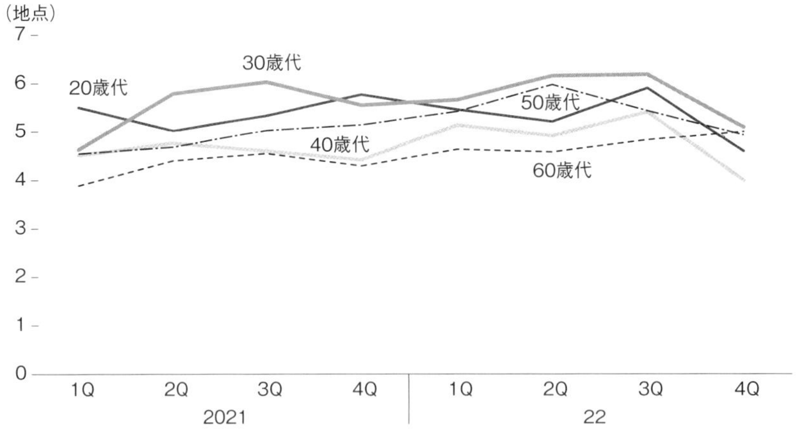

注）年齢層別の観光スポット別来訪者数÷ゲートウェイ来訪者数より算出
資料）九経調「おでかけウォッチャー」をもとに作成

図表１-65　来訪者数に占める若年層（20～30歳代）比率の上位・下位（2021年１月～2022年11月）

（単位：%）

スポット名	20～30歳代比率	スポット名	20～30歳代比率
新里地区	51.8	城辺地区	24.4
シギラベイサイドスイートアラマンダ	49.8	保良地区	26.3
イラフ SUI ラグジュアリーコレクション	46.9	エメラルドコーストゴルフリンクス	28.4
来間大橋	44.6	あたらす市場	29.2
下地島空港 RW17エンド	44.3	平良港エリア	29.4
渡口の浜	43.4	平良市街地	30.8
アラマンダインギャーコーラルヴィレッジ	44.2	池間漁港	31.1
砂川地区	42.9	下地地区	31.4
うえのドイツ文化村	42.8	東平安名岬	31.7
シギラ黄金温泉	42.7	島の駅みやこ	31.9

注）期間内の20～30歳代来訪者数10,000人以上の観光スポットを対象に抽出
資料）九経調「おでかけウォッチャー」をもとに作成

図表１-66　若年層（20～30歳代）のスポット別来訪者数・周遊数
（2021年１月～2022年11月）

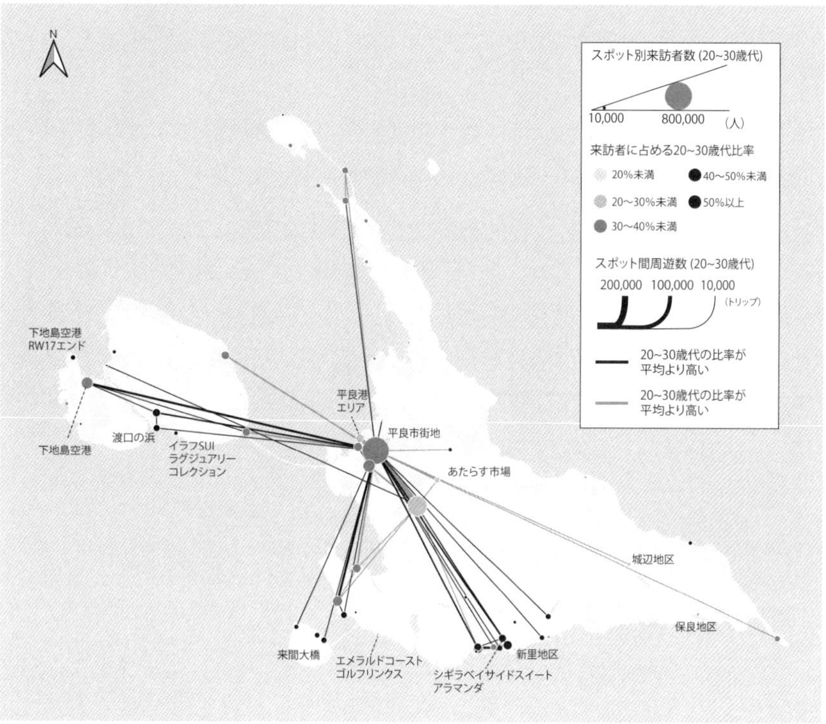

注）周遊数は上位50を抽出
資料）九経調「おでかけウォッチャー」をもとに作成

おわりに

本章では、人流分析プラットフォーム「おでかけウォッチャー」を活用し、九州地域における観光流動の分析をおこなった。

九州地域全体の来訪者の構造分析からは、コロナ禍による九州地域内の観光スポット来訪者数の減少幅は首都圏などと比較して小さいことが明らかになった。また、旅行の近距離化、訪問日・訪問場所の平日・郊外への分散傾向も読み取れた。スポットのジャンル別では、コロナ禍でも根強いショッピングスポットの人気に加えて、自然資源・温泉への関心の高まりもみられた。そして、20～30歳代には、エンタメ・アミューズメントや海水浴、動植物園・水族館といったスポットに人気があった。

個別地域の分析からは、うきは・朝倉、阿蘇くじゅうのキャンプツーリズムなど、マイクロツーリズムの恩恵を受けた地域・形態では、足下もその勢いが続いていることが読み取れた。ただし、集客力の高さから遠方からの来訪も回復傾向にある道の駅うきはに対し、競争から近距離性を強めている阿蘇くじゅうと、状況の差もみられた。一方で長崎市や宮古島市も、感染拡大による来訪者の減少と、感染小康期（キャンペーン実施時期）の回復を繰り返しながら、徐々にコロナ禍前の水準・形態へと回復していることが読み取れた。また、地域内でも観光スポット間で来訪者減少・回復の度合いに差もみられたが、長崎市では観光施設の特性（三密状態のなりやすさ、集客圏など）、宮古島市では来訪者規模を要因として指摘した。

今後に向けては、コロナ禍による地域の変化を捉え、特に良い変化をアフターコロナの観光戦略に活かすことが求められる。例えば、コロナ禍前より近隣からの観光客が多かったスポットでは、コロナ禍によるマイクロツーリズムを経て、直近では遠方からの来訪も伸ばしている。また、コロナ禍で人気が高まった観光スポットから域内周辺観光地への波及も継続している。

またキャンプツーリズムのほか、うきは・朝倉での道の駅巡りなど、旅行者の趣味嗜好性が高い形態の観光行動がデータからも見受けられた。SNS、レビューサイト、ネットメディアなど、日常生活で目にする観光情報が一昔よりも格段に多く、それを人々は取捨選択しながら旅行を計画・実行することから、その結果、「趣味を目的に移動する」や「地域のファンである」「人気・話題の場所に行く」など、程度の差はあれ、人々の旅行における目的性・嗜好性は高まっている。これらの傾向を把握し、それに見合う地域資源を発見・創造し発信することが、来訪地点や来訪時期の分散、果てはリピーターの確立など、アフターコロナにおいて地域の観光課題の解決に寄与する１つの鍵となるだろう。

第2章

「ありのままの日本」を活かしたインバウンドの受け入れと地方創生

はじめに

2020年１月に日本で初めて感染者が出た新型コロナウイルスは、経済全体への影響とともに、国際観光にも大きな影響を与えた。2022年３月に国連世界観光機関（UNWTO）が発表したデータによると、2021年の世界全体の国際観光客数は前年より約1,800万人増え（前年比+4.6%）４億2,100万人となったが、2019年比では▲71.3%となった。コロナ感染拡大に伴う渡航制限等から、国際旅行需要の大幅な減少が続いた。国内外で観光需要の減少が長期化するなか、訪日客を受け入れる観光関連事業者の経営は厳しい状況に直面している。2022年においても、コロナの収束やインバウンドの回復は明確に見通せない状況となっている。

一方でインバウンドの需要が地域経済にとって重要であることは変わらない。日本のなかでも地域は、コロナの収束に備え、自身の魅力を活かした受け入れ体制づくりを準備すべきときに来ている。本章では、外国人向け日本ツアーを長く手がけてきた経験から、日本の地域こそ、その魅力を活かしたインバウンド受け入れに可能性があることを伝えたい。

1 地域の魅力を活かすアドベンチャーツーリズム

The Japan Travel Company（株）の設立

The Japan Travel Company（株）（杵築市）は、同社取締役である筆者クリスティ　ポールが2010年に設立した旅行会社である。筆者は日本向けウォーキングツアーの企画・販売を手がける香港の旅行会社 Walk Japan の設立後間もなく、ツアーリーダーとして関わりを持ち始め、その後同社の CEO に就任した。2002年に杵築市に移住、日本でツアーを行うための利便性から、2010年当社を設立した。日本の豊かな風景や歴史、文化の残る国東半島のほぼ中心に位置する、杵築市大田地区の山間で、Walk Japan が募集・販売する日本向けツアーの予約代行業務を行っている。

当社が手がけるインバウンドツアーは、個人・少人数の団体向けの個人旅行である。なかでも、日本の魅力的な自然や歴史、文化を感じることができるウォーキングツアーを企画・運営している。コロナ禍の制約で2020年以降は受け入れができていない状況であるが、コロ

図表２-１　The Japan Travel Company（株）のインバウンドツアー受け入れ実績

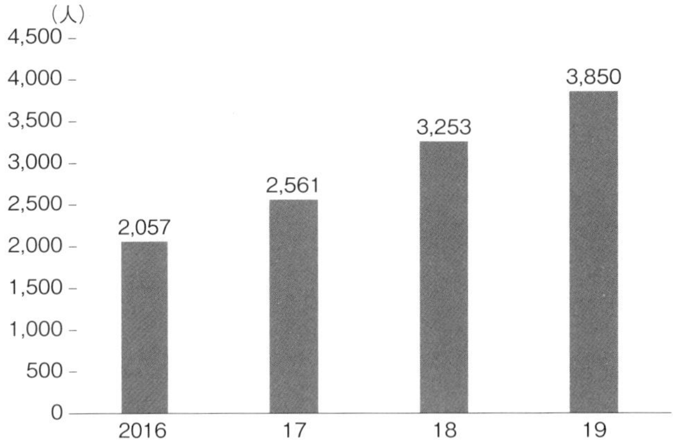

資料）筆者作成

ナ禍前の2019年は3,850人の外国人客を日本の各地に案内した（図表２-１）。

世界で人気となる日本観光

　コロナ禍の渡航制限で外国人の日本観光はできない状況にあるが、日本での観光は人気がある。（株）日本政策投資銀行（東京都千代田区）が2022年10月に実施した調査によると、世界の旅行者が「次に観光旅行したい国・地域」は日本が突出して１位となっている（図表２-２）。居住地域別では、アジア居住者では高水準で１位、欧米豪居住者ではアメリカに次いで２位である。欧米豪居住者は、2021年10月時点では日本が１位、アメリカが２位だったが、最新調査ではアメリカが逆転した。調査では、日本の水際対策の厳しさから、現実的な旅行先として捉えられなかったためと分析しており、2022年10月の水際対策の大幅緩和から、再び日本の人気は回復するとみている。

　日本での旅行で体験したいことは、アジア居住者、欧米豪居住者のいずれも「自然や風景の見物」や「桜の観賞」が多い（図表２-３）。このうちアジア居住者は「温泉への入浴」「雪

図表２-２　外国人が次に観光旅行したい国・地域

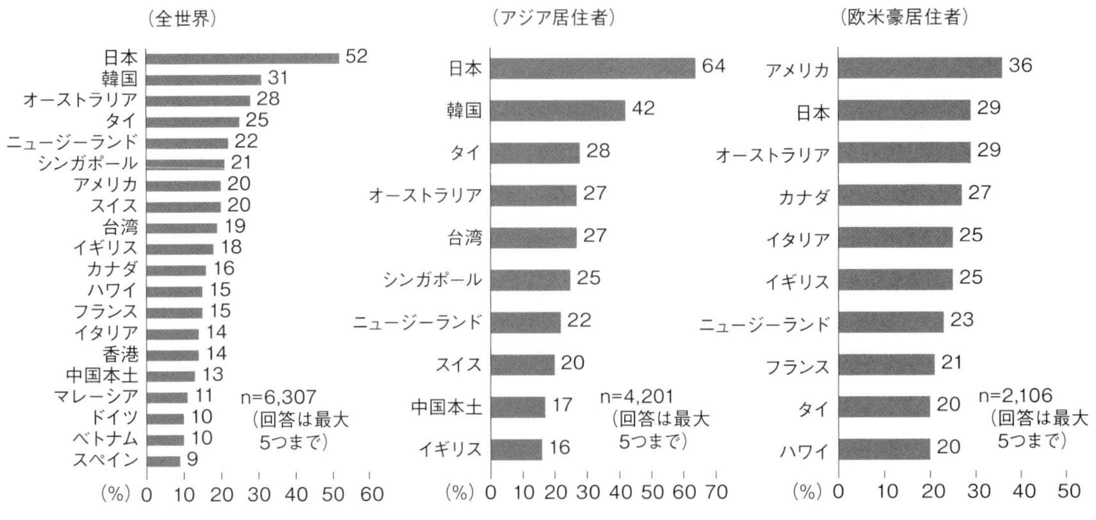

資料）（株）日本政策投資銀行「DBJ・JTBF アジア・欧米豪 訪日外国人旅行者の意向調査 2022年度版」

図表2-3 外国人が訪日旅行で体験したいこと

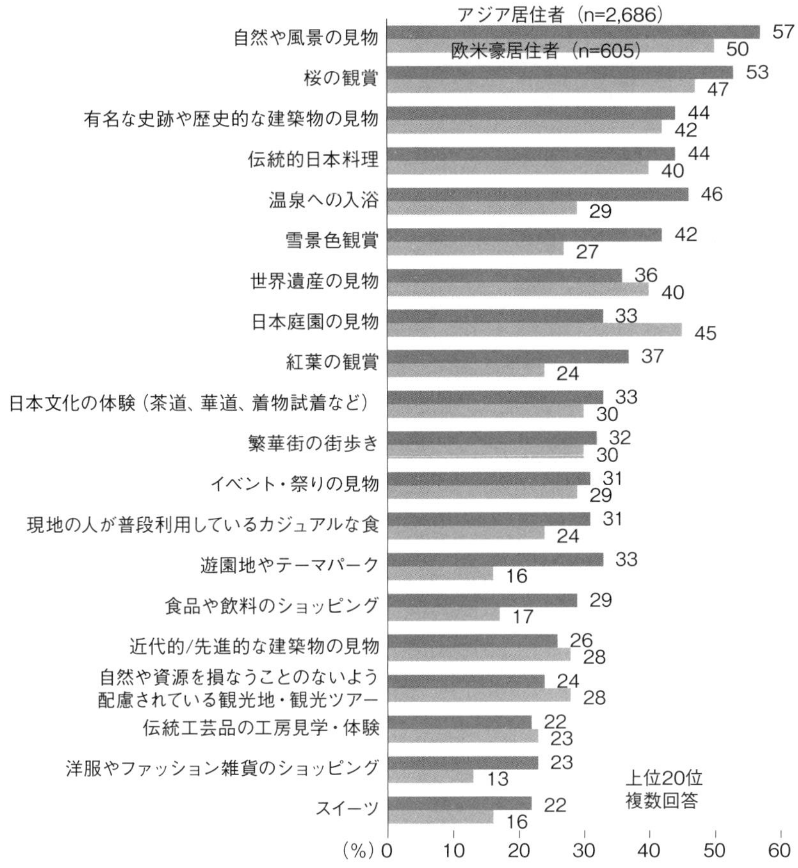

資料）（株）日本政策投資銀行「DBJ・JTBF アジア・欧米豪 訪日外国人旅行者の意向調査 2022年度版」

景色観賞」「紅葉の観賞」「遊園地やテーマパーク」やショッピングが多く、欧米豪居住者では「日本庭園の見物」がアジア居住者に比べて高いという特徴がある。当社が実施するウォーキングツアーは、ウォーキング、トレッキングを通じてこれらの自然や風景、庭園などの文化を体験できる魅力的なツアーである。

旅の目的の変化と“変わらないもの”

旅の目的は様々であるが、時代によって変わるものと、変わらないものがあると考える。主な目的としては、「名所巡り」「リゾートでゆっくりと時間を過ごす」「異文化を味わう」「人との交流」「新しい経験」「体験」などが挙げられるが、当社ツアーに参加する外国人客の反応をみると、有名観光地を巡る「名所巡り」や「リゾートでゆっくりと時間を過ごす」旅は、需要が減っていると感じる。一方で、「異文化を味わう」旅行や、旅行を通じた「人との交流」、旅による「新しい経験」や「体験」は、今も変わらず需要があると思われる。

さらに近年では、旅を通じた「学び」や、旅に「ストーリー性」を求める顧客も増えている。また、旅を通じて地元の人とふれあい交流したいというニーズや、そこから、地域と「第二の故郷」とも言えるような関係をつくりたいという声もきかれる。

再注目されるアドベンチャーツーリズム

コロナ禍の行動制約や行動変容は観光行動にも影響を与え、日本人においても自然の風景をみる旅行やサイクリング、キャンプ、登山などのアクティビティの旅行が再注目されている。こうした動きは、「アドベンチャーツーリズム」への再注目ととらえることができる。

アドベンチャーツーリズムは、Adventure Travel Trade Association（ATTA）の定義によれば、「アクティビティ、自然、文化体験の3要素のうち、2つ以上で構成される旅行」である。ATTAは「旅行者が地域独自の自然や地域のありのまま文化を、地域の方々とともに体験し、旅行者自身の自己変革・成長の実現を目的とする旅行形態」としており、とりわけ近年は強度の高いアクティビティよりも、地域を知り、地域の人と深く接する散策や文化体験が主流となっている。ATTAによると、アドベンチャーツーリズムの旅行者は教育水準の高い富裕層が多く、平均で14日間と長期の滞在を好み、アウトドア用具にもこだわる層が多いことから、経済波及効果が高いと言われる。

当社が実施するウォーキングツアーは、まさにこのアドベンチャーツーリズムの実践であり、参加者層もATTAの定義に当てはまる。自然・文化・歴史資源を活用する点では、とりわけ地域にとって資源が豊富であり、地域の観光地づくりという点でも重要と言える。

2 The Japan Travel Company のアドベンチャーツアー

知られざる日本を紹介するアドベンチャーツアー

当社はWalk Japanが企画募集する日本ツアーの予約代行業務を主軸として活動しているが、なかでも地方の魅力に特化した「知られざる日本」を巡るウォーキングツアーは、他社にはない独自の観点から「ありのままの日本」を紹介している。ツアーでは、いわゆる一般的な観光ではなく、田舎の日常や何気ない景色にこそある日本の魅力を紹介している。

Walk Japanが企画募集する日本ツアーは現在約34件あり、そのフィールドは全国各地にある（図表2-4）。九州地域ではOita Hot Spring Trail（大分温泉トレイル）、Kunisaki and Yufuin Walk（国東・由布院ウォーク）、Kunisaki Retreat（国東での癒やしの旅）、Kunisaki Trek（国東トレッキング）、沖縄ではYaeyama: Okinawa Voyage（沖縄　八重山の旅）など、豊富なバリエーションを持つ。

なかでも最も人気のあるツアーは、Nakasendo Way（中山道の旅）である。京都三条大橋から彦根、関ヶ原、御嵩（東海自然歩道）、恵那（東海自然歩道）、中津川、馬込、妻籠、南木曽、野尻、木曽福島、開田高原（飛騨街道）、薮原、奈良井、軽井沢、横川、東京に至る10泊11日のツアーである。ツアーは12名までの限定とし、Walk Japanで育成したツアーリーダーが全行程を案内する。田舎の風景や古くからの山道を楽しむことができ、伝統的な温泉宿や、地元の食材を使った料理を体験できるよう設計されている。

ツアー代金は1日あたり45,000円～70,000円、総額で30万円を超えるものが多い。日本人が体験する一般的なツアーに比べると高額でありながら、その体験価値が評価され、多くの

図表２－４ Walk Japan の日本ツアー

ツアー名	形式	日数	期間	アクティビティレベル
Basho Tohoku Tour：Narrow Road to the North （芭蕉 東北ツアー：奥の細道）	フルガイド	７日	５－11月	2
Hokkaido Hike（北海道ハイキング）	フルガイド	10日	７－９月	6
Hokkaido Snow Tour（北海道スノーツアー）	フルガイド	８日	１－３月	3
Inland Sea Odyssey（瀬戸内をめぐる旅）	フルガイド	11日	通年	2
Izu Geo Trail（伊豆ジオトレイル）	フルガイド	７日	通年	3
Kumano Kodo Pilgrimage（熊野古道巡礼の旅）	フルガイド	９日	３－６月、 ９－11月	4
Kunisaki and Yufuin Walk（国東・由布院ウォーク）	フルガイド	５日	３－６月、 ９－12月	2
Kunisaki Retreat（国東での癒やしの旅）	スペシャリティ	７日	通年	1
Kunisaki Trek（国東トレッキング）	フルガイド	10日	３－６月、 ９－11月	4
Kyoto Tour（京都ツアー）	フルガイド	２日	通年	2
Michinoku Coastal Trail（みちのく潮風トレイル）	フルガイド	９日	４－６月、 ９－11月	4
Nagano Snow Country（長野 雪国の旅）	フルガイド	７日	１－３月	3
Nakasendo Way（中山道の旅）	フルガイド	11日	３－６月、 ９－11月	3
Nakasendo Way：The Kiso Road（中山道：木曽路の旅）	フルガイド	５日	通年	3
Oita Hot Spring Trail（大分 温泉トレイル）	フルガイド	６日	通年	2
Onsen Gastronomy：Gifu（温泉ガストロノミー：岐阜）	スペシャリティ	５日	４－11月	2
Onsen Gastronomy：Oita & Kumamoto （温泉ガストロノミー：大分・熊本）	スペシャリティ	５日	通年	2
Onsen Gastronomy：Snowy Aizu （温泉ガストロノミー：雪の会津）	スペシャリティ	５日	12月下旬－３月 上旬	2
San'in Quest（山陰クエスト）	フルガイド	９日	３－６月、 ９－11月	3
Self-Guided Basho Wayfarer（奥の細道散策）	セルフガイド	６日	５－11月	2
Self-Guided Kiso Wayfarer（木曽路散策）	セルフガイド	５日	通年	3
Self-Guided Kumano Wayfarer（熊野古道散策）	セルフガイド	７日	３－６月、 ９－11月	4
Self-Guided Kunisaki Wayfarer（国東散策）	セルフガイド	６日	１－６月、 ９－12月	5
Self-Guided Michinoku Coastal Wayfarer （みちのく潮風散策）	セルフガイド	10日	４－６月、 ９－11月	4
Self-Guided Nakasendo Wayfarer（中山道散策）	セルフガイド	７日	３－６月、 ９－11月	3
Self-Guided Shikoku Wayfarer（四国散策）	セルフガイド	６日	３－12月	4
Self-Guided Tokaido Wayfarer（東海道散策）	セルフガイド	６日	通年	3
Shikoku Temple Pilgrimage（四国 寺巡り）	フルガイド	11日	３－６月、 ９－11月	4
Shio-no-Michi：The Salt Road（塩の道ウォーキング）	フルガイド	９日	５－６月、 ９－11月	4
Tohoku Aizu Explorer（東北 会津探検）	フルガイド	７日	３－11月	2
Tohoku Hot Spring Snow Tour（東北 温泉＆雪ツアー）	フルガイド	８日	１－３月	3
Tokaido Trail（2023）（東海道トレイル2023）	フルガイド	７日	通年	3
Tokyo Tour（東京ツアー）	フルガイド	２日	通年	2
Yaeyama：Okinawa Voyage（沖縄 八重山の旅）	スペシャリティ	７日	６月	3

注）アクティビティレベルは参考資料を参照
資料）Walk Japan Web サイトより作成

▲中山道ウォーキングツアー（出所：Walk Japan）

参加者とリピーターを呼んでいる。

地域の自然・歴史の魅力を伝えるツアー

当社ツアーのフィールドは全国にあり、九州、なかでも当社が立地する国東半島を中心とした地域の魅力を伝えるツアーもある。ここでは当社ツアーのKunisaki Trek：A walking tour following paths once trod by monks in Kyushu.（国東トレック：僧侶が歩んだ道をたどるウォーキングツアー in 九州）を事例に、ツアーの特徴とポイントを紹介したい。

同ツアーは福岡 in、福岡 out で、10日をかけて国東半島とその周辺を巡る。毎日、強弱のバランスをとってウォーキング・トレッキングを入れ、その行程で山や海、田園風景を楽しむポイントを設けている。寺、神社への訪問だけでなく、その歴史も丁寧に説明する。

ツアーを魅力的にするポイントのひとつは、「知られざる日本」「忘れられた日本」の紹介と体験である。日本人観光客でも立ち入ることが少ない旧道や修行僧が使っていた古道を行程に入れ、参加者の知的好奇心を刺激する。霧のかかる地形を活かす行程も魅力である。

また、宿泊施設や食事へのこだわりもポイントである。同ツアーの宿や食事は、かならずしも高級なものではない。しかし、オーガニックな郷土料理や伝統料理のだんご汁、姫島の海の幸など地域の食材のみで構成された食事や伝統料理、日本の雰囲気を味わうことができる旅館など、地域の歴史や文化に根ざしたものにこだわっている。絶景の場所で食べるお弁当も同様で、現地での食を通じた体験を重視している。

さらにツアーでは、筆者が空家を再生して作ったオフィス「蝙蝠（こうもり）亭」にも案内する。地域の自然や風景だけでなく、農山村地域が抱える課題や、当社の地方創生への思いを伝えることも、旅の目的としている。

コロナ禍前、国東のツアーは年間30回以上行われ、地域の魅力を伝えることができた。国

▲国東半島ツアー（出所：Walk Japan）

東のように、まだどこも取り上げていない地域を開拓し、ツアーを組むことで他にはない魅力を発見することが、当社の強みと考えている。

旅の「体験価値」を重視

当社が扱うツアーで重視されていることは、旅の「体験価値」である。高級な食事や宿を重視せず、地域の文化を体験することを「価値」として提供し、それが参加者にとっても魅力となっている。顧客である外国人にとって価値のあるツアーとするため、全てのツアーを筆者を含む担当スタッフが幾度も足を運んで企画しており、その土地を踏みしめながら常に改良を重ねる。当社スタッフ自身が参加したいと思うツアーしか提供しないことを徹底している。

また、Walk Japan が育成したツアーリーダーがガイドを行うこともポイントである。ツアーは生き物であり、その時々で環境や顧客のニーズは変化する。ツアーリーダーは行程内の地域を熟知し、顧客のニーズにあわせてお店やスポットを案内することで、より良い思い出づくりに貢献している。このこだわりがリピーターを生んでいると考えており、さらに、参加者が「ブランド大使」となってツアーの良さを伝えていただくことに成功している。当社ツアーのリピーターの多さ、口コミによる参加者の多さは、こうした点が背景にあるととらえている。

多様なニーズへの対応

当社では、ツアーリーダーのガイド付きツアーのほか、自分のペースで散策・ウォーキングを楽しむセルフガイドツアーも提供している。セルフガイドツアーの需要はコロナ禍前ま

▲スペシャリティツアー（出所：Walk Japan）

▲修学旅行の受入（出所：Walk Japan）

で急増し、2019年は前年の50%増の745人を案内した。現在、「中山道」「木曽路」「熊野古道」「奥の細道（松尾芭蕉の旅を巡るツアー）」「国東半島」「東海道」「四国」「みちのく」の８つのツアーを提供している。

また、ヨガやマッサージ、座禅、気軽な散歩を取り入れた歩きの少ないツアーや、修学旅行も受け入れている。

高く評価されるWalk Japan企画ツアー

こうした当社企画ツアーの参加者は、歩くことが好きというだけでなく、学ぶことを楽しむ知的好奇心が強い人が多い。客層は主に40代から70代前半の富裕層で、米国、オーストラリア、シンガポール、香港からが多く、その他、英国やカナダ、ニュージーランド、アジアではマレーシア、フィリピン、タイ、インドネシア、インド、中国からも訪れている。
　参加者からの反応も良く、“It was more than I expected.”（期待していたが、期待よりも良かった）、“I want to return to Japan.”（日本に戻りたい）といった感想をいただいている。

2022年６月の水際対策緩和を受けて

　全面的な規制緩和が、秋の行楽シーズンの半ばから後半にかけての時期であった点が悔しくもあったが、それ以来、2023年春以降の見込みも含め、驚くようなスピードで回復への道をたどっている。コロナ感染拡大のためツアーが不催行となった2020年４月以降から、２年半以上の休業期間を経て、現在うれしい悲鳴を上げながら日々の業務に取り組んでいる。規制緩和の過渡期においては、不確定要因も多くあり、成果の伴わない業務負担に喘いだ時期もあった。さらに、休業していたスタッフの呼び戻し方を含め、多方面の業務において段階的に対処しなければならなかった点も大きな苦労を伴った。しかしながら、コロナ禍においても、現在においても、変わらずに私たちを真に励まし支え続けてくれたのは、ツアーの再開を心待ちにしているお客様たちの存在と、私たちを常に温かく見守り励まし続けてくれた地域の方々であった。私たちは、これらの思いに真摯に応えていくべく、さらなる努力を続けたい。

3 観光と地方創生

杵築市大田地区で取り組む地方創生

　当社は、旅行業を主業務としつつ、観光を通じた地方創生にも取り組んでいる。実際に筆者やスタッフも農作業に参加し、地域の方々との意見交換を重ねながら、大田地区をいかに活性化できるかという試みである。地方創生への取り組みは、当社の活動を通じて、ここ大田地区を地域活性の見本の１つとしたいという思いがある。また、英国から移住し起業した筆者が、地域に対しての揺るがない思いを示す活動とも考えている。さらに、地域社会に対する責任を果たしつつ、その活動を会社の付加価値としたいという思いもある。
　活動の方針は、「地域の方々との連携」「里山の復興と維持」「忘れられた可能性の発見」の３つを掲げている。農業、山、教育などすべての観点から、これからもみんなで考え、里山ののどかな風景を守るため行動していかなければならないと考えている。

地域の再生と地域での仕事づくりを実践

　筆者は大田地区に移住し、地区内の山林整備や農業の担い手となりながら、地域との交流を深めた。当社オフィスや筆者の住まいも、未利用物件を再生したものである。現在、スタッフは24名で、杵築市や近隣地域に居住している。人口減少が進む杵築市で、若い人たちが国際的な仕事に取り組むことができる場を提供したという意味でも、地域に貢献していると考えている。

地域での交流を通じてできた仲間たちには、ツアーでも協力していただいている。ツアー客による国東半島という日本の田舎での生活体験や、海外の修学旅行生の受け入れに協力していただいており、旅行客と地域住民との国際的な交流を生んでいる。ツアー参加者の“I want to return to Japan.（日本に戻りたい）”という声は、こうした人のつながりから出たものと思われる。地域の再生や交流は、ツアーの付加価値向上にも大きく貢献しており、地域の未来に対して使命感を持っている当社の理念に賛同したことがきっかけで参加を決めたり、参加を通して私たちに協力したいと思ったりする方々もいる。また、ツアー参加者が、

▲景観保全活動（出所：The Japan Travel Company（株））

▲未利用物件の再生とオフィス利用（出所：The Japan Travel Company（株））

▲大田地区住民とツアー客との交流（出所：The Japan Travel Company（株））

ツアー終了後に私たちの活動にボランティアで参加されることも珍しくない。さらに、このような出会いを通し親交を深め合った結果、参加者が大田を第二の故郷と感じ、その後、幾度も戻ってきてくれることもある。このように、参加者の環境や地方創生、人とつながり合うことへの意識は高く、言わば利他的な信念がビジネスの場でも大きな価値として認識される時代が本格的に到来しているのを肌で感じる。

おわりに

本章では、当社が実践する外国人向け日本ツアーの取り組みと、地域に根ざした地方創生の取り組みから、インバウンド受け入れの可能性を考察した。当社の富裕層向けウォーキングツアーは、日本のなかでも田舎・地域の自然や歴史、文化を体験し発見することが評価され、多くのリピーターと口コミを生み出している。

今後、インバウンド需要の回復が見込まれるなかで、地域でインバウンドの受け入れを進めるためには、地域ならではの体験価値を提供することが必要である。そして、魅力的な体験を提供するためには、旅行の企画やガイドなどの担い手も、地域の資源やその価値を深く理解する必要がある。

地域での魅力的な体験を提供する観光地づくりは、地域を再生し活性化させるモデルとなる可能性を秘めている。

【参考】
Walk Japan ツアーのアクティビティレベル

レベル 1	・参加者は適度な健康状態にあり、自分の荷物を扱い、階段を数段登り、都市部と屋内で毎日最大5km（3.1マイル）歩くことができる ・非常に短い送迎でも、公共交通機関または自家用車を利用
レベル 2	・参加者は健康で、自分の荷物を扱い、階段を上り、毎日約10km（6.2マイル）歩くことができなければいけない ・毎日のウォーキングは1.5～2.5kph（1～1.6mph）のペースで2～4時間続き、いくつかの短い上り坂と下り坂が含まれる
レベル 3	・参加者は健康で、自分の荷物を扱い、階段を上り、毎日10～25km（6.2～15.5マイル）歩くことができなければならない ・毎日のウォーキングは2～4kph（1.25～2.5mph）のペースで4～6時間続き、いくつかの短い上り坂と下降が含まれる
レベル 4	・参加者は健康で、適度にアクティブなライフスタイルに慣れている必要がある。自分の荷物を扱い、階段を上り、毎日15～25km（9.3～15.5マイル）の間を歩くことができなければならない ・毎日のウォーキングは2～4kph（1.25～2.5mph）のペースで4～6時間続き、より長い上り坂と下り坂が含まれる
レベル 5	・参加者は健康で、アクティブなライフスタイルに慣れている必要がある。自分の荷物を扱い、階段を上り、毎日15～25km（9.3～15.5マイル）の間を歩くことができなければならない ・毎日のウォーキングは2.5～5kph（1.6～3mph）のペースで6～7時間続き、より長く急な上り坂と下り坂が含まれる
レベル 6	・参加者は健康で、アクティブなライフスタイルに慣れている必要がある。自分の荷物を扱い、階段を上り、毎日15～25km（9.3～15.5マイル）の間を歩くことができなければならない ・毎日のウォーキングは1.5～5kph（1～3mph）のペースで最大8時間続き、長くて急な上り坂と下り坂が含まれる

第3章

MICE 開催におけるコロナ禍の変化と今後の九州地域の誘致戦略

はじめに

わが国を含め多くの国々が水際対策の緩和を実施している現在、MICE を取り巻く環境は2021年までとは大きく変化しており、今後の動向は多くの関係者の関心事と言える。本章では、MICE の意義と政策動向を概観した後、コロナ禍による影響を関係者へのヒアリングや国内の企業や学会に対するアンケート結果などを用いて分析し、コロナ禍を受けた MICE 需要の変化と今後の見通しを明らかにする。また、今後、九州地域で誘致を進めるに当たって、どのような戦略を持つべきか考察する。

1　MICE の意義とこれまでの政策動向

MICE の 4 類型と特徴

MICE を一言で表すと、様々な形態のビジネスイベントの総称である。図表 3 - 1 は日本政府観光局（以下、JNTO とする）が示す MICE の定義であるが、大きく 4 つの類型に分けられ、その頭文字を取って MICE と呼称されている。それぞれの主な参加者は異なっており、例えば Meeting の参加者の多くは企業関係者かその顧客と考えられるが、Convention/Conference については研究者が主である。

一方で、各イベントともに大型のものになるほど、それぞれの要素を含み形態は複雑になる。例えば、一

図表 3 - 1　MICE の定義

M Meeting	該当する活動：企業系会議/研修/セミナー 定義：企業が目的に応じて関係者を集めて行う会議 （例）外資系企業の支店長会議、車両販売代理店のミーティング、海外投資家向けのセミナー
I Incentive Travel	該当する活動：企業の報奨/研修旅行 定義：企業が、従業員や代理店等の表彰、研修、顧客の招待等を目的で実施する旅行 （例）営業成績優秀者に対する表彰、会社設立〇〇周年記念旅行
C Convention Conference	該当する活動：大会/学会/国際会議 定義：国際機関・団体、学会等が主催または後援する会議 （例）IMF・世界銀行総会、国際幹細胞研究会議、APEC貿易担当大臣会合
E Exhibition Event	該当する活動：展示会/見本市/イベント 定義：国際機関・団体、学会、民間企業等が主催または後援する展示会、見本市、イベント等 （例）東京モーターショー、オリンピック、東京国際映画祭

資料）観光庁および JNTO の Web サイトより九経調作成

定規模の学術会議では関係事業者が展示スペースを開設することも多く、Exhibitionの要素を含むものとなる。

重要な点は、いずれの類型も、多くの関係者が開催期間中に開催地に集まることによる地域経済への影響の大きさだ。MICE開催がもたらす地域での消費額は大きく、国全体はもちろんのこと、各都市・地域がMICE誘致を実施する大きな理由となっている。

開催による経済効果

観光庁は、2016年における国際MICEの総消費額を約5,384億円、経済波及効果を約1兆590億円と推計している（図表3-2）。総消費額は継続して調査が行われており、2019年には総額9,229億円と1兆円近い規模と推計されている（図表3-3）。

また、1人当たりの消費額の大きさもMICEの重要性を語る上では重要な要素である。図表3-4は訪日外国人1人当たりの総消費額であるが、外国人のMICE参加者は、訪日外国人全体の平均と比較して、2倍以上と推計されている。

図表3-2　国際MICE開催による経済波及効果（2016（平成28）年開催分）

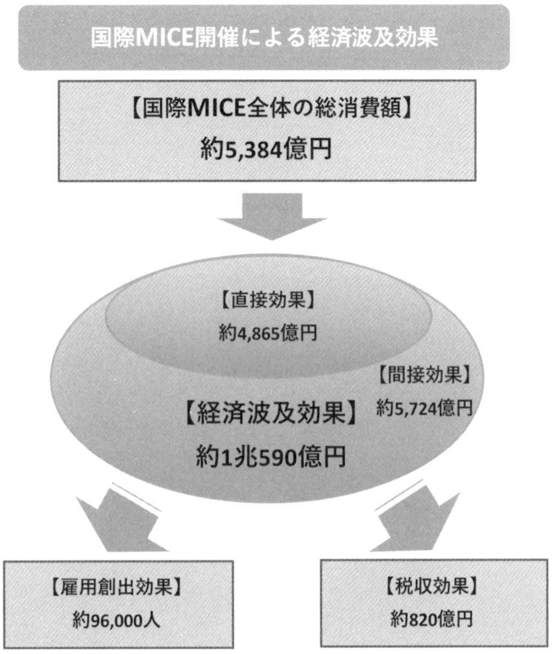

資料）観光庁　平成29年度「MICEの経済波及効果算出等事業」調査結果概要より九経調作成

図表3-3　国際MICEによる総消費額の推移（2016－2019年）

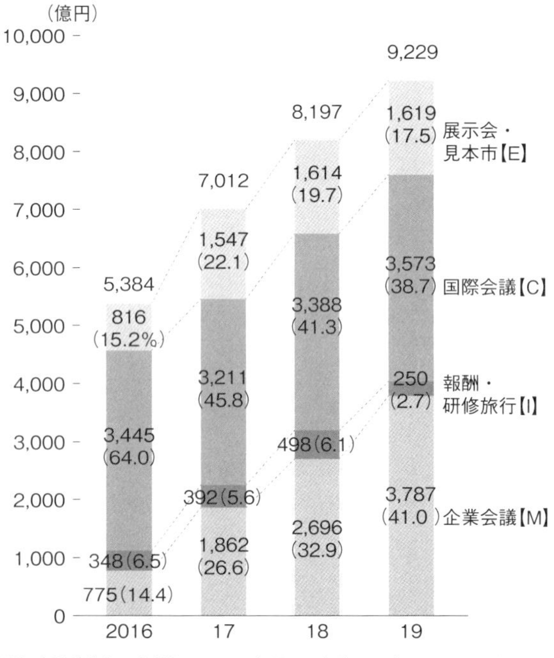

注）合計消費額は端数処理により各項目の合計と一致しないことがある
資料）観光庁　令和2年度「MICE総消費額等調査事業」報告書より九経調作成

図表3-4　訪日外国人1人当たりの総消費額

MICE参加者					訪日外国人全体
企業会議	報奨・研修旅行	国際会議	展示会	平均	
325,069円	319,722円	373,288円	274,893円	336,760円	155,896円

注1）いずれも2016年年間の数値
注2）MICE参加者の数値は、参加者・主催者・出展者の総消費額を1人当たりに換算
また、国際線航空券代等を含む
資料）MICE参加者については平成29年度「MICEの経済波及効果算出等事業」調査結果概要より、訪日外国人全体については観光庁「訪日外国人消費動向調査」平成28年年間値確報より九経調作成

MICE参加者による人的ネットワークの構築

高い観光消費額とそれによる経済波及効果がMICE開催の主要な効果ではあるが、MICE開催が地域にもたらす効果として、人的ネットワークの構築も重要である。各分野における国内外の主要な関係者が一堂に会することで、開催地の関係者も含めたネットワークが構築される。これが新たなビジネスやイノベーションにつながり、開催地、ひいてはわが国全体の競争力を向上することにもつながる。

これまでのわが国の政策

経済波及効果と人的ネットワークの構築という効果が期待されるMICEの誘致に向け、これまで国を挙げた取り組みが進められてきた。国の取り組みの中心は、観光庁とJNTOである（図表3-5）。それぞれ、総合的な施策の推進を観光庁が、実際の誘致開催支援をJNTOが担っている。実際に開催を担う都市については、国は特定の都市を選定して育成を進めてきた。2013年6月に「グローバルMICE戦略・強化都市」7都市が、2015年6月に「グローバルMICE強化都市」としてさらに5都市が選定され、現在はこれらの12都市を「グローバルMICE都市」と呼称し、支援が実施されている（図表3-6）。

九州地域においては、福岡市、北九州市がグローバルMICE都市に選定されており、この2都市が九州地域における主要なMICE開催都市と言える（図表3-7）。また、沖縄県は毎年度県内のMICEの開催状況の調査に取り組んでいる。熊本城ホール（2019年）や出島メッセ長崎（2021年）、SAGAアリーナ（2023年）など、新たなコンベンション・イベント施設の開業も相次いでおり、各地域で積極的なMICE誘致が行われている。

図表3-5　観光庁とJNTOの役割

国土交通省　観光庁	日本政府観光局（JNTO）
政府全体の取組のとりまとめ、進行管理 ・国際会議等の誘致・開催の基本方針策定・フォローアップ **国際会議観光都市の認定** ・市町村からの申請に基づき、国際会議観光都市を認定	**国際会議等の誘致・開催推進** ・海外事務所等を通じて国際機関・団体等に日本での開催を訴求 **国内の会議主催者等に対する支援** ・誘致支援、開催候補地紹介、情報提供 ・寄附金募集・交付金交付制度の運営 ・国際会議統計の作成 **国際会議観光都市に対する支援** ・国際会議等の誘致に関する情報提供、都市の認知度向上、誘致活動支援、研修の実施
↓	↓
国際会議等の誘致促進及び開催の円滑化等の総合的かつ計画的な推進	政府観光局として誘致・開催の支援等を実施

資料）JNTOのWebサイトより九経調作成

図表３‐６　グローバル MICE 都市

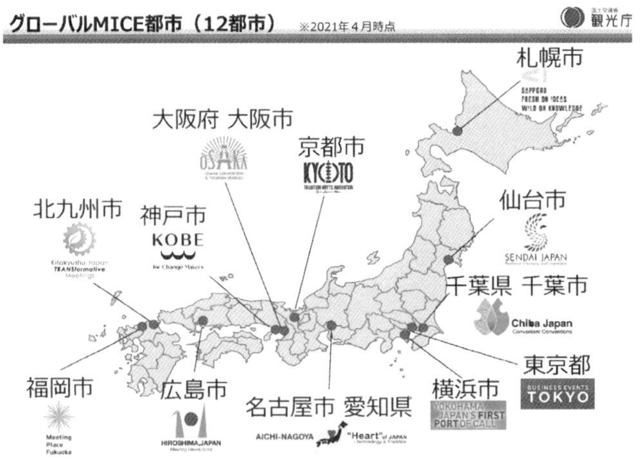

資料）観光庁 Web サイトより

図表３‐７　都市別　国際会議の開催件数（2015年～2019年）（2019年の上位10都市）

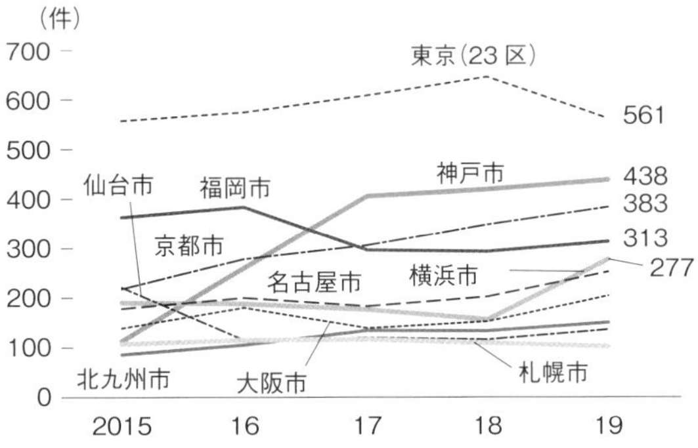

開催都市	2015	2016	2017	2018	2019
東京（23区）	557	574	608	645	561
神戸市	113	260	405	419	438
京都市	218	278	306	348	383
福岡市	363	383	296	293	313
横浜市	190	188	176	156	277
名古屋市	178	200	183	202	252
大阪市	139	180	139	152	204
北九州市	86	105	134	133	150
仙台市	221	115	120	116	136
札幌市	107	115	116	109	102

資料）JNTO「2019年国際会議統計」より九経調作成

2　コロナ禍による影響と今後の動向

1）コロナ禍による MICE への影響

今般のコロナ禍は MICE の開催に対しても、大きな影響を与えた。

国際的な学術会議は、国家間の移動が制限されたなかで中止や延期、Web による代替が行われた状況が明らかとなっている。図表３‐８は国際会議協会（International Congress and Convention Assosiation。以下、ICCA とする）が全世界の2020年における国際会議の開催状況をまとめたものである。４割以上の会議が延期され、３割の会議が Web のみで実施されている。月別にみると、影響がなかったものの大半は１、２月に集中しており、年の後半になるに従って、延期が少なくなり、Web のみでの実施が選択されている（図表３‐10）。また、2021年の開催状況は、Web のみでの実施が５割弱、Web と現地開催を併用した方式（以下、ハイブリッド開催とする）も13%に増加しており、国際会議の場で徐々に Web の活用が浸透していった状況が見て取れる（図表３‐９）。

図表３‐８　2020年における国際会議の開催状況

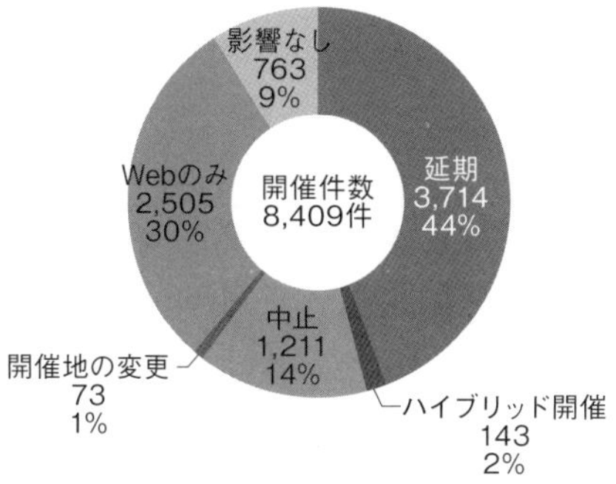

資料）ICCA"ICCA Annual Statistics Study 2020" より九経調作成

図表３‐９　2021年における国際会議の開催状況

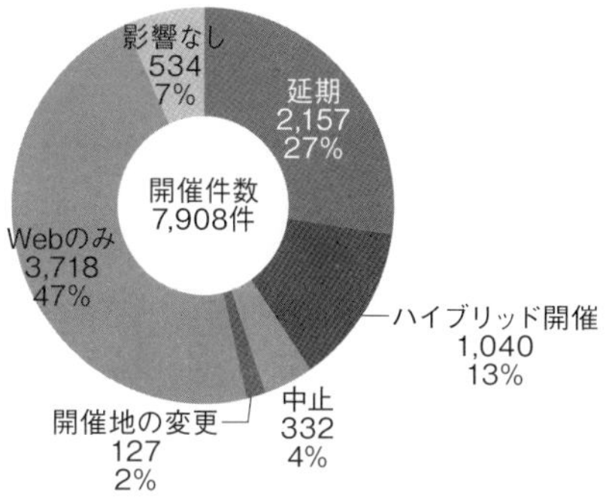

資料）ICCA "2021 ICCA Ranking Public Abstract" より九経調作成

図表３‐10　2020年における国際会議の開催状況（月別）

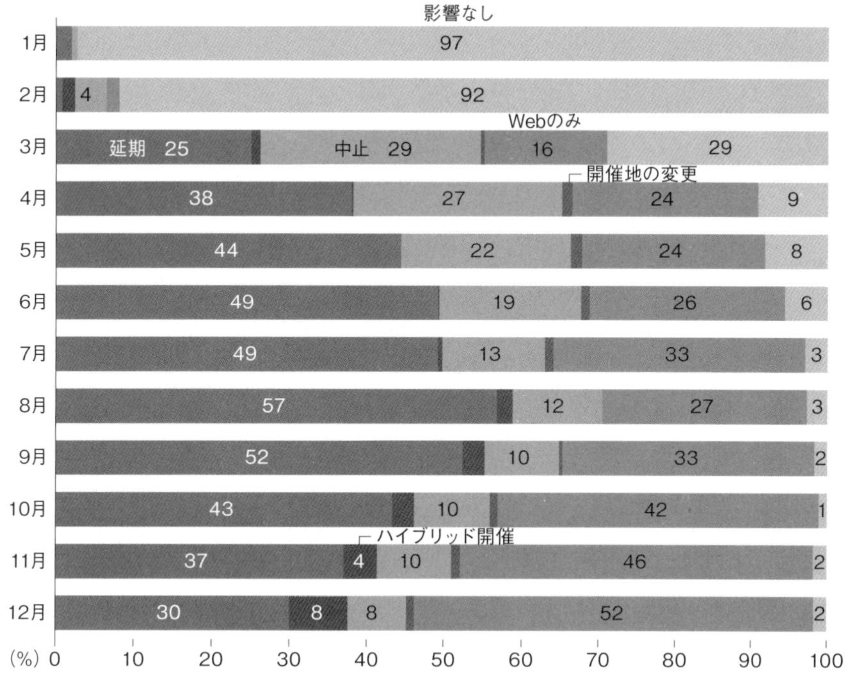

資料）ICCA "ICCA Annual Statistics Study 2020" より九経調作成

国内の学術会議においても同様であったことが、福岡市の調査においても明らかになっている。図表３‐11は、2020年２月から2021年３月に実施予定であった会議について、実際の開催状況を主催者である国内の主要学会へのアンケートで明らかにしたものである。会場を利用して開催された会議は15%程度、Webのみは６割近くとなっており、国内の学術会議において、Webの活用が進んだ状況が見て取れる。

図表３‐11　2020年２月～2021年３月における国内の学術会議の開催状況

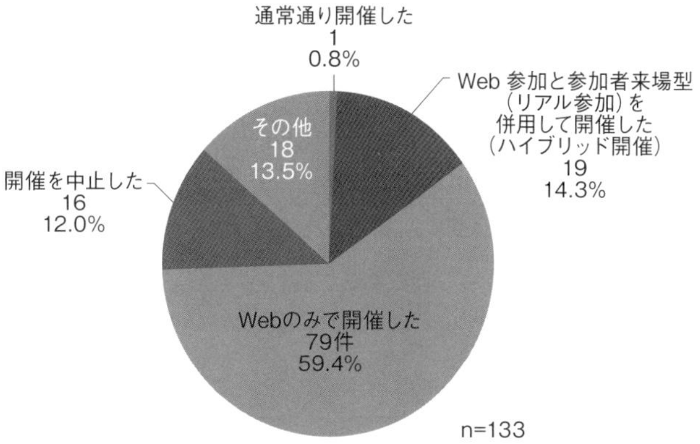

資料）九経調「九州経済調査月報2022年１月号」

2）今後の動向に関する分析の観点と調査手法

分析の関点～「Webによる代替」と「ネットワーキング」～

MICEは、その定義を見ても明らかなように、多様な参加者、多様な形態で実施されている。そのため、それぞれの影響は一様とは言えないが、共通する点もあると考えられる。そこで、本節では次の2つの観点で、各類型の影響について考察を行った。

1つ目の観点は、Webによる代替の進度である。コロナ禍による移動制限の中で会議を開催する手段として、Webツールと言う代替手段の普及は飛躍的に進んだと言っていいだろう。一方で、例えば、オンライントラベルについては、観光市場全体の規模と比較すると、その規模はわずかであり、これまでの旅行を代替する手段となっているとは言い難い。コロナ禍がMICEに与えた影響を分析するにあたって、各類型におけるWebでの代替の程度がどの程度かは重要な分析軸といえる。

2つ目の観点は、MICE開催の重要な効果の1つでもある、ネットワーキングの要素の有無である。ネットワーキングの要素が少ないMICEは、参加者は単にその場で共有される情報を必要としていると言え、Webで参加できるのであれば、そちらを希望する可能性が高い。Webと実際の会場を併用した開催方法（以下、ハイブリッド開催とする）であっても、参加者同士のネットワーキングの要素が強いものは、比較的多くの現地参加者が見込まれる。一方で、ネットワーキングの要素が弱いものについては、あえて会場に足を運ぶインセンティブは低い。ネットワーキングの要素の強弱は、今後の現地参加者の回復を見通す上で重要な要素と考えられる。

調査手法

各MICEの類型に応じ、以下の手法を用いて現況の把握と今後の需要動向について考察した。

（ア）各種文献および統計データの調査分析
（イ）関係者に対するヒアリング
（ウ）企業に対するアンケート
（エ）国内主要学会に対するアンケート

また、MICEの各類型のうち、Meetingについては、自社内で完結する会議（以下、社内向け会議とする）と顧客に向けたセミナーなどの会議（以下、顧客向け会議とする）では、性質が異なり今後の動向も一様ではないと考え、分けて分析を行っている。

3）各類型における今後の需要動向

①社内向け会議：回復は限定的

社内向け会議については、コロナ禍で移動が制限されるなか、多くの企業でWebツールによる代替が進んでいる。図表3-12は国内企業5,000社に対して、社内向け会議の開催方法について尋ねた設問の回答を、経年で比較したものである。2019年度までは、6割以上の企業が、主に現地に人を集合させる方式（以下、リアル開催とする）で会議を実施しており、Web を主にした方式（以下、オンライン開催とする）を用いていた企業は10%程度となった。一方で、2020年度、2021年度は、リアル開催を選択した企業は急減し、多くの企業がオンライン開催か、参加者の勤務地に応じて現地参加か Web 参加かを指定する方式（以下、ハイブリッド開催とする）を選択している。

コロナ禍における感染拡大が落ち着きを見せた2022年度は、リアル開催に戻す動きも見られるが、限定的と言える。2023年度の見込みにおいても、半数の企業がハイブリッド開催としており、リアル開催がコロナ禍前の水準に短期的に戻ることはないと考えられる。

図表 3 -12　社内向け会議の開催方法の変化

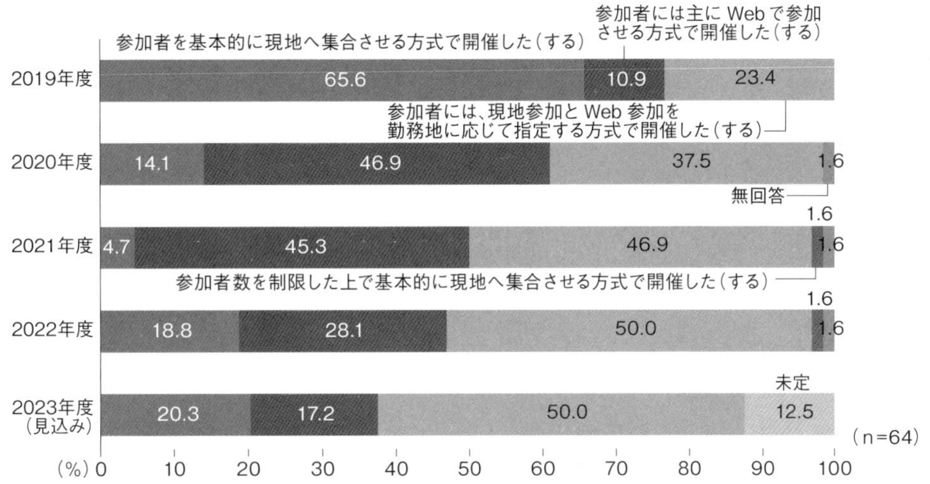

注）合計は端数処理により各項目の合計と一致しないことがある
資料）九経調「会議出張と報奨旅行の動向把握のためのアンケート」。以下、「九経調企業アンケート」とする。

この点は、他の調査や企業へのヒアリングによる結果からも裏付けられる。図表 3 -13は、コロナ禍における企業の国内出張の機会・回数の変化について、（株）産労総合研究所（東京都千代田区）が調査した結果である。 8 割に近い企業が出張を減らしていると回答しており、会議への参加のための出張も多くの企業で減っていると考えられる。

また、全国でビジネス客・観光客双方をターゲットにした宿泊施設を運営する企業の代表へのヒアリングによれば、ビジネス客の需要はコロナ禍前の85%程度までしか回復しないと見込んだ中期経営計画を立てているということである。自社でも、以前は社内の管理職を 1 箇所に集めて会議を行っていたが、コロナ禍で Web 会議に切り替えたところ問題がなく、この変化は他社にも共通すると考え、経営方針の変更を行ったとしている。ビジネス客と観光客双方をターゲットとする企業においては、その需要構成の変化に機敏に対応することが求められる。

九経調企業アンケートにおいては、2019年度から2022年度までの旅費交通費の変化の確認も行った。回答企業が少なかったものの2019年度比で平均して84%までの回復であり、この点からも現時点での出張需要の回復は、道半ばと言えるだろう。

図表 3 -13　2021年の国内出張の機会・回数の変化

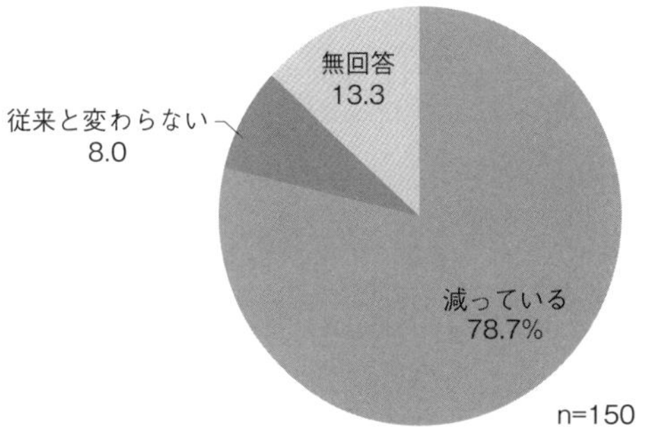

資料）（株）産労総合研究所「2021年度　国内・海外出張旅費に関する調査結果」より九経調作成

②顧客向け会議：Webの利用が浸透したが、業種に依存する可能性あり

顧客向け会議についても、多くの企業でWebツールの利用が進んだ。図表3-14は、社内向け会議と同じく、顧客向け会議の開催方法の変化を経年で比較したものである。2019年度までは、社内向け会議と同様に6割以上の企業がリアル開催を選択していたが、2020年度に2割に減り、その後は変化がない。2023年度は未定としている企業も多いが、仮に未定の企業が全てリアル開催になったとしても、2019年度の水準に回復するには至らない。オンライン開催とハイブリッド開催（顧客向け会議においては、リアルとオンラインを任意で選べる方式）の合計は2020年度から2022年度まで7割前後で推移している。ハイブリッド開催は2022年度に3割を超え、2023年度の見込みも3割となっており、一定のニーズがあるため今後も継続して実施するとの判断を企業が行っている可能性がある。

一方で、この判断には業種による偏りがある可能性がある。「2019年度から2023年度まで、一貫してリアル開催とした企業」および「2019年度はリアル開催かつ2022年度または2023年度でリアル開催とした企業」は、卸売業、小売業、建設業の3業種であった。また、国内コンベンションビューローに対するヒアリングによれば、飲食料品関連のリアル開催の商談会や展示会については回復が早いとのことであった。リアル開催でないと商談が困難な業種が一定存在すると考えられ、顧客向け会議の回復は業種によってばらつきがある可能性が高い。今回の調査では、具体的にどの業種かを定量的に明らかにすることはできなかったが、上記の業種は、需要の回復が早い業種の候補である。

図表3-14　顧客向け会議の開催方法の変化

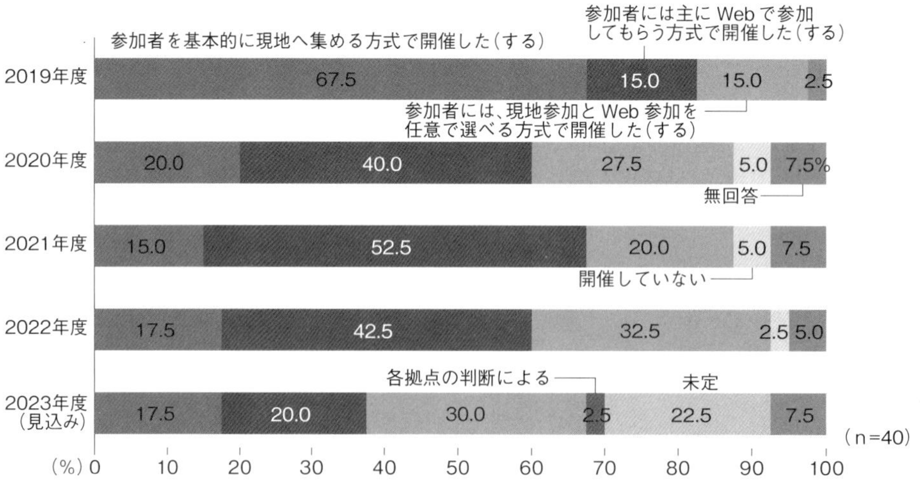

注）合計は端数処理により各項目の合計と一致しないことがある
資料）九経調企業アンケート

③ Incentive Travel：最も影響が少ない見込み

Incentive Travelについては、Webでの代替が進んでいるとは言いがたい。三菱UFJリサーチ＆コンサルティング（株）（東京都港区）が2021年8月に実施したアンケート調査[1]によれば、2020年におけるオンラインツアーの市場規模は95.9億円であり、同年の日本人国内旅行消費額9兆9,738億円[2]の0.1%にも満たない。純粋な観光旅行の形態に最も近いIn-

[1]（株）三菱UFJリサーチ＆コンサルティング「『オンラインツアー』の現状および市場規模について」
[2] 観光庁「旅行・観光消費動向調査」2020年年間値（確報）

centive Travel に、コロナ禍が与えた影響は一時的なものと考えられる。実際に、2022年10月11日の水際対策の緩和とともに、インバウンド客数は急回復を見せている。2022年10月の訪日外国人数は49.９万人、11月には93.５万人と倍増近くに伸び、2019年同月比では40%弱の水準まで回復している。もちろん、コロナ禍前と同水準以上への回復は、これまで多くのインバウンド客を送っていた中国の状況に影響されるため不透明であるが、円安傾向も背景に Incentive Travel の需要は急速に回復すると考えて良いだろう。

④ Convention/Conference : Web の活用が進んだが、最もネットワーキングの要素が強い

学術会議については、Web の活用が進んだ一方で、他の類型と比べてネットワーキングの要素が強く、リアル開催の需要が高いと考えられる。

図表３-15は、国内の一定規模以上の学会に対するアンケートをもとに、2020年度から2023年度までの開催形態を経年で比較したものである。2020年度のオンライン開催およびハイブリッド開催の合計70.７%、2021年度は96.６%と、Web の活用が浸透した状況が見て取れる。一方で、2022年度のオンライン開催は、2021年度の３分の１以下である23.１%に急減し、リアル開催の26.５%を下回る結果となった。2023年度の見込みではリアル開催またはハイブリッド開催の割合が８割を超えており、会場実施の需要が大きいことが分かる。主催者が会場での実施に何らかのメリットを感じていることが示唆される。

図表３-15　学術会議の開催方法の変化

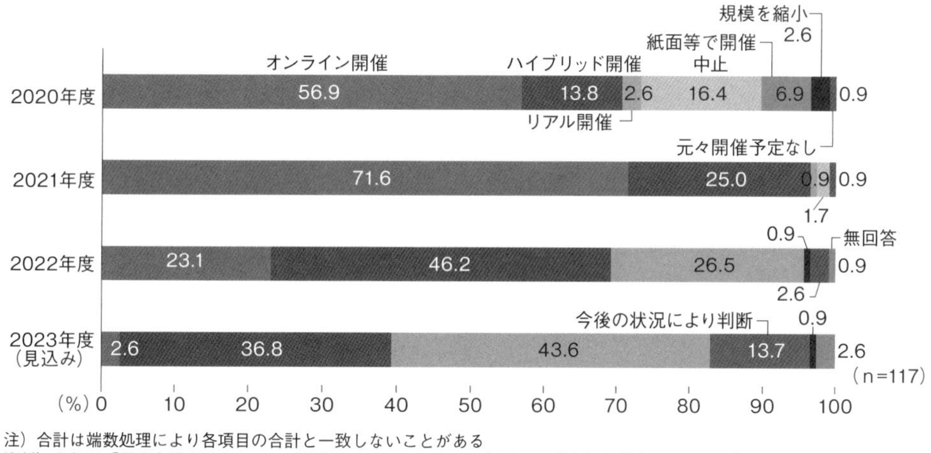

注）合計は端数処理により各項目の合計と一致しないことがある
資料）九経調「学術会議の動向とニーズ把握のためのアンケート」。以下、「九経調学会アンケート」とする。

この点については国内主要 PCO[3]に対するヒアリング結果から、ネットワーキングの観点が大きいと考えられる。国際 PCO 協会[4]に加盟する国内の PCO３社に、今後の学術会議の動向について、ヒアリングを行ったところ、共通する見解としては、以下のとおりであった。

・ハイブリッド開催は多様な参加者がアクセスできるため、一定のニーズがある。当面は実施されるのではないか。
・ハイブリッド開催は、全参加者で見るとこれまでのリアル開催より多くなる傾向にあるが、現地参加者で見ると少なくなる傾向にある。

[3] PCO は Professional Congress Organizer の略であり、学術会議を中心に企画、運営サービス等を提供する事業者
[4] International Association of Professional Congress Organisers（IAPCO）。同協会加盟の国内で活動する PCO は４社（2022年12月15日時点の国際 PCO 協会 Web サイトより）

・今後の課題は、いかに現地参加者を増やすか。ネットワーキングが重要であり、なるべく現地参加して欲しいと考える主催者は多い。
・ハイブリッド開催は予算・人員ともに負担が大きい面もあり、その観点からもリアル開催にしたいと考える主催者もいる。

また、国内コンベンションビューローへのヒアリングでは、コロナ禍を受け、より対面して交流するリアル開催の良さ、ネットワーキングの重要性が認識されたのではないかとの指摘があり、特に国外の主催者の方がその指向が強いとのことであった。

このように、主催者は参加者同士のネットワーキングを重要視しているため、会議自体の数も参加者数も今後は回復していくと考えられるが、現時点ではコロナ禍前の水準には至っていない状況にある。図表3-16は各会議における現地での参加者数とWebでの参加者数について確認した結果である。2020年度、2021年度は、図表3-15で見たとおり、オンライン開催が多く、会場での参加者数は低調となっている。2022年度においては、リアル開催やハイブリッド開催が増えたものの、参加者数は2019年度と比較すると回復は限定的である。ただし、2023年度はオンライン開催が減り、リアル開催が増えることがアンケート結果から予測されるため、参加者数の回復も加速する可能性が高い。

図表3-16　会場参加率の平均の推移

年度	2019	2020	2021	2022
n	102	79	99	84
会場参加率の平均	87.1%	17.7%	13.6%	49.6%

注）2022年度はアンケート実施の2022年9月までの実績を元にした数値
資料）九経調学会アンケート

一方で、参加者にとってはオンラインの利便性から現地参加を選択しない可能性もあり、先に示したハイブリッド開催による現地参加者の減少に対しては一定の対応が必要である。その点、既に現地での参加を促す取り組みを実施している主催者も一定数見られた。図表3-17は、参加者に対して付与している現地参加へのインセンティブであるが、何らかのインセンティブを付与している主催者は60者、最も多く実施されているものは「現地でしか聞けない講演を実施している」で26者となった。今後の現地参加者数の回復に当たっては、このような現地参加に対するインセンティブの付与も重要な取り組みとなるだろう。

図表3-17　現地参加に対するインセンティブの付与状況

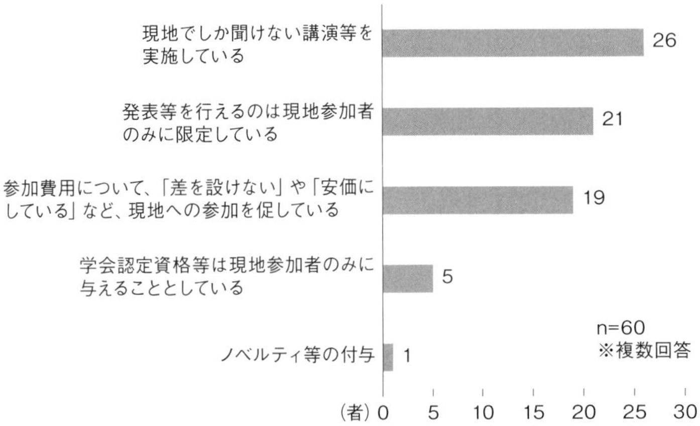

資料）九経調学会アンケート

⑤ Exhibition/Event：比較的早い回復傾向を示す

Exhibition および Event に関して、網羅的に補足された統計はないが、関係団体の調査結果と（独）日本貿易振興機構（東京都港区）（以下、JETRO とする）が公表している展示会に関するデータベース J-messe を参考に、現況と今後の見通しについて考察を行う。

（一社）日本展示会協会（東京都千代田区）が2019年に国内で開催された展示会に関する調査を実施している（以下、本調査を日展協調査とする）。これによれば、開催件数は603件、月別の開催状況は11月が最も多く全体の約12%となっている（図表 3 -18）。また、開催場所に関しては東京ビッグサイトでの開催が296件で全体の約49%を占め、幕張メッセ、インテックス大阪、ポートメッセなごや、マリンメッセ福岡が続いている。なお、日展協調査については、調査対象149者（47社、102団体）に対し、回答が91者（20社、71団体）とのことであり、全ての展示会を網羅しているものではないが、日本展示会協会加盟以外の各主催者からの回答も回収されており、全体の開催傾向を示していると考えられる。

図表 3 -18　2019年における展示会の開催状況

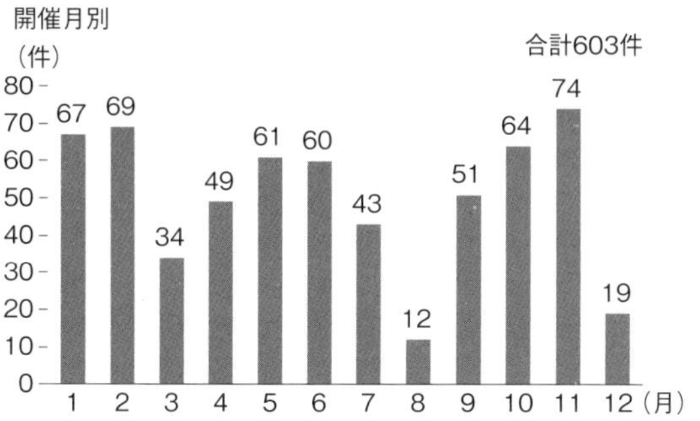

展示会場別（5 件以上開催されている 9 会場を抜粋）

展示会場	件数
東京ビッグサイト（東京都江東区）	296
幕張メッセ（千葉市美浜区）	100
インテックス大阪（大阪市住之江区）	75
ポートメッセなごや（名古屋市港区）	23
マリンメッセ福岡（福岡市博多区）	18
パシフィコ横浜（横浜市西区）	14
神戸国際展示場（神戸市中央区）	10
大田区産業プラザ PiO（東京都大田区）	7
西日本総合展示場（北九州市小倉北区）	5

資料）（一社）日本展示会協会「2019年にわが国で開催された展示会実績調査」より九経調作成

2020年以降については、J-messe に掲載されているデータ[5]を元に、コロナ禍による影響を確認する。

図表 3 -19は、2020年以降に開催されたデータをまとめたものである。2020年には、中止された展示会が 1 割以上あり、オンライン開催やハイブリッド開催の実施も始まっている。2021年には、全体の件数が減少しており、ハイブリッド開催の件数が増加している点が特徴的である。2022年には件数の回復が見られ、日展協調査の件数と比較すると2019年の水準を上回っている。オンライン開催は減少しているが、ハイブリッド開催は倍近くとなっている。ただ、合わせて 1 割程度であり Web の活用は限定的と言える。

図表 3 -19　2020年～2023年における展示会の開催状況

	2020年	2021年	2022年	2023年
全体件数	673	598	713	380
中止	81	15	0	0
オンライン開催	35	18	10	1
ハイブリッド開催	1	32	63	22

注 1）中止等は全体件数の内数である
注 2）ハイブリッド開催は掲載データ上に「現地・オンライン同時開催」と掲載されていたもの
注 3）2023年の数値は2022年12月15日時点で登録されている展示会数
資料）J-messe より九経調作成

2023年については、確認時点で2022年の開催件数の半数以上が既に登録されており、今後の増加も見込まれるが、オンライン開催やハイブリッド開催の件数は、2022年の半数にいたっておらず、リアル開催に回帰することが示唆される。

5　2022年12月15日確認のデータ

なお、本データについては、主催者がJETROに対して掲載を依頼する形式のものであるため、一定の注意は必要である。全ての展示会が掲載されているものではなく、中止やハイブリッド開催の記載は主催者に委ねられており、実際よりも少ない可能性がある[6]。一方で、展示会出展者や参加者が参照することを念頭に作成されたデータベースであるため、多くの主催者が正確な情報を掲載しているものと考えられ、十分分析に値するデータと言える。

月別の開催状況については、10月・11月の開催が多く、8月の開催が少ない傾向は、日展協調査と一致しているが、他の月についてはずれもあり、緊急事態宣言等の影響により、開催の延期等が実施されている可能性がある（図表3-20）。

図表3-20　2020年～2023年における展示会の開催状況（月別）

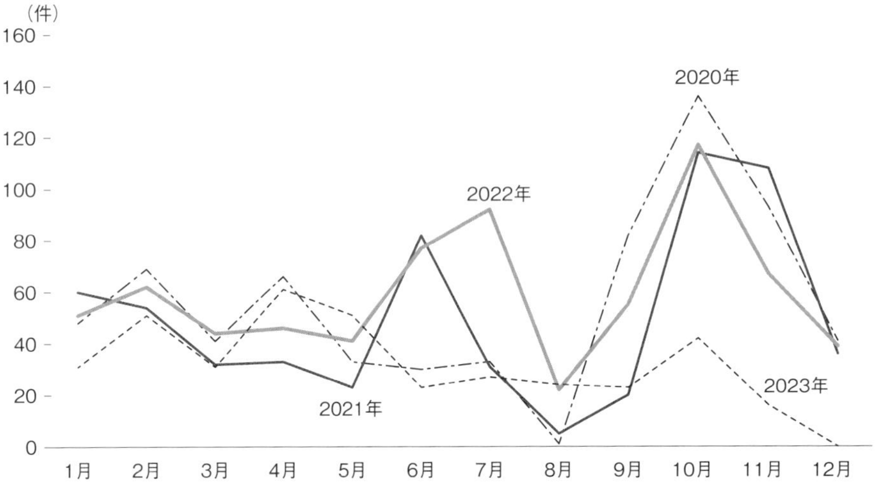

注）2023年の数値は2022年12月15日時点で登録されている展示会数
資料）J-messeより九経調作成

回復の早さは、業種ごとにばらつきが生じていたと考えられる。図表3-21は、各年における業種ごとの開催件数と対2020年比を示したものであるが、「建築」や「農林水産・食品」が2021年の段階で2020年の水準を上回っている。他の業種は2020年と比較して開催が少ない

図表3-21　各年における業種ごとの展示会の開催件数と対2020年比　（件）

	2020	2021		2022		2023	
			対2020比		対2020比		対2020比
基礎産業	115	98	85%	121	105%	43	37%
建築	131	142	108%	136	104%	35	27%
機械・工業技術	330	272	82%	323	98%	157	48%
情報・通信	261	226	87%	263	101%	180	69%
輸送・物流・包装	170	154	91%	173	102%	81	48%
医療・健康	158	153	97%	157	99%	88	56%
生活	206	197	96%	216	105%	104	50%
趣味・教育	116	92	79%	125	108%	61	53%
サービス	214	197	92%	227	106%	127	59%
環境	68	59	87%	82	121%	34	50%
農林水産・食品	91	95	104%	106	116%	37	41%
総合・その他	29	28	97%	59	203%	48	166%

資料）J-messeより九経調作成

[6] オンライン開催については、開催地の記載の有無も確認しており、ほぼ実態を反映した数値と考えられる

傾向となっていることから、この２業種については、比較的早期に回復したものと考えられる。そのうえで2022年には全ての業種が、2020年と同水準以上となっている。

図表３-22は、各年の開催状況を開催地ごとに整理したものであるが、首都圏での開催が３分の２を占めており、コロナ禍での変化は見られない。また、九州地域での開催状況は、三大都市圏と比較すると少数ではあるが、他の地域と比較すると多くなっている。

図表３-22　2020年～2023年における展示会の開催地の内訳　（件）

	東京・横浜・千葉	大阪・京都・神戸	愛知県	福岡市	その他九州地域	その他地域	オンライン	合計
2020年	469	130	31	22	8	10	3	673
2021年	381	129	39	18	7	15	9	598
2022年	484	143	34	25	11	9	7	713
2023年	275	69	33	0	1	2	0	380
合計	1609	471	137	65	27	36	19	2364

資料）J-messe より九経調作成

ここまで見たとおり、展示会の開催に関しては、コロナ禍での変化は限定的で、かなりの割合で回復していると思われる。Web の活用も大きなトレンドとなっているとは言えない。業種ごとの差も示唆されたが、2022年段階では全ての業種でコロナ禍前の水準に回復していると見られる。九州地域は地方圏では健闘している状況も示唆されており、今後も誘致・開催による効果が期待される。

3　コロナ禍を受けた九州地域の誘致戦略

ここまで見てきたとおり、

①　M（社内向け）：Web 活用が浸透し、回復は限定的

②　M（顧客向け）：Web 活用が浸透しているが、業種によるばらつきも示唆される

③　I：コロナ禍による影響は限定的。インバウンドの回復と共に回復

④　C：徐々に回復する傾向。開催だけでなく、参加者数の回復の取り組みも重要

⑤　E：比較的早く回復。九州地域での開催も健闘している

となった。本節では、これらの結果と両アンケートの他の結果や関係者へのヒアリング結果を示しながら、今後の九州地域における誘致戦略について考察を行う。

誘致戦略を検討するうえでは、「A：開催誘致に向けた戦略」はさることながら、コロナ禍によって「B：参加者増に向けた戦略」が必要となっている。コロナ禍により MICE の一部は、参加者の行動が変化していると考えられ、同じ MICE でも、より現地参加者を見込めるものの誘致を目指す視点での戦略である。以下では、A-１：アクセス基盤の強化、A-２：学術会議主催者に対する支援のあり方、B-１：誘致対象の戦略的な検討、B-２：参加者を引きつける MICE 開催地、の４つの戦略を提示する。

A：開催誘致に向けた戦略 1
アクセス基盤の強化〜国際 MICE 開催における国際線ネットワークの重要性〜

MICE 開催地決定における交通アクセス

MICE 開催地を決定する上で、最も重要な点は交通アクセスの良さである。両アンケート結果もその点を示唆している。図表 3 -23〜25は、九経調企業アンケートおよび九経調学会アンケートから会議開催地の決定に当たって重要視するポイントについての設問の解答結果である。企業会議においては、社内向け・顧客向け共に交通アクセスが最重要視されている。学術会議においても、開催の都市・会場ともに交通アクセスが最重要視されており、都市間

図表 3 -23　企業会議の開催地選定に当たって重視するポイント

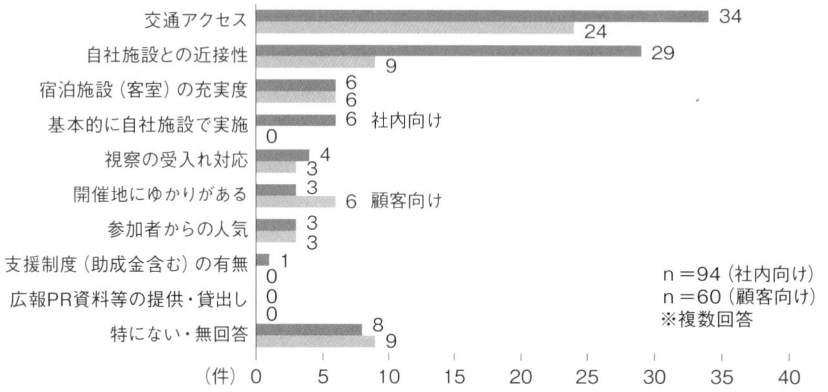

資料）九経調企業アンケート

図表 3 -24　学術会議開催都市選定にあたって重視するポイント

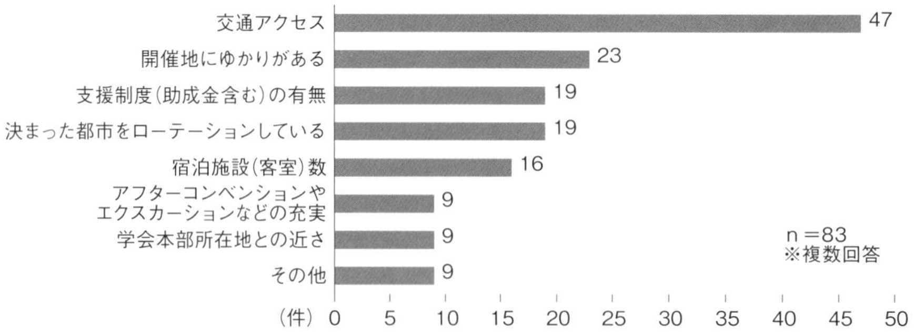

資料）九経調学会アンケート

図表 3 -25　学術会議開催会場選定にあたって重視するポイント

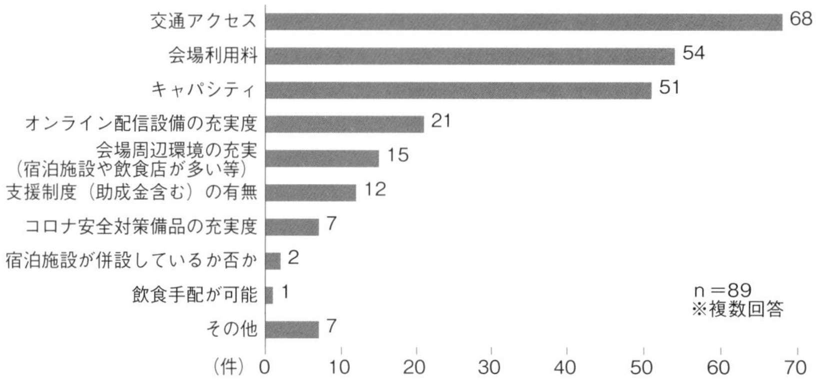

資料）九経調学会アンケート

アクセスと都市内での交通利便性について主催者が重要視していることは明らかである。

これらは国内のMとCの主催者の考えということになるが、国際的な観点からも同様であり、その点九州地域も含めた地方は不利な点である。PCO 各社は、九州地域の国際的な学会の誘致での課題は、国際的な知名度もさることながら、そのアクセス面の利便性の低さであることを指摘している。首都圏や関西圏であれば、欧米との国際線も多く就航する空港が近接しており、海外からの参加も多く見込むことができる。一方、地方都市ではさらに乗継が必要となることから、誘致の際に不利が生じているということであった。

国際 MICE 誘致に向けた国際線ネットワークの強化

消費額の大きい国外の参加者をいかに取り込み、割合を高めるかについては、今後、より一層重視すべき観点だ。その観点から、アジアとの国際線が多く就航している九州地域は、アジア地域の国際学会であれば比較的誘致に有利ではないかとの声もあった。

その意味で、九州地域において国際線が多く就航しており、主要拠点空港でもある、福岡空港と那覇空港の持つ役割は大きいだろう。当該地域での MICE 開催に有利に働くことはもちろんのこと、両空港は九州域内への海外からの送客ハブとしての役割も果たし得る。福岡空港は、九州７県・山口県とは鉄道やバスで、離島や宮崎、鹿児島とは飛行機で接続しており、那覇空港は九州各県の空港と接続がある。

両空港ともその需要増加を背景に、那覇空港は2020年度末に増設滑走路の供用を開始し、福岡空港は2024年度末の供用開始を目指して工事が進められている。この容量の増加を最大限活用し、両空港が世界から九州地域へのゲートウェイとなって、他地域への送客拠点としての役割を果たすことが、インバウンドの受入はもちろん、MICE 誘致の観点からも重要であり、九州地域全体で進めるべき取り組みと言える。

A：開催誘致に向けた戦略２
学術会議主催者に対する支援のあり方〜財政的支援とソフト面に関する支援〜

財政的支援の重要性

従来から学術会議主催者に対する支援は、各開催都市において実施されてきたが、特に求められているのは、やはり開催にかかる財政的な支援であると言える。図表３-26は「支援策を含め、今後の開催に当たって施設や開催都市に求めること」について自由記述で回答を求めた結果を、カテゴリごとに分類したものである。

「補助金等の財政的支援」を他と比較して、多くの主催者が求めている。PCOへのヒアリングでも、過去、特定の自治体で開催に対する大型の助成を実施したことで、多くの会議の開催が他の自治体から変更になったという声も聞かれた。今後も、補助金の有無が開催地決定の決め手となる可能性がある。

図表３-26　支援策を含め、今後の開催に当たって施設や開催都市に求めること

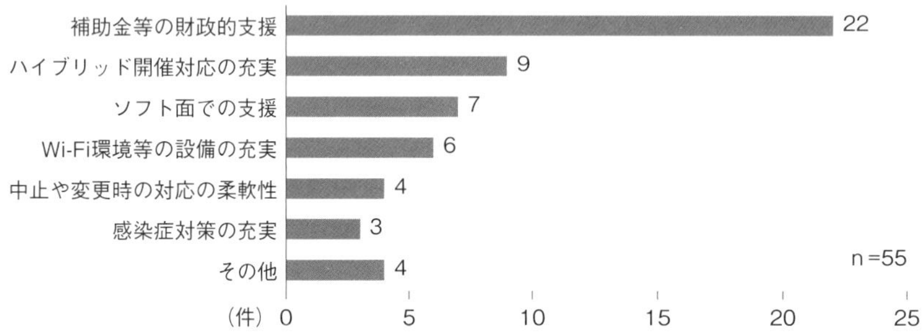

資料）九経調学会アンケート

MICE誘致における住民協働

MICE誘致を行う自治体においては、開催による地域への経済効果と補助金の支出を秤にかけ、支援の実施と規模を検討することになるが、その際、住民理解の促進という観点も重要である。PCO、コンベンションビューロー双方へのヒアリングでともに指摘があったのは、日本ではMICE開催に対する住民の歓迎の意識が、海外と比較して弱いという点だ。学術会議に限らず、MICEの認知度とその開催がもたらす経済効果に対する住民理解が進んでおらず、地元でMICEが開催されても、他人事という住民が多いのではないだろうか。そのような状況では、MICE開催に対する補助金についても賛意を得にくいと考えられる。会議主催者が求める財政的な支援の実施と同時に、MICE開催の意義についての住民理解を進めることが必要だ。

この観点では、主催者からも地域との協働を求める声がある。図表３-26にある「ソフト面での支援」は、補助金等の申請支援が５件で、他の２件は「レセプション等での首長の祝辞」と「地域振興プランとのタイアップ」であった。少数ではあるが、主催者にも自治体との協働のニーズはあり、自治体・住民と主催者との関係を深める施策が、開催とその後の関係性の継続に効果をもたらす可能性がある。

B：参加者増に向けた戦略 1
誘致対象の戦略的な検討～Web 代替とネットワーキング～

回復の速度と現地参加者数

ここまで見てきたように、Web というツールの活用がコロナ禍により MICE 開催の場でも浸透した。ハイブリッド開催という形態は、参加者に現地に行くか否かという選択肢をもたらしており、今後の MICE 誘致においては、単に開催を誘致するのではなく、いかに多くの現地参加者を見込めるかという観点も持つ必要がある。この現地参加を見込める MICE がどのカテゴリであるか検討するに当たって、「Web による代替の進度」と「ネットワーキングの要素」という軸で整理したのが、図表 3 -27である。

この図の横軸は Web での代替の進度であり、左の方が Web で代替することが困難であり、他の要素が解消されれば速やかに回復する（した）類型となっていて、最もコロナ禍の影響が限定的な領域である。また、右に行くほど、Web 開催が選択され続ける可能性が高い類型となる。縦軸はネットワーキングの要素であり、上の方はネットワーキングの要素が強く現地参加が見込める類型、下の方がネットワーキングの要素が弱いため、現地参加を選択するか否かの判断に開催地の魅力がより反映される類型である。

図表 3 -27　各 MICE 類型における開催回復の速度と現地参加者数回復の関係性

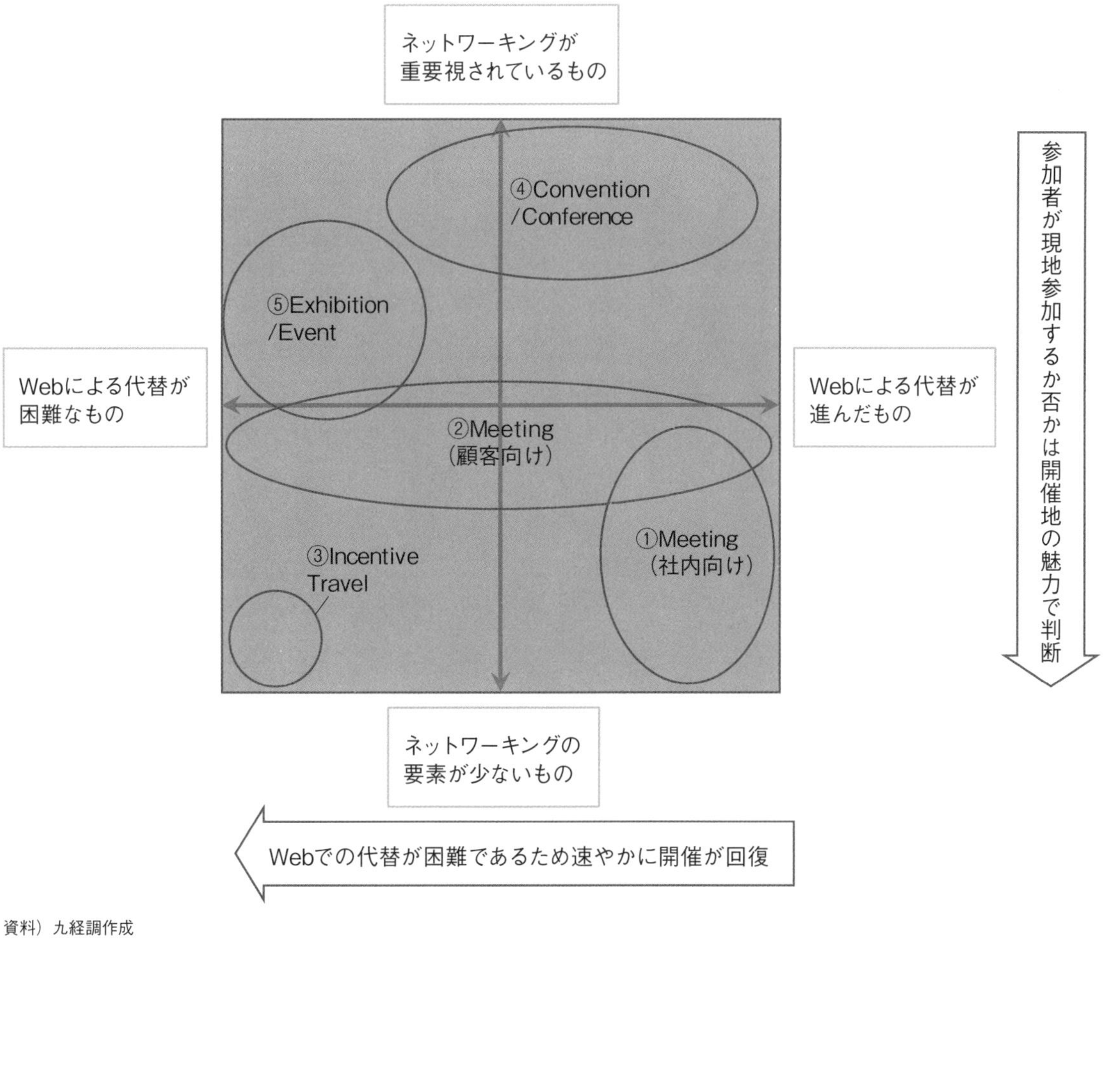

資料）九経調作成

誘致対象の戦略的選択

各 MICE の類型の位置と拡がりは、開催内容や業種、主催者の意向といった、第 2 節での分析を反映させている。誘致に当たっては「Web での代替が困難なもの（図中の左）」の回復が早いため、まず優先的に誘致を行い、中長期的には「ネットワーキングの要素が強く、参加者の現地参加を見込めるもの（図中の上）」の誘致を進めるべきと考えられる。誘致対象が、各カテゴリ内でもそれぞれの要素の強さがどの程度か検討することも有効だ。例えば、同じ顧客向け会議でも、業種によっては Web での代替が困難と考えられ、そのような業種の会議は積極的にアプローチすべきである。学術会議においても、主催者がネットワーキングを重要視し、現地参加者を集めることに積極的か否かも確認すべきだ。このように、個別の会議の内容を把握し、戦略的に誘致を進めることが、コロナ禍により求められるようになったといえる。

B：参加者増に向けた戦略 2
参加者を引きつける MICE 開催地～広域観光を前提とした誘致～

戦略的な MICE 誘致を行ったうえで、最終的に参加者が実際に足を運ぶかは、観光地としての魅力が左右することは否めない。わずかではあるが、企業アンケートの顧客向け会議の開催地選定のポイントの回答で「参加者からの人気」との回答もあった（図表 3 -23）。また、学術会議に関しても、PCO へのヒアリングから、開催地の観光地としての魅力が誘致においては重要であるとの声も聞かれた。今後も MICE 参加者が参加したいと感じる観光地づくりは重要であり、そのために九州地域として実施すべきこととして、広域観光の推進を挙げ、本章の結びとする。

九州地域は、交通アクセスや関連施設の充実度などで首都圏や関西圏に劣るが、豊かな観光資源やその土地でしか味わえない食といった魅力がある。MICE 誘致の点でも、一般観光において魅力を高める取り組みが重要であり、一都市では観光資源に乏しいとしても、九州という広域で見れば多くの観光資源に恵まれている。その意味で、広域連携を深め、「MICE 開催地としての九州地域」という観点を持つことが重要である。

この点では、既に九州・沖縄のコンベンションビューロー間での連携が進められている。2022年 9 月には「九州＆沖縄 MICE 商談会 in TOKYO 2022」が、九州・沖縄地区コンベンション推進団体連絡会により開催された。MICE の主催者および運営者向けに、九州・沖縄が一体となった初の合同プロモーションであり、新規開業施設の情報などの説明と個別の商談会・交流会が実施された。関係者によれば、首都圏の関係者の九州・沖縄への関心の高さがうかがわれ、今後も連携のうえ、誘致を図っていきたいとのことであった。

MICE で訪れるインバウンド客は、滞在期間も長く行動範囲も広い。MICE の開催地としては各都市ライバルであるが、会議後の観光地としての受入れは連携が深められるのではないだろうか。九州地域全体で、「MICE を誘致し、多くの参加者を集め、地域への効果を大きくする」、そのための戦略的な視点が求められる。

事例集

寄附を通じて観光地のファンを増やす店舗型ふるさと納税®

（(株) サンカクキカク：久留米市）

店舗で寄附し返礼品を受け取る店舗型ふるさと納税®「ふるさとズ」

（株）サンカクキカク（久留米市）は、訪れた土地の店舗や施設で直接ふるさと納税を行い、その場ですぐに返礼品を受け取ることができるサービス「ふるさとズ」を開発した。2021年11月のサービス開始から約１年で16の自治体に導入され、寄附総額は１億円を超えている。同社では、ふるさと納税の納税先が、返礼品のネットショッピング感覚で選ばれており、従来の主旨と乖離していることに問題意識を持っていた。また、利用者の多くは返礼品目当てで納税先を選ぶが、税金の使い道については多くが子育て支援など地域づくりへの貢献を要望しており、納税行為とその思いの両方を効果的に地域に還元する仕組みを作りたいと考えた。ふるさとズは、訪れた現地の魅力を通してモノや体験の返礼品を選んでもらい、寄附に繋げられる点で、ふるさと納税の本来の主旨に沿った新たな仕組みを創出した。

幅広い事業者の参画を促進

従来、ふるさと納税の返礼品は、納税者への発送に耐えられるものが中心であり、それゆえ現地でのサービスや体験、飲食店の料理は提供が難しかった。現地で納税し、返礼品の受け渡しが可能となったことで、飲食、サービス店舗でも参画しやすくなり、納税者にとっても返礼品のバリエーションが広がることにつながる。返礼品提供に送料がかからず、受発注管理も不要なため、特に小規模事業者にとってメリットが大きい。魅力的な飲食店でありながら、加工品の製造にハードルがある事業者でも参画が可能であり、観光地での食事や土産物の購入にも向いている。

ふるさとズは、店舗で直接手続きができる手軽さから、ふるさと納税の平均的な実施者よりも幅広い年齢層で活用されている。寄附者の約28%が再び同じ施設・店舗で寄附を行っており、利便性とシステムの魅力から着実にリピーターを生んでいる。

地域への愛着や貢献を形に

ふるさと納税は、生まれ故郷や愛着のある地域を応援するために作られた制度である。「ふるさとズ」は、現地での納税と返礼品の受け渡しを支援する仕組みであり、制度の本来の主旨に沿うものであるとともに、事業者と納税者に直接的な関係をもたらす。返礼品の買得感

▲店舗型返礼品掲載例（出所：ふるさとズ Web サイト）

で選ぶよりも、より地域との関係が深くなり、それがリピート率にも表れている。
多くの観光地では、継続的な来訪客とリピーター創出のため、来訪者と地域との関係づくりが求められている。来訪者が地域や地域の事業者に愛着を感じ、それを寄附という形で還元する仕組みは、これからの観光地の関係人口創出に貢献すると考えられる。

（松嶋　慶祐）

地域資源の再評価と活用による滞在型観光の実現

（八女タウンマネジメント（株）：八女市）

古民家を改装した高級ホテルの誘致

2020年６月、八女市の伝統的建造物群保存地区・福島に古民家を改装したホテル「NIPPONIA　HOTEL 八女福島商家町」が開業した。築100年以上の古民家２棟を改装したホテルで、部屋代は１泊２食付きで１人25,000円から、定員は23名と小規模ながら富裕層をターゲットとする高級業態である。

八女市・福島地区は、福岡都市圏や福岡県筑後地区からの日帰り観光地としての認知が高い地域であり、九経調「おでかけウォッチャー」でも、福岡市、小郡市、大牟田市、筑紫野市、大野城市、佐賀市等からの来訪者が多いことが確認できる。地区内には１泊5,000円以下のビジネスホテルが数件しかなく、観光客が滞在し、地域にお金を落とす仕組みができていなかった。滞在型観光地としての知名度も、近隣の柳川市等よりも低くとどまっていた。高級ホテルの誘致は、規模は小さいながらも、八女福島地区が滞在型観光を進めるための大きな一歩である。

開業直前にコロナ感染が拡大し、当初想定していたインバウンドや国内富裕層の集客が思うようにできていなかった時期もあるが、旅行支援施策も奏功し、現在は順調な稼働を維持している。

地域事業者の主体性とチャレンジ精神で実現

同プロジェクトの成功要因は、お茶や茶畑の風景、文化を生かしたことに加え、八女商工会議所会頭をはじめとする地元の経営者たちが出資して事業母体を設立したことである。地域の商工業の振興を担う八女商工会議所では、「八女を元気にするプロジェクト」を検討するなかで、八女市を拠点に全国の伝統工芸品を扱う“地域文化商社”「うなぎの寝床」等によって地域にある街並みが有効活用されつつある一方、滞在型観光の入り口となる宿泊施設がないことに課題を感じていた。その現状を打破するため、自らが出資して事業母体「八女タウンマネジメント（株）」を設立し、NIPPONIA HOTEL を誘致した。古民家ホテルの運営ノウハウがあり、同グループのファンを持つ NIPPONIA　HOTEL グループに運営を委託したことも、成功要因となった。そして、商工会組織であることで、地元経営者による出資をわずかな期間で取り付け、事業計画の策定と商店街活性化・観光消費創出事業補助の申請を早期に進めることができた。

高級ホテル開業により街に変化

NIPPONIA　HOTELは小規模であるため地域に膨大な宿泊客が来るわけではない。しかし、高級ホテルが開業したことで、地区内の雰囲気がさらに洗練され、街並みや未利用の古民家を活用した小売店、飲食店の出店が増加した。福島地区での店舗開業を機に移住するケースも出ている。地元の茶販売店とカフェ、日本茶鑑定士と宿が連携したディナーの提供など、滞在型ならではの連携プログラムも生まれた。滞在型観光への取り組みは、街の雰囲気をも変え、地域全体の観光地づくりにも波及している。

（松嶋　慶祐）

地域の仕事づくりで新たな人の流れをもたらすワーケーション

（（株）イノベーションパートナーズ：嬉野市）

老舗旅館を活用した「温泉ワーケーション」

コロナ禍でのテレワークの普及に伴い、新しい働き方として「ワーケーション」の関心が高まりつつある。テレワークや在宅勤務との違いは、自宅だけではなく、働く場所を柔軟に選択しながら仕事ができるという点にある。一方、観光庁の調査によると、ワーケーションの認知度は約8割に達しているが、ワーケーションの経験者は5％に満たず、いまだ少数である。地域においても、観光資源と宿泊施設などの資源を活用し、ワーケーション誘致を行うケースが増えたが、実際に安定的に稼働し、地域の観光需要創出につながるケースは少ないと考えられる。

そうしたなか、着実な成果を上げているのが、嬉野温泉にある和多屋別荘（嬉野市）を拠点に実施されている「温泉ワーケーション」である。マーケティング・プロモーション事業を実施する（株）イノベーションパートナーズ（東京都港区）が、老舗旅館・和多屋別荘と協業し実施する地方創生の取り組みである。老舗旅館の客室と温泉を使った企業誘致とワーケーションの取り組みは非常に斬新である。

仕事づくりによる人の流れの創出

同社は和多屋別荘において、ハウスエージェンシーとしてマーケティング、プロモーションによる旅館全体のイメージ・提供価値の底上げ、コンテンツ作りを行っている。このことで、和多屋別荘の周りでかなり密なビジネスコミュニケーションが生まれている。加えて、空きスペースの利活用として、レンタルオフィスや会員専用のコワーキングスペースを設け、ワーカーへの新たな場の提供や、佐賀県や和多屋別荘への企業誘致のプロモーション事業も手がけている。さらに、補助金などを活用し、Webサイト開設支援や地域事業者の販路拡大支援なども実施している。

プロジェクトが成果を上げているポイントは、同社の事業を通じて、関係人口創出とワーケーションを両立している点である。オフィススペースへの企業誘致では、同社が、嬉野をフィールドに入居企業や地域企業とともに仕事づくりができる企業・人材を選定し、入居を促す。これが、観光需要とは異なる新たな人の流れを生み出す。入居企業の関係者が定期的

▲「温泉ワーケーション」会員専用コワーキングスペース「VOGUE」(出所：(株)イノベーションパートナーズ)

▲レンタルオフィス「CAVE」(出所：(株)イノベーションパートナーズ)

に嬉野を訪れ、さらに地域での仕事づくりによって、その流れがより強くなる。ワーケーションとしての来訪もここから生まれる。プロジェクト開始以来、10社（2023年１月時点）の企業が入居し、和多屋別荘及び嬉野への人の流れを生み出した。

さらに、同社は入居企業とのコミュニケーションをとり、入居企業同士のつながりなど、嬉野でのコミュニティづくりを支援し、入居企業、利用者と嬉野との関係を深める。単なる施設管理、運営にとどまらず、関係人口づくりと仕事づくりを支援することにより、和多屋別荘が単なる仕事の場所ではなく、地域との強い関係を持つワーケーションの場となっている。

嬉野モデルの次のステージ

（株）イノベーションパートナーズは、ワーケーションビジネスを作る上で、その地域の良さだけを売りにしても従来の旅行の概念に近い施策にとどまると考える。従来の旅行では、交流人口の増加にはなっても、深い関係人口の獲得にはなりづらい。日本には素晴らしい場所が多くあり、そこに行く理由や過ごす理由、働く理由を見つける必要がある。同社の取り組みは、嬉野に第２の地元を作り、地域での仕事づくりを通じて新たな人の流れを創出している。ワーケーションに限らず、地域への人の流れをつくる新たなモデルとして期待される。

（松嶋　慶祐）

お茶文化の再評価と再編集によるティーツーリズム
(嬉野茶時：嬉野市)

観光客と嬉野の事業者をつなぐティーツーリズム

「嬉野茶時」は、嬉野に根付く伝統文化である「茶」「肥前吉田焼」「温泉（宿）」を組み合わせ、新しい切り口で嬉野の魅力を発信するプロジェクトであり、嬉野の旅館や茶農家、陶芸家が主体となって企画・実施している。その取り組みの１つが「ティーツーリズム」である。ティーツーリズムでは、①茶空間体験（茶畑などに設置された茶空間でのティーセレモニー）、②茶泊（宿泊客専任のティーバトラー（茶師・コンシェルジュ）によるお茶の提供

▲茶空間（出所：嬉野茶時 Tea tourism Web サイト）

と温泉旅館への宿泊)、③茶輪（お茶を専用ボトルに入れて持ち歩けるサイクリング）などのプログラムを提供している。①や②では茶農家が茶師としてお茶を提供、③では市内の事業者と連携し12カ所で給茶が可能となっている。

地域産業・資源の高付加価値化

本プロジェクトのねらいは、地域の魅力を高め広めること、地域に根付く産業・資源の付加価値向上である。高山地のお茶であるうれしの茶の生産量は多くなく、市場に出すと全国の大規模な生産地との価格競争になり、価格が下がってしまう。また、旅館の喫茶ラウンジなどでコーヒーや紅茶は有料で提供しているのに、有料の緑茶の提供はない。そういった現状に課題を感じ、緑茶にお金を払わない・払ってもらわないという概念を崩し、お茶の質・提供空間やしつらえ・サービスを整え、ハイエンドなサービスとして提供できる仕組みづくりを目指している。有田焼400周年イベントの１つとして試験的に実施し、参加者からの反応に手応えを感じたため、旅館大村屋（嬉野市）などの事業者が主体となって継続的なサービスの提供へと至っている。茶空間体験をした観光客の半数ほどが嬉野温泉エリアに宿泊しており、ティーツーリズム体験が宿泊につながるという流れもできてきている。リピーターも多く、家族・友人への贈り物、また接待の場としての申し込みもある。また、②茶泊は１泊15万円とハイエンドなサービスであるが、ひと月に数件の予約が入っており、プレミアムな体験をしたい顧客層をつかんでいる。

茶文化の醸成

嬉野茶時では静岡や知覧など、他地域のお茶の産地からの視察も受け入れ、全国的なお茶の付加価値向上に貢献している。また九州旅客鉄道（株）（福岡市博多区、以下 JR 九州とする）が開業予定の宿泊施設「嬉野八十八（うれしのやどや)」の専属茶師として、嬉野茶時の茶農家２名がお茶の提供を行う予定となっている。ともすればショッピングモールなどの催事販売で価格を下げて販売していた茶農家が、お茶の質・サービスの質の向上で高価格で提供することができるようになり、経済的にも成果を上げつつある。プロジェクトを通じて、茶農家のモチベーションアップ、嬉野に住む人たちのシビックプライドの醸成、事業者同士のつながりによる地域活性化へとつながっている。

嬉野茶時は、茶産業を単なる産業ではなく「お茶の文化」へと昇華させ、新たなサービス提供と集客・リピーター創出に貢献している。地域の魅力を磨き、嬉野の景色を残していきたいとの想いから生まれた地域の事業者の連携は、今後も地域の魅力を高めることにつながる。

（山本　優子）

滞在型観光の増加へ

（平戸市役所：平戸市）

滞在型周遊コンテンツの提供

長崎県平戸市は、平戸城や世界文化資産「長崎と天草地方の潜伏キリシタン関連資産」の構成資産など魅力的な観光コンテンツを豊富に持つ。近年、インバウンド誘客において、欧米濠からの富裕層の取り込みが注目されていたこともあり、「平戸城」を活かした城泊体験コンテンツの造成を進めていた。2021年４月、「平戸城 CASTLESTAY 懐柔櫓」をオープンしたが、コロナによる外国人の渡航制限もあり、国内客をターゲットとした誘客を進めている。平戸市では、かねてより観光客の域内滞在時間が短いことを課題と認識しており、夜のまちの周遊増加を目的とした平戸城や平戸オランダ商館、城下町周辺の歴史資産のライトアップを行う「平戸城下ナイトミュージアム」や周遊イベントの「おかしな街の謎解きゲーム」などを実施している。

DMO が主体となり取り組みを継続

滞在型周遊観光の実現に向け、観光資源の掘り起こしを継続するためには、平戸版 DMO が主体となることが重要である。平戸版 DMO は、平戸観光協会を中心に「平戸市資源の魅力を最大限に活かした観光の確立」、「『平戸力』で創る『住んでよし・訪れてよし』の地域の実現」、「平戸版 DMO による自立的かつ持続的な観光地域づくりの推進」を柱に、戦略的に地域観光づくりを行う目的で2021年３月に発足した。これまで複数箇所に分散していた窓口を一本化し、観光サービスのワンストップ窓口として集約しており、LINE アカウントのサービス拡充やホームページのリニューアルなどを実施している。

国内外の観光客増加に向けて

今後は、インバウンド客の回復も見込まれるため、城泊をメインコンテンツとして外国人客の取り組みを進めていく。また、域内の長期周遊と観光消費単価を増やしていくために、地域 DMO である平戸観光協会を中心とした関係機関との連携を図りながら、アドベンチャーツーリズムといった魅力的な観光コンテンツの造成や IR 誘致の支援、デジタルサイネージの導入や ICT を活用したデジタルマーケティングなどの観光 DX を進める意向である。

（原島　匠）

▲「平戸城下ナイトミュージアム」（出所：平戸市役所 Web サイト）

地域全体の価値向上を目指して

（（一社）雲仙観光局：雲仙市）

雲仙観光局の設立へ

雲仙市内の観光団体を一本化して、持続可能な観光地経営に取り組む民間団体（一社）雲仙観光局が2022年４月から本格稼働した。雲仙市の温泉や食、アクティビティなどの観光資源の他にも多様な魅力ある資源を活かし、雲仙温泉エリア、小浜温泉エリアが一体となって観光地づくりを行う。観光に限らず農業や漁業、飲食業など多彩な業種からの参画を促し、分野を超えて連携することで、市の２大基幹産業である観光産業と一次産業の連携による相乗効果を目指す。加えて、旅先としても、生産地としても選ばれ続ける雲仙ブランドを確立し、地域全体の価値向上を図る。

ワーキンググループによる課題の共有とアクション

雲仙観光局の取り組みの一つに「合同ワーキング」（以下、WG という）がある。WG は、地域の関連事業者を集めたコミュニケーションの場であるとともに、同局がビジョンとして掲げる「訪れる人も住む人も働く人も幸せを感じられる持続可能な地域の実現」を軸に、課題を設定し地域内外の人の知識と発想をシェアしながら、議論する場である。2022年８月から毎月 WG を重ねて地域の課題やプロジェクトについて議論を行っており、2022年４月からは宿泊施設や観光施設、一次産業の「人材確保」、温泉の PR やモデルコースなどを検討する「温泉深堀」、コンポストの活用などを協議する「エコな取り組み」、市内で各々が実施している E-bike の連携を協議する「E-bike」の４つのテーマを設定し、取り組みを進めている。

連携意識の醸成と観光コンテンツの造成

WG での議論は観光に限らず市内全体の課題まで及び、参加者は温泉関係の従事者のみならず、一次産業従事者など多様である。さらに、域外の事業者も仲間に加わり、毎月の参加者は40～60名にのぼる。雲仙観光局の設立と WG の実施により観光地作りの参画者は確実に増え、連携意識が醸成されている。

また、これまでの WG の議論は観光コンテンツの造成にもつながった。100年以上前に、

▲合同 WG ①（出所：（一社）雲仙観光局提供）

▲合同 WG ②（出所：（一社）雲仙観光局提供）

外国人がグランピングを楽しみながらフルコースを味わっていた姿を贅沢なアウトドアアクティビティとして再現した「天幕レストラン」や、廃校を活用した交流コミュニティ拠点「雲仙 BASE」、ご当地バーガーである雲仙ジオバーガー、雲仙の魅力や観光情報、雲仙観光局や WG メンバーによる活動を紹介するポータルサイト「全員集合！雲仙ポータル」も構築された。今後も、雲仙観光局は雲仙市観光戦略に記載されている、全員が情熱を持って取り組む「個の総力戦。」、課題をオープンにすることで興味を持つ人を増やし仲間を増やしていく「途中も見せる。」「仲間を集める。」という 3 つの意識のもと、未来の雲仙について協議を重ね、観光地づくりを実践する意向である。

（原島　匠）

ワイナリーを軸にした関係人口の構築

（（株）ローカルデベロップメントラボ：山鹿市）

交流エリアを有する「菊鹿ワイナリー アイラリッジ」の整備

山鹿市菊鹿町の菊鹿ワイナリーは2018年に開業した。同施設でワインを製造・販売する熊本ワインファーム（株）（熊本市北区）は、1999年の設立当時から町内で栽培されたブドウからワインを製造し、「菊鹿ワイン」として販売していた。ただし、旧来の醸造拠点は熊本市内にあり、2014年、拠点設置を通じた山鹿市・菊鹿ワインの PR、地方創生に繋げるべく、同社と市、菊鹿町葡萄生産振興会が「菊鹿ワイナリー構想に関する協定」を締結、2018年の開業に至っている。

菊鹿ワイナリーのうち、ワイン関係施設（醸造所・ワインショップ・ぶどう畑）は熊本ワインファーム（株）が所有・運営し、土産店・イベント場・芝生広場からなる交流エリア「アイラリッジ（山鹿市 6 次化観光連携施設）」は山鹿市が所有する。アイラリッジの指定管理は2020年度以降、（株）ローカルデベロップメントラボ（福岡市中央区、以下 LDL とする）が務めている。

観光客と地域の新たな関係性に向けた「ローカルウェディング実証事業」

LDL は「地域の真の『面白い』を創り出す」をミッションとして掲げ、地域に眠る未活用資源の活用推進に取り組んでいる。菊鹿ワイナリーにはコンセプトづくりから携わっており、指定管理受託後も地元産品を生かした商品開発、企業・店舗とコラボしたイベント開催等に取り組んでいる。

LDL が取り組んだ事業の 1 つに「ローカルウェディング事業」がある。これは山鹿の町全体を会場とした新しいウェディング観光モデルを通じて、人生の節目に山鹿市を再訪するような関係性構築の可能性を検証することを目的とした実証事業である。ANA あきんど（株）熊本支店（熊本市中央区）、や地元の旅館、交通事業者、ウェディングプランナーなどと企画・実施体制を築き、観光庁の令和 2 年度「既存観光拠点の再生・高付加価値化推進事業（事業連携型）」の助成を活用のうえ、アイラリッジの改修、菊鹿ワインなどを取り入れた引出物の開発、アイラリッジから市内各地を周遊する実証実験（2021年11月・12月）を実施した。現在は特設の Web サイト・Instagram アカウントを開設し、フォトウェディングを中心に受入を実施している。

菊鹿町、山鹿市の関係人口増加に向けて

LDLでは今後も、新型コロナウイルスの感染動向をみながら、観光客と地元の交流を更に拡充したいと考えている。例えば、2022年10月、相良地区の住民を講師として招き、伝統料理「栗だんご」づくりを体験するワークショップを実施した。地元企業・住民と交流を通じて、観光客から関係人口へ、そして移住・定住へ、LDLは取り組みを続けてゆく。

▲交流エリアを兼ね備えた「菊鹿ワイナリー」（出所：菊鹿町観光協会 Webサイト）

（渡辺　隼矢）

持続可能な観光のために
（NPO法人ASO田園空間博物館：阿蘇市）

牧野（ぼくや）ガイドツアーの実施

NPO法人ASO田園空間博物館（阿蘇市）は、地域振興活動を目的とする組織で、道の駅阿蘇の指定管理者である。

実施している観光地づくりの取り組みの一つに牧野ガイドツアーがある。牧野（ぼくや）とは阿蘇の草原地帯のことを指し、地域住民が野焼きや家畜・動植物保護によって約1,000年にわたり維持・保全されてきた地域の資源である。しかし、農家の減少などを理由に維持が困難になっており、戦後から4割から6割減少していると言われている。

そこで、牧野を維持するための一つの手段として、牧野ガイド事業を実施している。牧野ガイド事業では、牧野ガイドが、牧野をフィールドに様々なアクティビティプログラムを実施する。参加者は普段であれば絶対に立ち入ることができない牧野でのアクティビティを通じて、牧野の魅力を体験できる。参加者が支払う1,000円の牧野利用料は、牧野管理に充てられ、牧野保全に貢献している。実施しているプログラムは、マウンテンバイク、トレイルラン、トレッキングといったスポーツツーリズムのほか、近年ではコスプレイベントなども実施している。人工物の映り込みが少なく、高低差を活かしたダイナミックな撮影ができることからコスプレイベントは人気を集めている。

地域内外の連携意識の醸成

阿蘇地域では、牧野ガイド事業を通じて、牧野と観光の結びつきを強めている。ビジネスとして阿蘇の草原を阿蘇市内外の人に紹介していくことのほか、草原の維持、守り伝えていくという観点からも成果が出てきている。また、これまでの行政主導の取り組みでは、行政区内で完結することが多く、他との連携は少なかったが、現在は域外のガイドが多く参画している。域内外の事業者の連携事業が成果を上げたことで、さらに連携の意識が醸成されて

いる。

阿蘇市ファンを増やすために

ASO田園空間博物館では、阿蘇市のファンを増やすための方法を模索しており、牧野ガイド事業は取り組みのひとつである。牧野ガイド事業はリピーターを創出し、来訪回数が5回以上の客が60%強となっている。その結果、コロナにおいても、来訪者数が大きく落ち込むことがなかった。

▲牧野ガイド（出所：NPO法人ASO田園空間博物館Webサイト）

また、ファンを増やす上で、ファン同士のつながり方も重視している。牧野ガイド事業参加者は、マウンテンバイク、トレイルラン、トレッキングなどそれぞれのコミュニティ内でのつながりが強く、それが誘客とリピーターを生む。加えて、コミュニティ同士でわずかながらつながっているケースもあり、その機会を逃さず、企画に反映することを意識している。コスプレでの利用をはじめたのも、異なるファンコミュニティ同士が阿蘇でつながる仕組みを構築することで、新たなリピーターが生まれることを狙ったためである。観光のみが目的にならないように意識することが、持続可能な観光に繋がる。

（原島　匠）

持続可能な観光地づくり組織

（黒川温泉観光旅館協同組合：熊本県南小国町）

「黒川温泉一旅館」

黒川温泉（熊本県南小国町）は、「黒川温泉一旅館」の理念のもと、黒川温泉観光旅館協同組合（以下、組合とする）が観光地づくりを主導している。この組織は、黒川温泉の全旅館事業者による民間の組織であり、「入湯手形の導入」「植栽による景観づくり」「共同看板の設置」など、ただのスローガンではなく、実際に「一旅館」を実現するために、様々な取り組みを実施してきた。

2010年代の世代交代期には、地域外の企業、さらには黒川温泉のファンをも巻き込んで、観光地づくりのあり方の検討を進めた。2014年には、東京のクリエイターによるプロモーション作品「KUROKAWA WANDERLAND」が15の海外の賞を受賞した。2018年には、「黒川みらい会議」を実施し、熊本地震後の地域経済全体の落ち込みの経験から、宿だけでなく農林業などの他産業との連携にも目を向け、持続可能な観光地に向けた取り組みをいち早く始めた。この取り組みには地域外の人材との共創が必要との考えにより「第二村民」の募集も行った。

「個」ではなく「地域」で取り組む

様々な取り組みを先駆的に実施してきた黒川温泉の成功の裏には、地域一帯となった取り組みがある。組合の事務局長を務める北山氏によれば、「地域が全体で取り組むことが成功につながる。そしてそれが皆の共通認識になっている」とのことである。組合を構成するのは25の事業者。決して多くはないが、少なくもない。意見の隔たりがあっても一丸となって取り組むことが、今の黒川温泉を作り上げている。

また、中心となる世代が早い段階で交代している点も注目すべきであろう。2021年現在の執行部は30代前半から50代前半の６名となっている。親世代が形作った魅力ある地域を、健全な形で次の世代へ受け継ぐという意志のもと、地域外の人や事業者とつながりながら、さらなる地域の活性化と持続可能性の向上に向けた取り組みを組織として進めている。

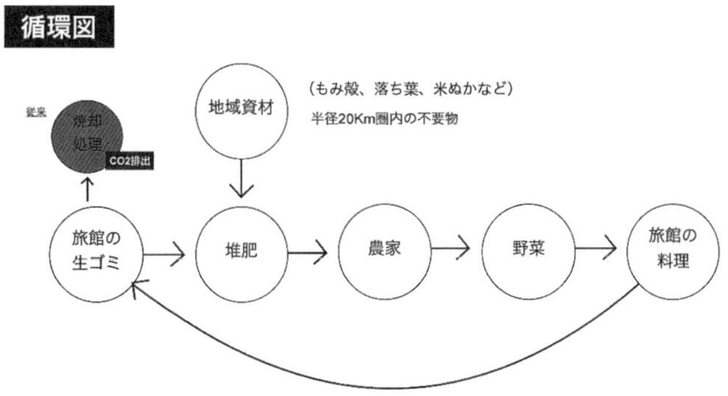

▲コンポストプロジェクトの循環図

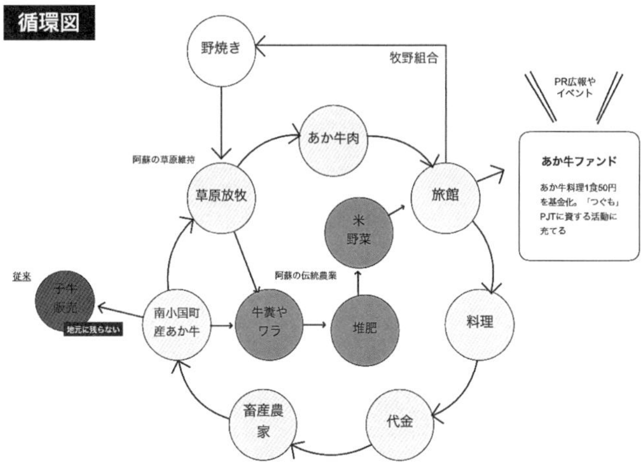

▲“つぐも”プロジェクトの循環図
（出所：黒川温泉2030年ビジョンより九経調作成）

「黒川温泉2030年ビジョン」の実現に向けた取り組み

組合の設立60周年となる2021年には、黒川温泉の歩みと2030年に目指す姿を表した「黒川温泉2030年ビジョン」を発表した。インフォグラフィックを用いた伝わりやすさを重視した手法もさることながら、実現に向けた取り組みは具体的で先進的である。豊かさが循環する温泉地を目指し、地域資源のさらなる循環を目指す。

地域一帯となったコンポストプロジェクトでは、旅館から出る生ゴミを堆肥にし、農家がそれを使って農産物を育て旅館で利用する。あか牛を軸にした“つぐも”プロジェクトでは、「阿蘇の広大な草原」「畜産」「旅館でのもてなし」の３つの循環に取り組む。いずれも、実証実験の段階ではあるが、環境負荷の低減と観光地としてのブランド向上を目指す取り組みである。

旅館単体では難しかった人材採用にも組合主導で取り組んでいる。開設した採用情報サイトでは、各旅館の魅力や特徴、経営者や働く人の想いを伝え、個別ではアプローチが困難だった人材の獲得を地域で目指す。2022年には、26名が「地域同期」として参加する合同入社式を実施し、横のつながりも意識して地域への定着を図っている。育成の面でも、研修プログラム「黒川塾」を実施し、次代を担うリーダー候補に対して、キャリアパスの具体化と将来への動機付けの支援を行っている。

事業者組織が主体となり持続可能な観光地づくりに取り組む。昔も今も多くの示唆に富む地域と言える。

（田代　祐一、山本　優子）

地域の学びを通じたファンコミュニティの創出
((一社) みなみあそ観光局：熊本県南阿蘇村)

“体験づくり”による誘客

(一社) みなみあそ観光局 (熊本県南阿蘇村) は、“体験づくり”と“ファンづくり”による誘客と関係人口の構築、リピーター創出に取り組んでいる。

南阿蘇村は、阿蘇火口見学や草千里などの有名コンテンツがある阿蘇地域の北側に比べると、観光地としては後発にあたる。みなみあそ観光局では、阿蘇火口見学を代替するような大型コンテンツを作るよりも、阿蘇地域全体としてのキャパシティの大きさを生かし、体験の幅を広げて、小規模でもそれぞれが持続可能な体制を築くことが目指すべき姿と考え、南阿蘇らしい風景と、小規模ながら多様な観光コンテンツを生かしたコンセプトづくりを行っている。熊本から年間4回以上訪れる客、福岡・九州から年間2回以上訪れる客を南阿蘇のファンと定義し、域内事業者と連携してファンの継続的な来訪を促す仕掛けづくりを行っている。カレーや蕎麦、パンなど域内の個性的な飲食店を季節にあわせて紹介するマップやスタンプラリーは、そうしたファンをつくる取り組みのひとつである。2016年熊本地震で損壊した阿蘇大橋やJR豊肥本線などの主要幹線道路・鉄道が復旧したことも手伝って、熊本市からの日帰り観光客、福岡・九州からの宿泊旅行の立ち寄り客が多く訪れている。

みなみあそ観光局では、「道の駅あそ望の郷くぎの」を拠点にレンタサイクルを行っており、コロナ禍でも好評である。ユーザーのうち、バスや電車で来た人が二次交通として使うケースは1割とまれで、残りの9割は車で南阿蘇まで来て、あえて自転車に乗り換えて阿蘇を周遊している。また、道の駅を拠点とするトレッキングについても、ガイド付きの体験プランに加え、ガイド無しで登りたい人向けに、ルート情報とともに入山料形式で登れる選択肢も用意している。いずれも、南阿蘇の田園風景や山をゆっくりと回りたいというニーズの表れであり、南阿蘇ならではの体験をコンテンツ化する取り組みである。

地域の学びによる関係人口の創出

みなみあそ観光局は、2022年より、南阿蘇村の専門学校イデア IT カレッジ阿蘇 (IICA) と連携し、学生・社会人向けに阿蘇の自然・文化を楽しみながら学べる「ラーケーション阿蘇」を開始した。南阿蘇の住民や事業者と、域外の阿蘇ファンが連携し、普段の観光だけで

▲みなみあそ観光局のレンタサイクル (出所：(一社) みなみあそ観光局)

▲南阿蘇の風景 (出所：(一社) みなみあそ観光局)

は得られない体験を通じた学びの機会を提供するものである。

ラーケーション阿蘇は、域外の南阿蘇のファンと、域内住民・事業者を結びつけ、関わりを強くすることでさらなるリピートにつなげる取り組みと位置づけられる。2022年には、近自然工法で登山道を整備する職人とトレッキングし、交流を図る「登山道整備職人と登る！阿蘇プチトレッキング」と、水源を巡りながら南阿蘇の水の物語を学び、キャンプ場での調理・実食を楽しむ「～至高の味わいを求めて～　水からたどる南阿蘇の地酒とあか牛」の2つのプログラムを実施した。地域の自然や食などの資源と域外のファンを、学びを通じて結びつける取り組みは、地域への愛着を高め、新たな顧客をリピーターとする取り組みとして期待される。

（松嶋　慶祐）

体験型の戦争・平和教育コンテンツによる観光地づくり
（（一社）錦まち観光協会：熊本県錦町）

体験型平和教育コンテンツによる誘客

（一社）錦まち観光協会（熊本県錦町）は、町に所在する戦争関連遺跡「人吉海軍航空基地」を活用し、平和体験教育による観光地づくりを推進している。人吉海軍航空基地は予科練生の教育施設として1943年に建設され、その後特攻訓練基地、本土防衛基地へとその役割を変え、終戦で活動を終えた、わずか1年9カ月だけ稼働した施設である。錦町では2018年、基地跡を保全・活用するため、外部遺構（魚雷調整場や地下作戦室、兵舎など）をめぐって遺跡を体験・学習できる「にしきひみつ基地ミュージアム」を開設した。

錦町の取り組みの特徴は、実際に外部遺構に足を踏み入れることができる、体験型のミュージアムを設計したことである。ミュージアム内の展示だけでなく、実際に兵器を作っていた地下施設や訓練や生活に使っていた施設に入り、触れることができる。遺跡内は希少なコウモリの生息地でもあり、“ひみつ基地”を探検するような体験も得られる。この仕組みにより、阪急交通社の“ミステリーツアー”の案内地となるなど、平和教育だけでない需要の獲得に成功し、年間15,000人を超える集客施設となっている。

コロナ禍では、戦争遺跡での体験を通じた教育のプログラムを造成し、修学旅行誘致にも積極的に取り組んでいる。平和教育施設としては、知覧や長崎に比べると後発でありながら、体験型であることや、分散周遊にも対応していることが評価され、関東、関西からの修学旅行客も訪れている。コロナ禍では修学旅行が近隣エリアで実施されるケースが増えたが、熊本県内の小・中学校を中心に受け入れを行い、好評である。

ミュージアムでは、平和教育・観光客の受け入れにあわせ、人吉球磨地域の事業者と連携した土産物の開発やレストラン事業も実施している。地域の陶芸家や花手箱生産者によるオリジナルグッズや、町花ツクシイバラの香料を使った石鹸・ハンドクリーム、球磨酪農農業協同組合の牛乳を使ったソフトクリームや山江村特産の栗を使ったスイーツなどを開発・販売している。レストラン・喫茶は、ミュージアムの来訪者だけでなく、地元住民の利用も多く、地域の憩いの施設ともなっている。錦町には有名な観光コンテンツがなく、道の駅が主要な集客拠点となっていたが、ミュージアムの開業により、町ならびに人吉球磨エリアに新たな観光拠点が生まれた。

人流データを活用したプロモーション展開

2022年、ミュージアムを運営する錦まち観光協会は、デジタルデータ、デジタル広告を活用した調査、プロモーションを実施している。位置情報データを使った来訪客の分析から、ひみつ基地ミュージアムは他の戦争遺跡のなかでも客層が比較的若く、コロナ禍でも来訪者の減少幅が小さいことがわかった。平和教育だけでない需要の獲得や、若年層にも親しまれる物産・料理の提供が奏功しているとみられる。また、こうした分析に基づき、SNSでのターゲット広告やクイズラリーイベントを実施し、来客やSNS登録者の増加、知名度向上に成功している。

（松嶋　慶祐）

▲修学旅行の受け入れ（出所：（一社）錦まち観光協会）

▲クイズラリーイベント（出所：（一社）錦まち観光協会）

周辺地域での消費を促すキャッシュレスサービス「HEYAZUKE」
（アマネク別府：別府市）

“地域活性化ホテル”

（株）アマネク（東京都千代田区）では、運営する宿泊施設「アマネク別府」を“地域活性化ホテル”と位置付け取り組みを行っている。この“地域活性化ホテル”は、宿泊客に積極的に街に出てもらえるような仕組みづくりをしていることが大きな特徴である。具体的な取り組みの１つとして、独自の決済システム「HEYAZUKE」を導入している。これは、利用者が地域の加盟店での支払いをホテルのカード型ルームキーで行い、チェックアウト時にまとめて精算できるキャッシュレスサービスである。ホテルの付帯施設のように街を回遊してもらうための仕掛けであり、宿泊者に施設外での消費を促し地域の活性化につなげることを目指している。加盟店はホテル周辺の飲食店が中心で、今秋からは加盟店を掲載した冊子を作成し、宿泊客へ積極的に紹介している。

地域の飲食店をホテルのレストランに

“地域活性化ホテル”というコンセプトは（株）アマネクの代表である安達禎文氏の考案であり、このコンセプトの実現が可能な地域として別府が選ばれた。通常宿泊施設を開業する際は、土地の取得後にコンセプト設定が行われるが、アマネク別府の場合は先にコンセプトがあり、「飲食店が一定以上集積している」「交通の便が良い」「観光資源がある」などの要件から「別府が最適と考えた」とのことである。従来の宿泊施設であれば、自社施設内で宿泊客に過ごしてもらうことで売上や顧客単価を伸ばすが、アマネク別府は施設内では夕食の提供を行わないという徹底ぶりだ。これまで宿泊客の１割強が利用しており、インバウンドが戻ってくれば利用者はさらに増えると想定している。また、加盟店からは「HEYAZUKE」利用の顧客の方が、単価が高いという声もある。今後は加盟店を増やしながら、別府の他の宿泊施設にも横展開ができないか模索しているとのことであった。

持続可能な観光地のための宿泊事業者と地域事業者の連携

なぜ地域活性化に取り組むのか。安達氏は「自社施設だけの繁栄を目指していては地域が先細ってしまい、地域の魅力がなくなり、人が来てくれなくなる」との考えだ。ホテルのレストランでなく地域の飲食店を利用してもらい、地域の活性化を目指すことで、最終的に自社の発展にもつながる。基本的に、「HEYAZUKE」で収益を上げることは考えておらず、地域の活性化が副次的にホテルに収益をもたらすとの考えの取り組みである。

持続可能な観光地の実現のためには、観光客の消費支出を域内で循環させることが重要だ。「HEYAZUKE」は宿泊事業者と域内関連企業をつなげ、域内循環を高める役割を担っている。

（山本　優子、田代　祐一）

▲アマネクダイニング（「HEYAZUKE」加盟店の写真）（出所：（株）アマネク提供）

▲加盟店で使用される端末（出所：（株）アマネク提供）

高い付加価値をもった地元産品の開発と展開

（宇目ひよこの会・佐伯市・宇目地域振興局：佐伯市）

地元食材を加工する女性有志組織「宇目ひよこの会」

佐伯市旧宇目町は、佐伯市の南西部に位置し、宮崎県とも接する。主幹産業は農業・林業で、しいたけ・栗の生産が盛んである。集落が中山間部に点在し、また高齢化が深刻なことから、限界集落、インフラの維持、耕作放棄地などが課題となっている地域である。この宇目地域を、６次産業化を通じて盛り上げようと、2010年、地元の女性有志が「宇目ひよこの会」を立ち上げた。

現在も、廃校となった中学校の１室を借りて、地元農産物の加工食品の開発・製造に取り組んでいる。発足後、２年もの歳月をかけて開発した里芋コロッケ、これをプレス・乾燥した里芋コロッケせんべいなど、主力商品を確立していたが、2018年から３年間、山村活性化支援交付金（農林水産省）の交付を受けて、地域課題を解決する新たな商品開発に乗り出した。

地元産品の栗、未利用資源の鹿革を高付加価値化

地域課題の１つ目に、栗の高付加価値化があった。宇目地域の特産品であり、近年は耕作放棄された圃場の代替作物として行政が導入を支援しているものの、対外認知度が低く、農協以外の販路が限られていた。そこで、宇目ひよこの会と佐伯市、宇目地域振興局は共同で商品開発を検討、専門家の意見も交えながら、高級ジャム「宇目和栗ジャム」として商品化した。添加物・保存料不使用で、和栗の濃厚な味わいが特徴となっており、現在はレモン風味・ラム酒入り・バター入りの３種を販売しており、販売価格は１個130gで1,800円となっている。

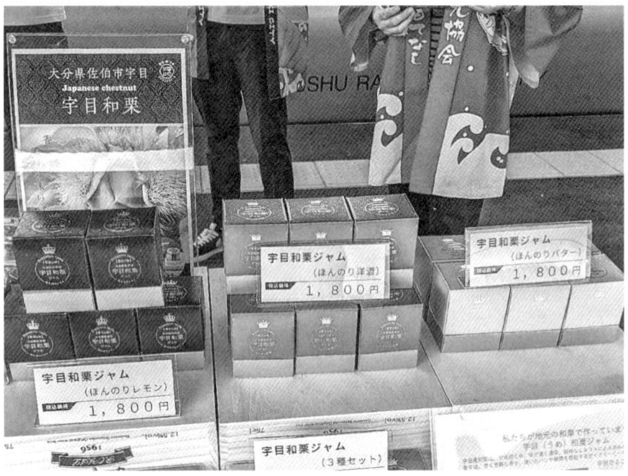

▲ななつ星 in 九州のマルシェで販売される「宇目和栗ジャム」（出所：筆者撮影）

また宇目地区では獣害対策で鹿などの鳥獣を年間１万頭捕獲していた。その肉はジビエとして活用していたが、革は未利用資源として残っていた。そこで宇目ひよこの会のメンバーが革の型入れ・刻印・ミシン技術を１から学び、マウスパット・コースターなど５種類の本革製品を商品化した。

クルーズトレインが高級品の販路に

これらの商品はいずれも高級志向であり、道の駅など従来の販路では里芋コロッケなどの売上を大きく下回る。ただし、JR 九州が運行するクルーズトレイン「ななつ星 in 九州」、D&S 列車「36ぷらす３」の佐伯市内の駅停車時に開催されるマルシェでは、売れ行き好調となっている。特に宇目和栗ジャムは帰宅後にリピート購入する層も多いという。地元の産品が高い付加価値をもって観光客に受け入れられ、それが地域住民の生きがいに繋がるという好循環が、九州地域各地により広がることが望まれる。

（渡辺　隼矢）

地域一体でのブランド維持と継承

((一社) 由布市まちづくり観光局：由布市)

DMO 主体で進める観光地づくり

2016年、行政と民間が一体となって由布市観光を推進するための中核的な役割を担う（一社）由布市まちづくり観光局（由布市）が設立された。由布市は旧湯布院町、旧庄内町、旧挾間町が合併して誕生し、合併当時は分庁舎方式を取っていたが、行政組織の再編によって観光課が旧湯布院町から総合庁舎へと移転した。由布市では以前より観光を専門に行う官民組織の必要性について議論を重ねており、総合庁舎方式への移行のタイミングに合わせる形で組織の設立に至った。由布市全体の観光のマーケティングとプロモーションを担っている。

2016年４月に発生した熊本地震や、2017年の北部九州豪雨により、由布市も甚大な被害を受けた。2020年の令和２年７月豪雨でも湯平温泉を中止に被害を受け、設立から災害対応に追われていた。そうしたなかでも、観光客の動きを客観的に捉えるためビッグデータの活用を進め、観光地づくりやブランド戦略を検討してきた。

保養地としての魅力を生かす取り組み

コロナ感染拡大で観光行動が制限され、観光客が減少するなか、由布市まちづくり観光局では、これまで継承されてきた“保養地”としての魅力を生かすことが重要と考えている。由布院はこれまでも旅館や地域の人の魅力が観光地の魅力となり、観光客を集めてきた。それに加え、地域で滞在する時間をより楽しく快適にする仕組みづくりを進めている。

グリーンスローモビリティの導入もそのひとつである。由布院には40年以上にわたって親しまれている「辻馬車」がある。由布院駅前をスタートし、由布岳を背に佛山寺、宇奈岐日女神社をまわる観光辻馬車は、コロナ禍でも週末は満員の予約が入るほどに人気である。由布院ではこれに加え、2022年、由布院駅からゆふいんフローラハウス、宇奈岐日女神社を巡るグリーンスローモビリティ「ノルク」を本格導入した。時速20km 以下で走行し、単なる観光スポット間の移動ではなく、田園などが広がる風景を楽しむ仕組みである。低炭素型交通でもあり、地域の環境負荷低減にも貢献する。

由布市まちづくり観光局は、“保養地”として由布院の自然、景観、生活を守ってきた歴史が「由布院」ブランドを作ってきたと認識している。今後もこのブランドを維持するとともに、市内の湯平温泉、塚原高原、由布川峡谷、男池といったスポットと連携し、滞在する魅力を高めるコンテンツ造成や仕組みづくりを行う意向である。

（松嶋　慶祐）

▲グリーンスローモビリティ「ノルク」（出所：ノルクWeb サイト）

民間の力を生かした古民家利活用

（日南市など：日南市）

重伝建地区の空き家増加と公有施設の維持管理費が課題に

日南市飫肥地区は、飫肥藩５万１千石の城下町として繁栄した。現在も城下町特有の地割や江戸～明治期の邸宅が保全されており、1977年、九州・沖縄で初となる重要伝統的建造物群保存地区に指定されている。しかし、人口減少が進むなか、空き家が増加し、景観悪化が課題になっていた。また、地区内でも特に歴史的価値の高い施設は市の所有となっているが、運営費だけで入館料収入を年間3,000万円をも上回り、今後20年で約40億円とも見込まれる修繕費・維持管理費をいかに捻出するかが財政上の問題となっていた。日南市では民間連携を通じて油津商店街を再生した経緯もあり、飫肥地区も民間事業者の利活用を通じた施設の保全・管理を目指すようになった。

市所有の旧邸を宿泊施設として再整備

2015年、徳永煌季氏が日南市まちなみ再生コーディネーターに就任後、まずは勝目邸（市所有）・合屋邸（個人所有）の利活用に着手した。飫肥地区に宿泊施設が少なかったことから、２物件を１棟貸しの宿泊施設として改修し、2017年、「季楽飫肥勝目邸・合屋邸」として開業した。なお、改修費用約１億2,500万円のうち、外観改修の一部に文化庁の補助金を利用し、残りは地元金融機関・投資ファンドからの調達で賄っている。

2017年、飫肥藩藩医が明治12年に建築、2015年に市へ寄付された旧小鹿倉邸の利活用に向けて公募を実施、（株）Yumegurashi（現・（株）Nazuna（滋賀県野洲市））が採択された。同社は旧小鹿倉邸を宿泊施設として改修し、2020年、「Nazuna飫肥城下町温泉」として開業した。同施設は客室が５室あり、それぞれ飫肥を体感できるコンセプトが設定されている。また、開業に併せて、中小企業庁の補助金を活用した商店街活性化にも取り組み、郷土料理のレシピブック作成、商店・飲食店を紹介する多言語カード配布、店舗の提灯サイン設置などを実施した。

2020年、市が所有する７物件の利活用に向けた公募を実施した。このうち、旧伊東伝左衛門家の利活用事業に選定されたJR九州は、2022年に宿泊施設「茜さす飫肥」として整備している。

民間による古民家利活用も進む

このほか、飫肥地区では民間による古民家利活用も進展している。旧山口邸は（株）プラスディー（東京都目黒区）のサテライトオフィスとなり、旧伊東邸は2018年に地元事業家が飲食店として整備した。また地元の建築・デザイン会社で、旧小鹿倉邸や旧伊東邸の改修にも携わった（株）PAAK Design（日南市）も、重伝建地区の古民家を買い取り、2021年に宿泊施設「PAAK

▲宿泊施設として再整備された旧小鹿倉邸（出所：Nazuna Webサイト）

HOTEL 犀」を開業している。

甑肥地区の空き家・未活用物件うち、利活用が進んだ物件はほんの一部だが、今後はこれらの施設が甑肥地区の新たな魅力になり、そして貴重な歴史・文化資源が後世に受け継がれることに期待したい。

（渡辺　隼矢）

甑島の宿泊促進に向けた観光地づくり

（(株）薩摩川内市観光物産協会・甑島ツーリズム推進協議会など：薩摩川内市）

日帰りでも行ける離島「甑島列島」

薩摩半島から西へ約30km 東シナ海に浮かぶ上甑島・中甑島・下甑島からなる甑島列島は、断崖や奇岩などの圧巻な自然景観、薩摩藩時代の武家屋敷、釣りや海鮮料理などの魅力を有する観光地である。川内港から高速船で50分と、手軽に訪れられる離島であり、日帰り観光客の比率が高かった。そのため、薩摩川内市や地域 DMO である（株）薩摩川内市観光物産協会（薩摩川内市）、官民連携組織である甑島ツーリズム推進協議会は、日帰りから宿泊へ、一泊から連泊へをテーマに、様々な切り口から観光振興に取り組んでいる。

体験型プログラムと「島の日常」の売り出し

薩摩川内市の取り組みの１つに「体験型観光の推進」がある。薩摩川内市では2010年から、

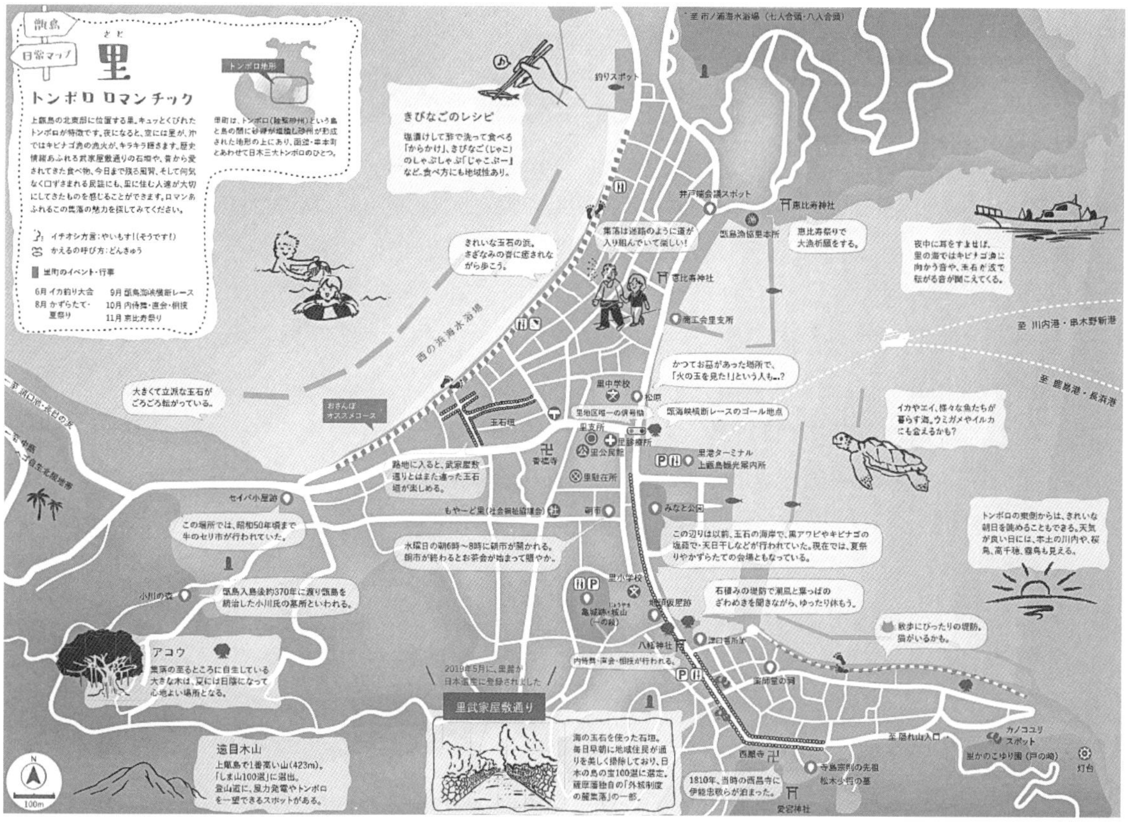

▲地区の特徴や住民の物語を取りまとめた「甑島日常マップ」（出所：甑島ツーリズム推進協議会）

旅行者の体験価値向上に向けて、有料体験プログラムを「きゃんぱく」としてパッケージ化し、プログラムの整備を進めてきた。加えて甑島では、特定有人国境離島地域社会維持推進交付金を活用し、渡航・体験プログラム・宿泊を自由に組み合わせて、お得に旅行を楽しめる「こしきまる旅フリーチョイス」を2018年12月に販売開始した。コロナ禍もありながら、2021年度までに約5,000人の利用があり、体験プログラムもクルーズ・ガイドツアーのほか、釣り体験、塩づくり体験が人気となっている。また、地元の店舗・事業者が新たに体験プログラムを企画するなど、体験のバリエーションは今もなお増えている。

さらに甑島ツーリズム推進協議会では、「島の人・島の生活」に着目した取り組みも進めている。同協議会が発行した「甑島日常マップ」は、住民とのワークショップを通じて、各集落の特徴やその背景にある日々の生活・歴史・文化をまとめた、観光客も住民も楽しめるガイドマップとなっている。このほか、島に生きる人々の物語を集めたフリーペーパー「KOSHIKI ZINE（コシキジーン）」も発行している。

橋開通で「甑島列島」が「甑島」に

2020年8月、全長1,533mの甑大橋が開通し、甑島列島の3島が結ばれた。観光面では、開通により上甑・中甑エリアと下甑エリアが車で周遊できるようになった。また、東シナ海の小さな島ブランド（株）（薩摩川内市）をはじめ、民間・個人による活性化事業も活発になっている。マイクロツーリズム・県民割等により鹿児島県内からの訪問者が多くなっていたが、アフターコロナには甑島へ九州、全国、そして世界から人が訪れることを期待したい。

（渡辺　隼矢）

地域との協働による観光まちづくり「伝泊」

（奄美大島・笠利地区：奄美市）

「伝統的・伝説的な建築の活用」と「地域課題解決の拠点」としての宿泊施設

奄美イノベーション（株）（奄美市）は、2016年に伝統建築を後世に残すためのまちづくりプロジェクトとして「伝泊」をスタートした。伝泊は「伝統的・伝説的な建築と集落文化を次の時代に伝えるための宿泊施設」をコンセプトとしている。取り組みの発端は、奄美群島で課題となっていた伝統建築の空き家問題である。この空き家を宿泊施設として再利用し、地域課題の解決を目指す取り組みとなっている。

2018年には高齢者施設と宿泊施設、レストランや特産品の販売拠点など、地域拠点と観光拠点の両方を併設する「まーぐん広場」を開設した。この施設は、スーパーの廃業により地域の交流拠点がなくなったことを発端に発案され、廃業したスーパーという未利用施設の活用にもなっている。共用スペースは、宿泊者だけでなく地域住民も使う場であり、開設からコロナ禍前まで日常的にイベントが企画・開催され、地域住民と宿泊客の交流の場となっていた。

地域の伝統文化・生活文化に触れる体験プログラム

地域の課題は、空き家だけではない。他の地域と同様、高齢化と若年層の流出による地域の活力の減退により、伝統文化や生活文化の継承が危ぶまれていた。この解決に資するものが、同社が宿泊客に提供する体験プログラムである。同社は、地域の祭事から島の伝統的な遊びまで、様々なプログラムを住民と共に開発し、宿泊客に提供している。地域住民と宿泊客を結びつけ、地域住民には雇用を、宿泊客にはそこでしかできない体験を提供する。地域との協働により、新たな価値を旅行者に提供する取り組みである。

集落の日常を観光化するまちづくり

宿泊客は、地域の自然・歴史を感じる建物に泊まり、地域住民と同じ場・体験を共有しながら、集落の日常を感じる。宿泊客と地域住民が交わることで、宿泊客はより地域のことを知り、新たな観光体験を得る。地域住民は、観光が他人事ではなく自分事になり、増加する観光客への受け入れにも貢献する。互いの理解が深まることで、旅行者には地域へ寄り添った行動を促し、地域住民は旅行者によりよいもてなしを提供することにつながる。旅行者と地域住民との軋轢が生じている地域においても、参考になる取り組みと言える。

旅行者は非日常を求め観光地を訪れるが、受け入れる住民にとって、そこは日常の場である。旅行者の非日常と住民の日常の両立は当然のこととして、旅行者と住民の交流が共に良い思い出となる。持続可能な観光地にはこのような場が求められるだろう。

（田代　祐一）

八月踊り

毎年旧暦の８月に各集落で行われる奄美の伝統文化、八月踊り。踊りの唄声や掛け声、太鼓、指笛の音が響き渡る夜を、集落住民といっしょに、特別な島時間を過ごす伝泊の一大体験です。

ナンコ遊び

ナンコ遊びは奄美に古くから伝わる酒席での遊びの一つ。一対一で向かい合い、相手が握っている棒の数を当て合います。心理戦で勝ちを競い合う、熱気あふれる伝統的なゲームです。満足度★５。

島っちゅとビーチクリーン体験

伝泊の宿周辺のビーチを、集落住民と一緒にキレイにするビーチクリーン体験です。奄美大島に来た時よりも美しく。奄美の自然を想う気持ちが、島の未来につながっていきます。開催は不定期です。

▲体験プログラムの例（出所：伝泊 Web サイト）

地域コミュニティ活性化と仕事づくりを軸としたワーケーション

（Airbnb Japan（株）・沖縄県読谷村：沖縄県読谷村）

「暮らすように旅する」体験型観光

Airbnb Japan（株）（東京都新宿区）は、沖縄県読谷村と連携し、ワーケーションを行いながら「暮らすように旅をする」体験型観光を実施している。Airbnb Japan（株）は、宿泊や体験などのバケーションレンタルを世界で展開する企業であるが、パートナーである多様な宿のホストとの連携による地方創生にも取り組んでいる。同社の観光地づくりの特徴は、地域の中心的な宿泊事業者である「ホスト」が主体となり、地域の住民や事業者と宿泊客（ワーケーションを行うワーカー）との関係を構築し、事業やプロジェクトの創出を行うことである。

これまで長野県辰野町や長野県飯田市で共働プロジェクトを実施し、首都圏などの関係人口の創出や移住の促進、観光客の増加に成功してきた。長野県辰野町では、著しい人口減少が進むなか、連携協定を結び、新たな人の流れをつくる取り組みを実施してきた。同社は、辰野町に住みながら地域課題を洗い出し、地域で事業創出をめざす企業を選定し、「共創型ワーケーション」を支援した。同社とワーケーション企業は、地域住民・事業者とのワークショップを通じてその企業が地域でやりたい事や地域課題を抽出するとともに、地域の資源を発掘した。選定された４つの企業の中の１社は、僅か半年以内に辰野町に支店を開業することを決め、残りの企業も交流を継続している。また、空き家を活用したプロジェクトでは、辰野町に多くあった未利用民家を“資源”として評価し、店舗や民泊での利用を検討した結果、３件の民泊施設の開業をもたらした。オーナーの１人は東京からの移住者であり、開業によって宿泊者を含む新たな人の流れを生み出した。

読谷村でのワーケーション・プロジェクト

読谷村でのプロジェクトでは、同社のネットワークと経験を生かし、読谷村で新たな地域との交流を創出しうる企業を選定し、「共創・共学のワーケーション」を支援する。地域に根付いているホストが主体となり、ワークショップなどを通じてワーケーション企業と地域事業者、住民との交流を促す。これにより、ワーケーション企業と地域に継続的な関係が生まれ、単なる観光客ではない新たな人の流れを作ることができている。読谷村では、地域の民話や歴史を通じた教育や観光プロモーションのプロジェクトが立ち上がり、それをきっかけとした交流が始まっている。

同社は、単なるワーケーションの場の提供ではなく、ワーケーションを通じて地域との連携を深め、関係人口を創出することで新しい人の流れを作っている。コロナで加速するワーケーションという新しい流れを、観光地づくりに継続的に生かす取り組みとして期待される。

▲読谷村・Airbnb 交流会
（出所：Airbnb Japan（株）提供）

▲読谷村民話プロジェクト
（出所：Airbnb Japan（株）提供）

コロナ禍の Airbnb の変化にみる「新たな旅の形」

Airbnb は2022年５月、過去10年間で最大のサービスアップグレードを行い、「Airbnb 検索カテゴリ」と「宿泊先の分割」機能をサイトに実装した。このうち「Airbnb 検索カテゴリ」は、旅行者が存在さえ知らなかったユニークな宿泊先に出会える機能である。「ログハウス」「ツリーハウス」などの宿泊施設のスタイルや「ビーチフロント」「湖畔」などのロケーション、「キャンプ」「サーフィン」などのアクティビティからなる56項目の検索カテゴリから宿泊施設がレコメンドされ、旅行者に新たな旅先を提案する。これは、人々は暮らす場所や仕事をする場所についてさらに柔軟になってきていることを踏まえたものである。同社は、旅行者にとって魅力的な場所は、旅行者が認知している都市・地域以上に多くあり、特定の場所だけでなく目的で行き先を選ぶ仕組みが望ましいとみている。こうしたプラットフォームの変化からみても、コロナ禍での旅行行動の変容が今後も続くと考えられる。

（松嶋　慶祐）

官民連携による観光地づくり

（長門湯本温泉まち（株）・長門市：長門市）

長門市と星野リゾートによる温泉街再生プランの策定

長門湯本温泉（長門市）は、2014年の老舗大型ホテルの廃業を契機に、温泉街の魅力復活に向けた取り組みを進めてきた。2016年には、同市への進出を決めた（株）星野リゾート（長野県軽井沢町）と連携して「長門湯本温泉マスタープラン」を策定し、それに基づく「長門湯本温泉観光まちづくり計画（2017～2021年度）」に沿って温泉街の再生を進めている。温泉街でのそぞろ歩きを楽しむ魅力的な温泉街「オソト天国」をコンセプトとし、温泉街の中心を流れる音信（おとずれ）川や街路など公共空間の観光活用、域内外事業者の参画を促す仕組みづくり等を一体的に進めてきた。まちづくり計画に基づくハード整備は完了し、2020年３月には「星野リゾート 界 長門」が開業した。計画完了まもなくコロナ禍となり、想定より集客が厳しい状況もあったが、地域の事業者を中心に現在も観光地づくりを進めている。

官民がビジョンを共有し、一体となって観光地づくりを実現

まちづくり計画は、（有）ハートビートプラン（大阪市北区）代表取締役泉氏が司令塔となり、建築、ランドスケープ、夜間景観、交通などの民間専門家と、長門市・山口県の行政からなる「長門湯本温泉まちづくりデザイン会議」を主体として実行された。成果を上げた要因のひとつは、民間専門家と地域の事業者が実際に観光事業の主体となったことである。温泉街で長く親しまれながら老朽化で赤字が続いていた公衆浴場「恩湯（おんとう）」の再生は、地域の事業者と温泉街の若旦那を含むデザイン会議メンバーが設立した長門湯守（株）（長門市）が整備・運営を担ったことで実現した。温泉街の空き家リノベーション第１号となったカフェ「cafe & pottery 音」は、地元深川窯の萩焼の若手作家やデザイン会議のメンバーが DIY で整備し開業した。温泉街での時間を楽しむ空間に加え、それまで温泉街になかった萩焼の文化に触れる拠点にもなっている。

官民でビジョンを共有し、行政がハード整備の面で後押ししたことも成功要因である。計

画には、温泉街の一体的な再生のため、音信川と、そぞろ歩きするための道路空間の活用が盛り込まれている。川の上にテラスを設置する「川床」は、地道な社会実験と、河川管理者である山口県、長門市の安全性検証の積み重ねによって実現した。川床は地元事業者によるカフェ、朝食プランの提供などに利用され、長門湯本温泉の新たな魅力となっている。また、長門市が中心となり、そぞろ歩きがしやすい道路空間づくりを進め、ベンチやテーブル、休憩できるパラソルの常設を実現した。これらの整備を計画期間内で実現したことも、温泉街整備の一体感と魅力向上につながった。

「オソト天国」としての魅力づくりを継続

2020年、温泉街全体のマネジメントを行う「長門湯本温泉まち（株）」が設立された。入湯税を原資とし、温泉街全体の経営を担う組織である。温泉地のプロモーションのほか、繁閑を平準化する取り組みとして１月の「音信川うたあかり」や、GW 明けの「OTOZURE RIVER FESTIVAL」など数多くのイベントを企画運営している。また、域内事業者による観光事業への進出や企画もサポートしており、ブリュワリーなどの新たな店舗の開業や、温泉街の店舗が一体となった季節毎のメニューの開発、発信を行っている。少しずつではあるが、それまで閑散としていた温泉街に人通りが戻り、中高年団体客が主体だった客層も若者へと若返りつつある。地域一体となった取り組みは高く評価され、都市景観大賞優秀賞（国土交通省）や土木学会デザイン賞（（公社）土木学会）など多くの賞に選ばれている。

長門湯本温泉は官民一体となった取り組みを継続し、温泉街の魅力を高めている。九州地域の温泉街再生のモデルケースとして注目される。

（松嶋　慶祐）

▲恩湯（出所：長門湯本温泉まち（株）提供）

▲音信川の川床（出所：長門湯本温泉まち（株）提供）

参考資料

参考資料１：「おでかけウォッチャー」分析データの取得条件設定

①観光スポット別データ（計1, 154スポット）

データ	九州地域の観光スポットを指定し、「おでかけウォッチャー」内で取得したデータ
分析期間	2019年１月～2022年11月（各論１章）、2022年12月（総論） ※属性別分析は2021年１月以後のみ
指定した観光スポット	各県観光連盟 Web サイトの観光地紹介ページ、Tripadvisor 等の観光レビューサイトを基に指定
観光スポット毎のメッシュ単位・メッシュ数	単一または複数の250m メッシュ （注：各論１章３節の個別地域分析の対象となる４地域では、一部スポットを10m メッシュ単位で指定）
人流除外条件	発地から20km 以内の流動、職場・学校などへの日常的な流動を除外
ジャンル	指定スポットに下記のいずれかのジャンルを割り当て（１スポット１ジャンル） ①エンタメ・アミューズメント　②グルメ　③ショッピング・サービス ④スポーツ・アクティビティ　⑤ホテル・旅館　⑥温泉・スパ ⑦海水浴場　⑧郷土景観・街・街道　⑨建造物　⑩交通・乗り物 ⑪史跡・城跡・城郭　⑫自然資源　⑬神社・寺院・教会 ⑭庭園・公園　⑮動植物園・水族館　⑯美術館・博物館
備考	観光スポットとして指定したメッシュが縦または横で接する場合は、統合して１スポットとする。ただし、３スポット10メッシュ以上が統合される場合は、統合後、９メッシュ以下になるように再度分割する。

②市区町村別データ

データ	各市区町村から最大20箇所の観光スポットを指定し、来訪者情報を取得後、市区町村内の重複訪問を除外したデータ（「おでかけウォッチャー」にて公表中のデータ） ※個別地域分析にてデータを用いるうきは市、朝倉市、長崎市、宮古島市、および指定範囲の違いにより2019年における市区町村内のスポット別来訪者数の最大値が市区町村来訪者数を上回る22市区町村については、「①観光スポット別データ」にて指定したスポットから市区町村内複数スポットへの重複訪問を差し引いた来訪者数を用いる。
分析期間	2019年１月～2022年11月（各論１章）、2022年12月（総論） ※属性別分析は2021年１月以後のみ
人流除外条件	発地から20km 以内の流動、職場・学校などへの日常的な流動を除外
備考	おでかけウォッチャーでは各市区町村がモニタリングスポットを任意の地点に変更できるサービスとしているが、データの連続性を保つ観点から、本稿ではおでかけウォッチャーのリリース時点（2021年10月）に九経調がデフォルトとして設定したスポットを対象としている。また、全国・都道府県別データは、市区町村別の人数を足し上げて算出している。

資料）九経調作成

参考資料２：九州経済白書アンケート調査について

2022年九州経済白書では、「会議出張と報奨旅行の動向把握のためのアンケート」および「学術会議の動向とニーズ把握のためのアンケート」を実施した。それぞれの概要は以下のとおりである。

１．会議出張と報奨旅行の動向把握のためのアンケート

■調査目的■

国内企業の会議出張と報奨旅行に関する実施状況およびコロナ禍の影響を定量的に明らかにする。

■調査対象■

全国の企業のうち、売上高上位5,000社を抽出。なお、企業の情報は、(株)東京商工リサーチの「CD・Eyes50」および（株）東洋経済新報社の「外資系企業総覧2022年版」により入手した。

■調査方法■

郵送による依頼、Webフォームによる回答。希望者には調査票をFAXや電子メールにて送付。

■調査期間■　2022年10月～11月

■回 答 率■　発　送　数：5,000通
回　答　数：　68通
有効回答数：　68通
有効回答率：1.36％（郵送未達21通を除いて算出）

■アンケート回答属性■

【企業所在地】

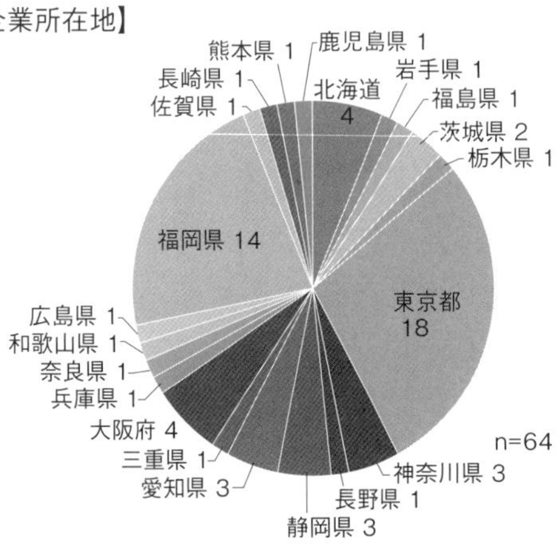

【業種】

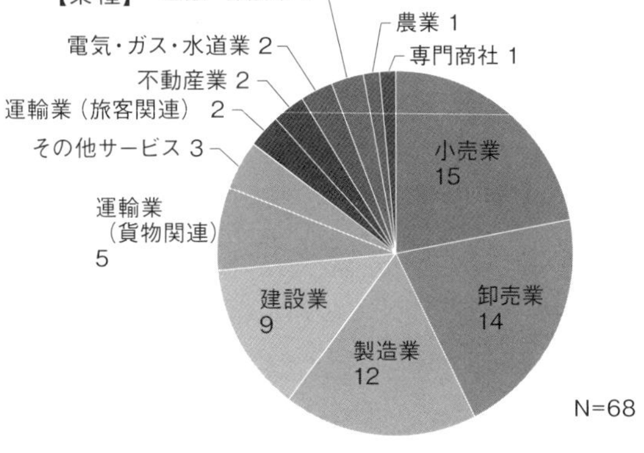

注）無回答を除く
資料）九経調「会議出張と報奨旅行の動向把握のためのアンケート」

2．学術会議の動向とニーズ把握のためのアンケート

■調査目的■
国内学術会議に関する実施状況およびコロナ禍の影響を定量的に明らかにする。

■調査対象■
学会名鑑に掲載されている学会のうち、主たる会員の数が300以上の学会1,337学会を抽出。

■調査方法■
郵送による依頼、Webフォームによる回答。希望者には調査票をFAXや電子メールにて送付。

■調査期間■　2022年9月～10月

■回 答 率■　発　送　数：1,337通
回　答　数：　136通
有効回答数：　136通
有効回答率：　10.2％

■アンケート回答属性■

【主たる会員の数】

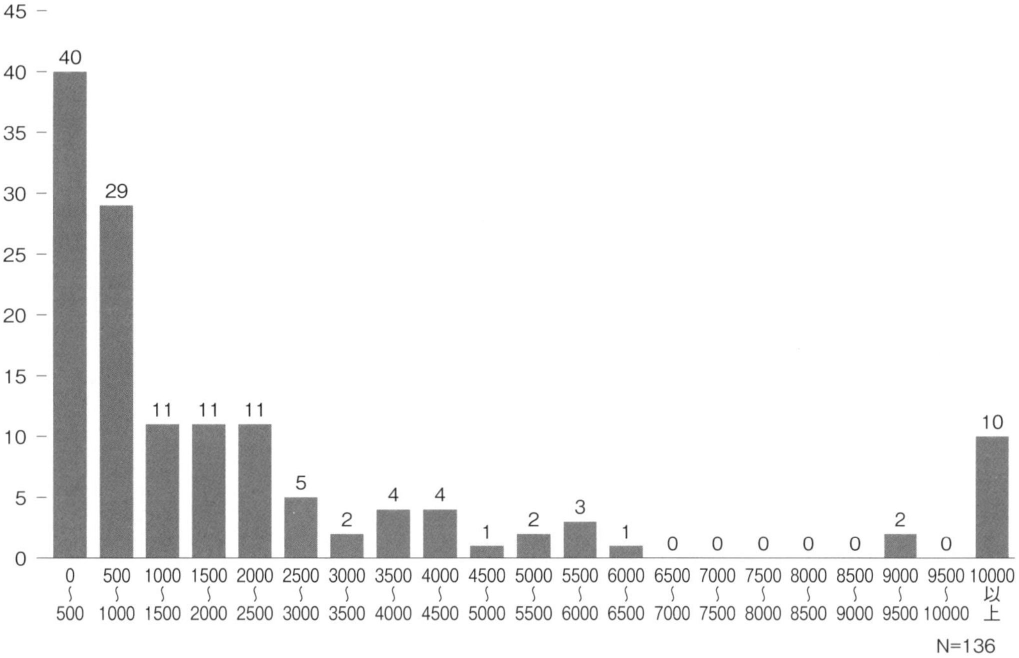

資料）九経調「学術会議の動向とニーズ把握のためのアンケート」

2022年10月14日

公益財団法人　九州経済調査協会
理事長　髙木直人

2023年版九州経済白書
会議出張と報奨旅行の動向把握のためのアンケート調査
御協力のお願い

拝啓　時下ますますご清栄のこととお慶び申し上げます。

当会は1946年に設立された学術研究機関で、九州・沖縄・山口（以下、九州地域）の経済社会動向の調査研究を行うシンクタンクでございます。当会では、自主研究活動の一環として、九州地域の経済社会問題に関する調査をまとめた「九州経済白書」を毎年刊行しております。

2023年版の「九州経済白書」（来年２月刊行予定）では、「コロナ禍の観光・MICEの動向と展望」をテーマにとりまとめます。そこで、本アンケートで、各企業様の出張を伴う会議（MICEの″M″）や報奨旅行（インセンティブ旅行。MICEの″I″）の実施状況を把握したいと考えております。

本アンケート等をもとにしたMICE市場の変化やコロナ禍の観光産業の動向、コロナ後の観光の展望等について取り上げる予定です。つきましては、ご多忙のところ誠に恐縮ですが、次頁以降のアンケートにご協力のほど、よろしくお願い申し上げます。

なお、本調査で得られた情報については、適正に取り扱い、目的外に使用することは決してありません。また、調査結果は、社名が特定できないアンケート集計結果の形で白書にて公開する予定でありますが、個別の回答票が公開されることはありません。

敬具

■ご回答にあたって■

- **アンケートにお答えいただいた皆様には、御礼として集計結果を送付いたします（送付時期は「九州経済白書」刊行時期（2023年2月予定）を予定しております。）。御希望の方は、調査票の該当する欄にメールアドレスをご記入ください。**
- **甚だ勝手なお願いで恐縮でございますが、10月31日を目途に、下記URL、QRコードからアクセスいただきweb上で御回答下さい。FAXやメール（こちらのWordファイルへの記入）でのご回答も可能ですので、御希望の場合はお知らせ下さい。**

https://questant.jp/q/2022HakusyoM

【お問い合わせ先】

（公財）九州経済調査協会 調査研究部　担当：田代
TEL：092-721-4905　FAX：092-721-4904　e-mail：ytashiro@kerc.or.jp

Q1. 貴社の概要について、以下の項目をお答え下さい

貴社名	
所在地	都道府県　　市区町村（該当に○をつけて記載願います）
ご記入者	所属・役職 お名前　　TEL：　　－　　－
集計結果のご希望	ご希望の方には集計結果を e-mail にてお送りしますので、当欄にアドレスをご記入ください。 配信先：e-mail：　　@

～いずれも、回答いただける箇所だけでも構いません。御協力のほどよろしくお願いします～

＜貴社全体に関する点についてお聞きします＞

Q2. 派遣・パートを含む従業員規模について（1 つに○）

1. 5 人以下	2. 6～20 人	3. 21～50 人	4. 51～100 人	5. 101～300 人
6. 301～999 人	7. 1,000～1,999 人	8. 2,000～4,999 人	9. 5,000 人以上	

Q3. 主な業種（１つに○。最も売上高の高い業種を選択してください。）

1. 建設業	2. 製造業	3. 電気･ガス･水道業	4. 情報通信業
5. 運輸業(旅客関連)	6. 運輸業(貨物関連)	7. 卸売業	8. 小売業
9. 金融･保険業	10. 不動産業	11. 宿泊業	12. 飲食業
13. 医療、福祉	14. その他サービス	15. その他(　　)	

Q4. 貴社の対前年比の売上高について（2022 年度については見込みで構いません。）（1 つに○）

2019 年度 (2018 年度比)	1. 増加 2. 横ばい 3. 減少	2020 年度 (2019 年度比)	1. 増加 2. 横ばい 3. 減少	2021 年度 (2020 年度比)	1. 増加 2. 横ばい 3. 減少	2022 年度 (2021 年度比)	1. 増加 2. 横ばい 3. 減少

Q5. 海外の拠点や関連会社の有無について（１つに○）

1. あり	2. なし

Q6. Zoom 等の Web 会議ツールの普及状況について

全体の（　　）割程度の社員が、日常的に使用することができている。

※ 貴社が Web 会議の使用を想定する社員数を母数として、おおよそ何割の社員に普及しているかお答え下さい。

※ 0 から 10 までの整数でお答え下さい。感覚的な割合で構いません。

Q7. 貴社の旅費交通費について（2022 年度については予算等の見込みで構いません。）

2019 年度	円	2020 年度	円	2021 年度	円	2022 年度	円

<出張を伴う会議の実施状況についてお聞きします>

※以降の質問では、「会議」を「目的に応じて多方面から関係者を集めて行うもの」として御理解下さい。

例えば、以下のものが該当します。

①社内向け会議：全社的な会議や研修（例：支店長会議や全社研修など）

②顧客向け会議：顧客を集めたセミナーやイベント（例：海外投資家向けセミナーなど）

いずれも、コロナ禍前には一般に出張を伴うことが想定されていたものとお考え下さい。

以降では①と②に分けてそれぞれお伺いします。

<①社内向け会議についてお聞きします>

Q8. 2019年度以降の**①社内向け会議**の実施状況について（１つに○）

1. ①社内向け会議を実施したことがある
2. 実施したことはない　→Q20. へお願いします。

Q9. 2019年度の主な開催地について（最もあてはまるもの１つに○）

1. 本社所在地周辺の自社施設で実施した
2. 本社所在地周辺以外の自社施設で実施した　→開催都道府県（　　　）
3. 本社所在地周辺のホテルや会議会場等の施設で実施した
4. 本社所在地周辺以外のホテルや会議会場等の施設で実施した　→開催都道府県（　　　）
5. その他（　　　）

Q10. 2019年度の主な開催方法について（最もあてはまるもの１つに○）

1. 参加者を基本的に現地へ集合させる方式で開催した
2. 参加者には主にWebで参加させる方式で開催した
3. 参加者には、現地参加とWeb参加を勤務地に応じて指定する方式で開催した
4. その他（　　　）

Q11. 2020年度の主な開催地について（最もあてはまるもの１つに○）

1. 本社所在地周辺の自社施設で実施した
2. 本社所在地周辺以外の自社施設で実施した　→開催都道府県（　　　）
3. 本社所在地周辺のホテルや会議会場等の施設で実施した
4. 本社所在地周辺以外のホテルや会議会場等の施設で実施した　→開催都道府県（　　　）
5. その他（　　　）

Q12. 2020年度の主な開催方法について（最もあてはまるもの１つに○）

1. 参加者を基本的に現地へ集合させる方式で開催した
2. 参加者には主にWebで参加させる方式で開催した
3. 参加者には、現地参加とWeb参加を勤務地に応じて指定する方式で開催した
4. その他（　　　）

Q13. 2021年度の主な開催地について（最もあてはまるもの１つに○）

1. 本社所在地周辺の自社施設で実施した
2. 本社所在地周辺以外の自社施設で実施した　→開催都道府県（　　　）
3. 本社所在地周辺のホテルや会議会場等の施設で実施した
4. 本社所在地周辺以外のホテルや会議会場等の施設で実施した　→開催都道府県（　　　）
5. その他（　　　）

Q14. 2021年度の主な開催方法について（最もあてはまるもの１つに○）

1. 参加者を基本的に現地へ集合させる方式で開催した
2. 参加者には主にWebで参加させる方式で開催した
3. 参加者には、現地参加とWeb参加を勤務地に応じて指定する方式で開催した
4. その他（　　　）

Q15. 2022年度の主な開催地（予定を含む）について（最もあてはまるもの１つに○）

1. 本社所在地周辺の自社施設で実施した（する）
2. 本社所在地周辺以外の自社施設で実施した（する）　→開催都道府県（　　　）
3. 本社所在地周辺のホテルや会議会場等の施設で実施した（する）
4. 本社所在地周辺以外のホテルや会議会場等の施設で実施した（する）→開催都道府県（　　　）
5. その他（　　　）

Q16. 2022年度の主な開催方法（予定を含む）について（最もあてはまるもの１つに○）

1. 参加者を基本的に現地へ集合させる方式で開催した（する）
2. 参加者には主にWebで参加させる方式で開催した（する）
3. 参加者には、現地参加とWeb参加を勤務地に応じて指定する方式で開催した（する）
4. その他（　　　）

Q17. 2023年度の主な開催地（予定）について（最もあてはまるもの１つに○）

1. 本社所在地周辺の自社施設で実施する
2. 本社所在地周辺以外の自社施設で実施する　→開催都道府県（　　　）
3. 本社所在地周辺のホテルや会議会場等の施設で実施する
4. 本社所在地周辺以外のホテルや会議会場等の施設で実施する　→開催都道府県（　　　）
5. 未定　　6. その他（　　　）

Q18. 2023年度の主な開催方法（予定）について（最もあてはまるもの１つに○）

1. 参加者を基本的に現地へ集合させる方式で開催する
2. 参加者には主にWebで参加させる方式で開催する
3. 参加者には、現地参加とWeb参加を勤務地に応じて指定する方式で開催する
4. 未定　　5. その他（　　　）

Q19. ①社内向け会議の開催地選定に当たって重視するポイント（より重視するものから３つに〇）

1. 交通アクセス	2. 支援制度（助成金含む）の有無
3. 宿泊施設（客室）の充実度	4. 開催地にゆかりがある
5. 参加者からの人気	6. 自社施設との近接性
7. 広報PR資料等の提供・貸出し	8. 視察の受入れ対応
9. その他（　　　　　　）	
10. 代表等が決める、特定地のローテーションなど、事務局として重視するポイントは特にない	

＜②顧客向け会議についてお聞きします＞

Q20. 2019年度以降の**②顧客向け会議**の実施状況について（１つに○）

1. ②顧客向け会議を実施したことがある
2. 実施したことはない　→Q32. へお願いします。

Q21. 2019年度の主な開催地について（最もあてはまるもの１つに〇）

1. 本社所在地周辺の自社施設で実施した
2. 本社所在地周辺以外の自社施設で実施した　→開催都道府県（　　　　）
3. 本社所在地周辺のホテルや会議会場等の施設で実施した
4. 本社所在地周辺以外のホテルや会議会場等の施設で実施した　→開催都道府県（　　　　）
5. その他（　　　　　　）

Q22. 2019年度の主な開催方法について（最もあてはまるもの１つに〇）

1. 参加者を基本的に現地へ集める方式で開催した
2. 参加者には主にWebで参加してもらう方式で開催した
3. 参加者には、現地参加とWeb参加を任意で選べる方式で開催した
4. その他（　　　　　　）

Q23. 2020年度の主な開催地について（最もあてはまるもの１つに〇）

1. 本社所在地周辺の自社施設で実施した
2. 本社所在地周辺以外の自社施設で実施した　→開催都道府県（　　　　）
3. 本社所在地周辺のホテルや会議会場等の施設で実施した
4. 本社所在地周辺以外のホテルや会議会場等の施設で実施した　→開催都道府県（　　　　）
5. その他（　　　　　　）

Q24. 2020年度の主な開催方法について（最もあてはまるもの１つに〇）

1. 参加者を基本的に現地へ集める方式で開催した
2. 参加者には主にWebで参加してもらう方式で開催した
3. 参加者には、現地参加とWeb参加を任意で選べる方式で開催した
4. その他（　　　　　　）

Q25. 2021 年度の主な開催地について（最もあてはまるもの１つに○）

1. 本社所在地周辺の自社施設で実施した
2. 本社所在地周辺以外の自社施設で実施した　→開催都道府県（　　　）
3. 本社所在地周辺のホテルや会議会場等の施設で実施した
4. 本社所在地周辺以外のホテルや会議会場等の施設で実施した　→開催都道府県（　　　）
5. その他（　　　）

Q26. 2021 年度の主な開催方法について（最もあてはまるもの１つに○）

1. 参加者を基本的に現地へ集める方式で開催した
2. 参加者には主に Web で参加してもらう方式で開催した
3. 参加者には、現地参加と Web 参加を任意で選べる方式で開催した
4. その他（　　　）

Q27. 2022 年度の主な開催地（予定を含む）について（最もあてはまるもの１つに○）

1. 本社所在地周辺の自社施設で実施した（する）
2. 本社所在地周辺以外の自社施設で実施した（する）　→開催都道府県（　　　）
3. 本社所在地周辺のホテルや会議会場等の施設で実施した（する）
4. 本社所在地周辺以外のホテルや会議会場等の施設で実施した（する）→開催都道府県（　　　）
5. その他（　　　）

Q28. 2022 年度の主な開催方法（予定を含む）について（最もあてはまるもの１つに○）

1. 参加者を基本的に現地へ集める方式で開催した（する）
2. 参加者には主に Web で参加してもらう方式で開催した（する）
3. 参加者には、現地参加と Web 参加を任意で選べる方式で開催した（する）
4. その他（　　　）

Q29. 2023 年度の主な開催地（予定）について（最もあてはまるもの１つに○）

1. 本社所在地周辺の自社施設で実施する
2. 本社所在地周辺以外の自社施設で実施する　→開催都道府県（　　　）
3. 本社所在地周辺のホテルや会議会場等の施設で実施する
4. 本社所在地周辺以外のホテルや会議会場等の施設で実施する　→開催都道府県（　　　）
5. 未定　　6. その他（　　　）

Q30. 2023 年度の主な開催方法（予定）について（最もあてはまるもの１つに○）

1. 参加者を基本的に現地へ集める方式で開催する
2. 参加者には主に Web で参加してもらう方式で開催する
3. 参加者には、現地参加と Web 参加を任意で選べる方式で開催する
4. 未定　　5. その他（　　　）

Q31. ②顧客向け会議の開催地選定に当たって重視するポイント（より重視するものから３つに〇）

1. 交通アクセス	2. 支援制度（助成金含む）の有無
3. 宿泊施設（客室）の充実度	4. 開催地にゆかりがある
5. 参加者からの人気	6. 自社施設との近接性
7. 広報PR資料等の提供・貸出し	8. 視察の受入れ対応
9. その他（　　　　　　　　　　　　　　　　　　）	
10. 代表等が決める、特定地のローテーションなど、事務局として重視するポイントは特にない	

<報奨旅行（インセンティブ旅行）の実施状況についてお聞きします>

※以降の質問では、「報奨旅行」を

「企業が、従業員や代理店等の表彰、研修、顧客の招待等を目的で実施する旅行」と御理解下さい。

例えば、「営業成績優秀者に対する表彰」や「会社設立〇〇周年記念旅行」などが該当します。

Q32. 2019年度の開催回数について

（　　　　　　）回

Q33. 2019年度の行き先について

行き先：（　　　　　　　　　　　　　　　　）

※海外の場合は国名、国内の場合は都道府県をお答え下さい。

Q34. 2019年度における予算と参加人数をお答え下さい（概算で構いません。）。

全体予算：（　　　　　　）円　　延べ参加者数：（　　　　　　）人

Q35. 2020年度の開催回数について

（　　　　　　）回

Q36. 2020年度の行き先について

行き先：（　　　　　　　　　　　　　　　　）

※海外の場合は国名、国内の場合は都道府県をお答え下さい。

Q37. 2020年度における予算と参加人数をお答え下さい（概算で構いません。）。

全体予算：（　　　　　　）円　　延べ参加者数：（　　　　　　）人

Q38. 2021年度の開催回数について

（　　　　　　）回

Q39. 2021年度の行き先について

行き先：（　　　　　　　　　　　　　　　　）

※海外の場合は国名、国内の場合は都道府県をお答え下さい。

Q40. 2021年度における予算と参加人数をお答え下さい（概算で構いません。）。

全体予算：（　　　　　　）円　　延べ参加者数：（　　　　　　）人

Q41. 2022年度の開催回数（予定を含む）について

（　　　　　　）回

Q42. 2022年度の行き先（予定を含む）について

行き先：（　　　　　　　　　　　　　　　　　　　　）
※海外の場合は国名、国内の場合は都道府県をお答え下さい。

Q43. 2022年度における予算と参加人数（予定を含む）をお答え下さい（概算で構いません。）。

全体予算：（　　　　　　　　）円	延べ参加者数：（　　　　　　　　）人

Q44. 2023年度の開催回数（予定）について

（　　　　　　）回

Q45. 2023年度の行き先（予定）について

行き先：（　　　　　　　　　　　　　　　　　　　　）
※海外の場合は国名、国内の場合は都道府県をお答え下さい。

Q46. 2023年度における想定予算と参加予定人数をお答え下さい（概算で構いません。）。

全体予算：（　　　　　　　　）円	延べ参加者数：（　　　　　　　　）人

Q47. 報奨旅行の開催地選定に当たって重視するポイント（より重視するものから３つに〇）

1. 交通アクセス	2. 支援制度（助成金含む）の有無
3. 宿泊施設（客室）の充実度	4. 開催地にゆかりがある
5. 参加者からの人気	6. 自社施設との近接性
7. 広報PR資料等の提供・貸出し	8. 視察の受入れ対応
9. その他（　　　　　　　　　　　　　　　　　　　　）	
10. 代表等が決める、特定地のローテーションなど、事務局として重視するポイントは特にない	

アンケートは以上です。ご協力ありがとうございました。

2022 年 9 月 16 日

公益財団法人　九州経済調査協会
理事長　髙木直人

2023 年版九州経済白書
学術会議の動向とニーズ把握のためのアンケート調査
御協力のお願い

拝啓　時下ますますご清栄のこととお慶び申し上げます。

当会は 1946 年に設立された学術研究機関で、九州・沖縄・山口（以下、九州地域）の経済社会動向の調査研究を行うシンクタンクでございます。当会では、自主研究活動の一環として、九州地域の経済社会問題に関する調査をまとめた「九州経済白書」を毎年刊行しております。

2023 年版の「九州経済白書」（来年２月刊行予定）では、「コロナ禍の観光・MICE の動向と展望」をテーマにとりまとめます。本アンケート等をもとにした MICE 市場の変化やコロナ禍の観光産業の動向、コロナ後の観光の展望等について取り上げる予定です。つきましては、ご多忙のところ誠に恐縮ですが、次頁以降のアンケートにご協力のほど、よろしくお願い申し上げます。

なお、本調査で得られた情報については、適正に取り扱い、目的外に使用することは決してありません。また、調査結果は、学会名が特定できないアンケート集計結果の形で白書にて公開する予定であり、個別の回答票が公開されることはありません。

敬具

■ご回答にあたって■

- **アンケートにお答えいただいた皆様には、御礼として集計結果を送付いたします。（「九州経済白書」刊行時期（2023 年 2 月予定）に送付いたします。）。御希望の方は、調査票の該当する欄にメールアドレスをご記入ください。**
- **甚だ勝手なお願いで恐縮でございますが、10 月 7 日を目途に、下記 URL、QR コードからアクセスいただき web 上で御回答下さい。FAX やメール（こちらの Word ファイルへの記入）でのご回答も可能ですので、御希望の場合はお知らせ下さい。**

https://questant.jp/q/2022HakusyoC

【お問い合わせ先】

（公財）九州経済調査協会 調査研究部　担当：田代
TEL：092-721-4905　FAX：092-721-4904　e-mail ： ytashiro@kerc.or.jp

Q1.貴会について、以下の項目をお答え下さい

学会（団体）名		
会員数	※主となる会員種別の、2022年4月1日時点の人数をお答えください 人	
ご回答者様	お名前	ご所属
	ご連絡先（TEL,FAX,e-mail（集計の送付を御希望の方はe-mailの記載をお願いします。））	

以下、貴会が開催する会議等の中で**最大規模のもの**についてお答え下さい。

＜会議全般に関してお聞きします＞

Q2. 2020年４月～2021年３月（2020年度）における開催状況について（１つに○）

1. 通常通り開催した　2. 規模を縮小し開催した
3. WEB参加と参加者来場型（リアル参加）を併用して開催した（ハイブリッド開催）
4. WEBのみで開催した　5. 学会誌等を用いて紙面開催した
6. 開催を中止した　7. この期間での開催予定はなかった
8. その他（　　　　　　　　　　　　）

Q3. 2021年４月～2022年３月（2021年度）における開催状況について（１つに○）

1. 通常通り開催した　2. 規模を縮小し開催した
3. WEB参加と参加者来場型（リアル参加）を併用して開催した（ハイブリッド開催）
4. WEBのみで開催した　5. 学会誌等を用いて紙面開催した
6. 開催を中止した　7. この期間での開催予定はなかった
8. その他（　　　　　　　　　　　　）

Q4. 2022年４月～2023年３月（2022年度）の開催状況（予定）について（１つに○）

1. 通常通り開催した（する）　2. 規模を縮小し開催した（する）
3. WEB参加と参加者来場型（リアル参加）を併用して開催した（する）（ハイブリッド開催）
4. WEBのみで開催した（する）　5. 学会誌等を用いて紙面開催した（する）
6. 開催を中止した　7. この期間での開催予定はなかった
8. その他（　　　　　　　　　　　　）

Q5. 2022年４月～2023年３月の開催状況（予定）について（中止等の場合は空欄で構いません。）

（　　　　）月に開催した（する予定）

Q6. 2023 年度以降の開催予定について（１つに○）

1. 通常通り開催する予定	2. 規模を縮小し開催する予定
3. WEB 参加とリアル参加を併用して開催する予定（ハイブリッド開催）	
4. WEB のみで開催する予定	5. 学会誌等を用いて紙面開催する予定
6. 未定（今後の状況により判断する）	
7. その他（　　　　　　　　　　）	

※Q7～Q10 については、**現地参加者の人数を「会場」に記載下さい**（全体から Web 等の参加者を引いた数）
未開催の年は、空欄で構いません。

Q7. 2019 年度の会議の参加者数を教えて下さい（複数回開催の場合は平均の数値をお答えください）

全体：（　　　　　　）人	会場：（　　　　　　）人

Q8. 2020 年度の会議の参加者数を教えて下さい（複数回開催の場合は平均の数値をお答えください）

全体：（　　　　　　）人	会場：（　　　　　　）人

Q9. 2021 年度の会議の参加者数を教えて下さい（複数回開催の場合は平均の数値をお答えください）

全体：（　　　　　　）人	会場：（　　　　　　）人

Q10. 2022 年度の会議の参加者数を教えて下さい（複数回開催の場合は平均の数値をお答えください）

全体：（　　　　　　）人	会場：（　　　　　　）人

Q11. 現地参加のインセンティブ付与の状況についてお聞きします（あてはまるもの全てに○）

1. 学会認定資格等は現地参加者のみに与えることとしている
2. 現地でしか聞けない講演等を実施している
3. 発表等を行えるのは現地参加者のみに限定している
4. 参加費用について、「差を設けない」や「安価にしている」など、現地への参加を促している
5. その他（　　　　　　　　　　）
6. 特にない

<アフターコンベンションやエクスカーションなど観光・体験プログラムに関してお聞きします>

Q12. 観光・体験プログラムの 2020 年４月～2021 年３月（2020 年度）における開催状況について（１つに○）

1. もともと開催していない	2. 開催を取りやめた／見送った
3. 通常どおり開催した	4. 規模を縮小し開催した
5. その他の形態にした（　　　　　　　　　　）	

Q13. 観光・体験プログラムの 2021 年４月～2022 年３月（2021 年度）における開催状況について（１つに○）

1. もともと開催していない	2. 開催を取りやめた／見送った
3. 通常どおり開催した	4. 規模を縮小し開催した
5. その他の形態にした（　　　　　　　　　　）	

Q14. 観光・体験プログラムの2022年４月～2023年３月（2022年度）における開催状況（予定）について（１つに○）

1. もともと開催していない	2. 開催を取りやめた/見送った（取りやめる/見送る）
3. 通常どおり開催した（する）	4. 規模を縮小し開催した（する）
5. その他の形態にした（する）（　　　）	

Q15. 2023年度以降の観光・体験プログラムの開催予定について　（１つに○）

1. コロナの状況に関わらず開催しない
2. コロナの感染拡大が収まっていれば開催を検討する
3. ワクチンの普及などにより感染が収束すれば開催を検討する
4. 未定（状況によって、その時判断する）
5. その他（　　　）

＜レセプションや懇親会など飲食を伴う行事に関してお聞きします＞

Q16. 飲食を伴う行事の2020年４月～2021年３月（2020年度）における開催状況について（１つに○）

1. もともと開催していない	2. 開催を取りやめた／見送った
3. 通常どおり開催した	4. 規模を縮小し開催した
5. 立食を着座式にした	
6. その他の形態にした（　　　）	

Q17. 飲食を伴う行事の2021年４月～2022年３月（2021年度）における開催状況について（１つに○）

1. もともと開催していない	2. 開催を取りやめた／見送った
3. 通常どおり開催した	4. 規模を縮小し開催した
5. 立食を着座式にした	
6. その他の形態にした（　　　）	

Q18. 飲食を伴う行事の2022年４月～2023年３月（2022年度）における開催状況（予定）について（１つに○）

1. もともと開催していない	2. 開催を取りやめた/見送った（取りやめる/見送る）
3. 通常どおり開催した（する）	4. 規模を縮小し開催した（する）
5. 立食を着座式にした（する）	
6. その他の形態にした（する）（　　　）	

Q19. 2023年度以降の飲食を伴う行事の開催について　（１つに○）

1. コロナの状況に関わらず開催しない
2. コロナの感染拡大が収まっていれば開催を検討する
3. ワクチンの普及などにより感染が収束すれば開催を検討する
4. 未定（状況によって、その時判断する）
5. その他（　　　）

＜会場の選定についてお聞きします＞

Q20. コロナ禍以降、開催頻度や開催都市・開催会場の選定などについて変化はありましたか（あてはまるもの全てに○）

1. 学会本部近くの都市で開催することとした
2. コロナ対策マニュアルが整備されている施設を選んだ
3. より広い会場がある施設に変更した　　4. 開催頻度を減らした
5. その他（　　　　　　　　　　）　　6. なかった

Q21. 開催都市選定に当たって重視するポイント（より重視するものから３つお選び下さい）

1. アクセス	2. 支援制度（助成金含む）の有無
3. アフターコンベンションやエクスカーションなどの充実	
4. 開催地にゆかりがある	5. 決まった都市をローテーションしている
6. 学会本部所在地との近さ	7. 宿泊施設（客室）数
8. その他（　　　　　　　　　　）	
9. 学会代表や大会長等の開催担当者に一任されており、学会として重視するポイントは特にない	

Q22. 開催会場選定に当たって重視するポイント（より重視するものから３つお選び下さい）

1. アクセス	2. 支援制度（助成金含む）の有無
3. キャパシティ	4. 会場利用料
5. オンライン配信設備の充実度	6. コロナ安全対策備品の充実度
7. 飲食手配が可能	8. 宿泊施設が併設しているか否か
9. 会場周辺環境の充実（宿泊施設や飲食店が多い等）	
10. その他（　　　　　　　　　　）	
11. 学会代表や大会長等の開催担当者に一任されており、学会として重視するポイントは特にない	

Q23. 会場選定に当たって、何人以上のキャパシティをお求めですか

1. 特にない	2. 人数　（　　　　　　人以上）

Q24. 今後の学会の開催に当たって、施設や開催都市に求めること（支援策含む）をお聞かせ下さい

Q25. 今後の学会の開催に当たって、国に求めることをお聞かせ下さい

アンケートは以上です。ご協力ありがとうございました。

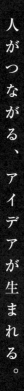

人がつながる、アイデアが生まれる。

渡辺通りには「ビジネスに効く」図書館がある。

意欲的なビジネスパーソンが集う、大人の会員制ライブラリー「BIZCOLI（ビズコリ）」。
1万冊以上のビジネス資料や統計が揃い、ビジネスの最新情報やアイデアを提供。
ビジネスセミナーやスキルアップのための個室空間を用意し、
ワンランク上のビジネスを実現するお手伝いをします。

都心のビジネス交差点。

落ち着いた雰囲気で、読書に加えて打ち合わせや商談も可能。セミナーや交流会もここで実施。

自分を、ビジネスを、育てる場。

書斎感覚で利用できる半個室タイプのワーキングスペース。アフター5の資格取得の勉強に最適。

会員募集中。見学歓迎。

BIZCOLI
BIZ COMMUNICATION LIBRARY

公益財団法人 九州経済調査協会
KYUSHU ECONOMIC RESEARCH CENTER

https://www.bizcoli.jp　ビズコリ　検索

〒810-0004　福岡市中央区渡辺通2丁目1番82号　電気ビル共創館3階　TEL 092-721-4909
開館時間／平日 10:00～22:00、土曜10:00～18:00　休館日／日曜・祝日　月会費／平日9,000円～

施設概要

知の森（ビジネス情報の閲覧）

業界の最新動向や企業情報、九州のマーケティングデータなど、入門書から専門雑誌まで、インターネットで入手困難な幅広いビジネス情報が入手できます。

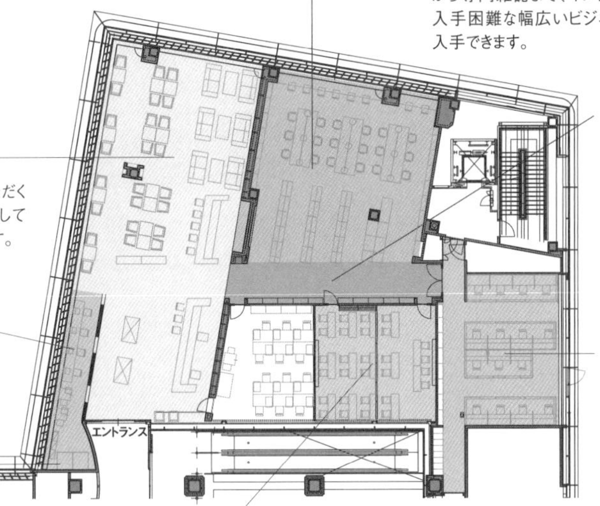

交流ラウンジ

談笑したり、ソファーでくつろいでいただくスペースです。バーカウンターを設置しており、打ちあわせなどにも利用可能です。

知の回廊（企画展示）

書籍に加え、写真・映像、グッズ等に触れることで、ビジネスにつながる気づきや発見が得られます。

情報検索ゾーン

日経テレコン21（日経各新聞記事などのビジネスデータベース）や東京商工リサーチ企業データベースが無料で利用できます。

マイデスクゾーン（予約制）

企画書作成や資格取得の学習に集中するための半個室のワークデスク15席が利用できます。定期会員のみ利用可。1時間100円。

リモートミーティングボックス

オンラインのweb会議に最適な個室タイプのボックスが利用できます。
15分100円。

ミーティングルーム（予約制）

BIZCOLIや会員主催の多様なセミナー・勉強会が開催されます。24名収容（スクール形式）の会議室で、2つに分割して利用することが可能です。

■ミーティングルームご利用料金
・ハーフ利用（6名収容）：1,500円
・フル利用（12名収容）：3,000円
※ご予約は定期会員に限ります
※ご利用は1時間～

■全館にて、電源・無線LANをご利用いただけます。

ご利用料金

			一般		九州経済調査協会の賛助会員に所属	
			定期会員（月額）	1回利用	定期会員（月額）	1回利用
日中の時間帯を有意義にご利用したい方に	デイタイム	平日 10:00～18:00	9,000	2,000	無料	無料
仕事帰りの時間を有効活用したい方に	ナイト	平日 17:00～22:00	6,000	1,700	4,000	1,700
時間を気にせずご利用したい方に	フルタイム	平日 10:00～22:00	12,000	2,600		
週末の1日を自分のために過ごしたい方に	土曜日	土曜 10:00～18:00	4,000 ※1	2,000	3,000 ※2	2,000
入会金			3,000		無料	

※1：一般の方は、デイタイム、ナイト、フルタイムのプランに、2,000円をプラスする事で当月全ての土曜日利用が可能

※2：九州経済調査協会の賛助会員に所属する方は、ナイトプランの方のみ、2,000円をプラスする事で当月全ての土曜日利用が可能

単位：円、すべて税込

＜アクセス＞
○西鉄電車：西鉄天神大牟田線「薬院駅」より徒歩5分
○タクシー：JR博多駅より7分、福岡空港より25分
○西鉄バス：「博多駅前A番」停留所より乗車→「渡辺通1丁目」停留所降車すぐ
「天神大丸前4C」停留所より乗車→「渡辺通1丁目」停留所降車すぐ
○地下鉄：七隈線「渡辺通駅」降車（電気ビル本館B2Fへ直結）
※「天神」より徒歩15分

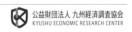

詳しくは BIZCOLI 検索

BIZCOLI
BIZ COMMUNICATION LIBRARY

公益財団法人 九州経済調査協会
KYUSHU ECONOMIC RESEARCH CENTER

◎お問い合わせ／公益財団法人 九州経済調査協会 BIZCOLI 〒810-0004 福岡市中央区渡辺通2丁目1番82号 電気ビル共創館3F TEL092-721-4909 FAX092-721-4908
○開館時間／平日10～22時、土曜10～18時 ○休館／日祝日、年末年始 www.bizcoli.jp www.kerc.or.jp www.facebook.com/bizcoli

価値あるフレッシュなデータで
地域経済の動きが読める
ビジネスがもっと美味しくなる

「オープンデータ」や「ビッグデータ」を収集・解析
九州地域（九州・沖縄・山口）をはじめ全国各地の地域に密着した情報やデータ
スピード感があり効率的な経営判断・投資判断につながる経済情報
事業計画や経営計画にマーケティングに
身近でいつでも使える新たなデジタル情報サービス

多様かつ最新の地域経済データを提供する
九州地域経済分析プラットフォーム「データサラダ」

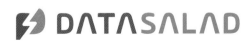

DATASALAD

datasalad.jp

WEB会員募集中　会員登録していただくと翌月末日まで（最大60日間）無料でご利用いただけます。

地域経済の最新「素材（データ）」を「鮮度」を活かし「下ごしらえ」して美味しく「料理」
食べ方いろいろ「データサラダ」

素材	×	鮮度	×	下ごしらえ	×	料理	=	DATA SALAD
時系列地域経済データ		最新の日次・月次データ		データ前処理		分析・ビジュアライズ		

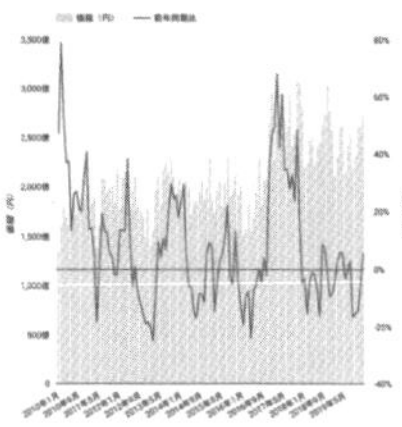
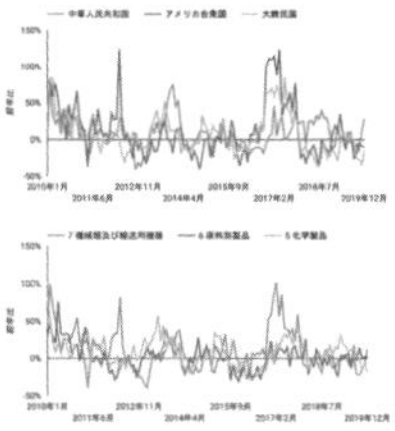
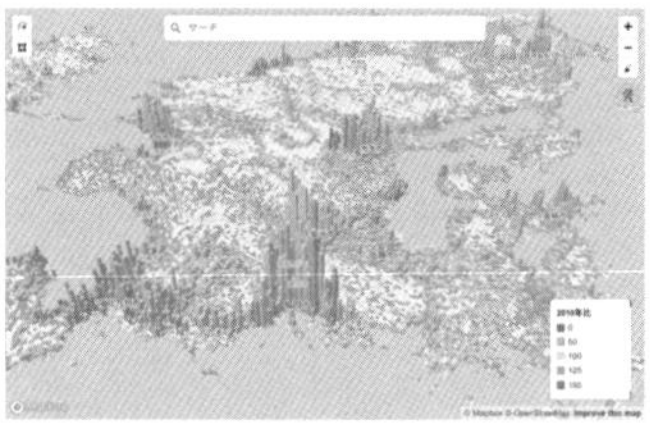
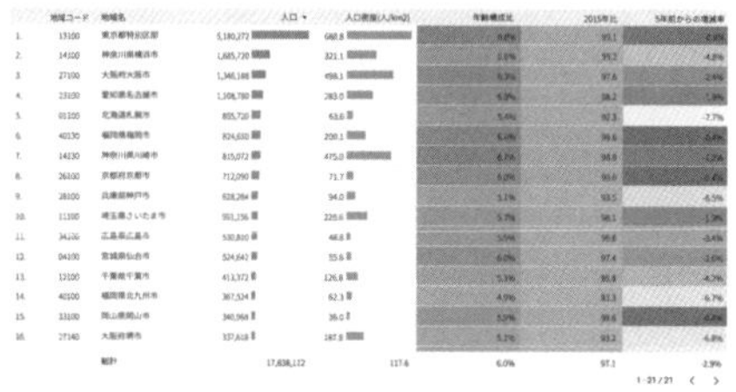

データメニュー DATA MENU

アウトルック	都道府県CI（景気動向指数）をはじめ、景気動向を総括できる主要指標を掲載。
景気指標	景気分析のための月次や日次の時系列データ。
産業指標	産業分析のための年次の時系列データ。
社会指標	人口・労働・所得などの主要マーケティングデータ。
経済トピックス	個別企業の動向をまとめた「九州経済ヘッドライン」のほか、時事的トピックスなどを掲載。
レポート・蔵書	月報など九経調の研究業績約10,000タイトルをキーワード検索で抽出し、PDFでダウンロード可能。

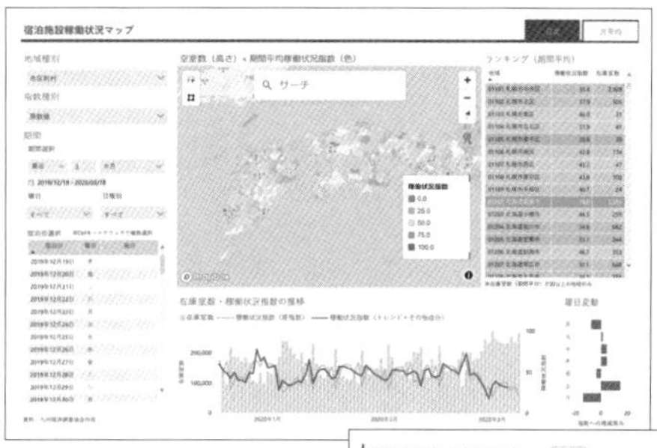
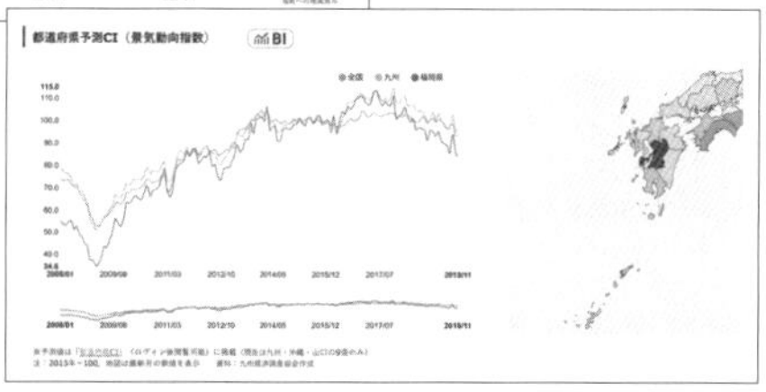

◎DATASALADの画像をキャプチャーして公表資料や社内資料としてご利用いただけます。
ご利用にあたっては、クレジット表記「九経調DATASALADより作成」を記載してください。

ご利用案内 SERVICE GUIDE

◎九経調の賛助会員（法人）にご所属の方は、何名でも無料でご利用いただけます。
◎初回のみ「WEB会員登録」をお願いします。
◎対応機器／パソコン、タブレット（インターネットへの接続が必要です）。
◎動作環境／Google Chrome（その他ブラウザは非対応です）。

●WEB会員登録（個人）の方法／個人単位でユーザーIDとパスワードを発行いたします。

1. データサラダのWEBサイト（**datasalad.jp**）にアクセスし**「WEB会員登録ボタン」**をクリック
2. **「賛助会員確認フォーム」**より九経調賛助会員（法人）の有無のご確認
3. 賛助会員（法人）の方 → **「WEB会員登録」**後、無料でご利用いただけます
4. 賛助会員（法人）でない方 → **「無料WEB会員登録」後、翌月末まで（最大60日間）無料でご利用いただけます** → 無料期間終了後のご利用は賛助会員（法人）への**ご入会が必要です**

●九経調賛助会員（法人）のサービス／詳しくはWEBをご覧ください。https://www.kerc.or.jp

●普通会員・維持会員
- データサラダデータの閲覧（人数制限なし）
普通会員・維持会員にはデータサラダのご利用に加えて、定期刊行物（九州経済白書、九州経済調査月報、図説九州経済）もご送付いたします。加えて、会員制ビジネス図書館「BIZCOLI」や九経調主催の各種セミナーもご利用いただけます。

●維持会員のみ
- データサラダデータのダウンロード

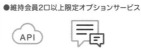

●維持会員2口以上限定オプションサービス
- データサラダAPIデータ提供サービス
- データサラダによる個別コンサルティングサービス
- データサラダによる特定ページのカスタマイズ（要別途費用）

◎賛助会費（法人）

	入会金	年会費
普通会員	30,000円	120,000円
維持会員	80,000円	360,000円

お問合せ ｜ 公益財団法人九州経済調査協会 事業開発部 TEL 092-721-4900 E-mail datasalad@kerc.or.jp

データサラダは、公益財団法人九州経済調査協会の創立70周年記念事業として構築、運営されています。

基本機能無償の観光人流モニタリングツール

おでかけウォッチャー

「デジタル観光統計」を身近に

自治体観光客分析に特化した人流モニタリングツールの決定版
観光行政に関わる方※は基本機能を無償でお使いいただけます。

※本サービスは、行政・自治体・DMO・観光協会の方がご利用頂けます。現在のところ、民間事業者の方はご利用になることができませんので、ご了承ください。

https://odekake-watcher.info/

odekake-watcher

おでかけウォッチャーの特徴

データ

圧倒的サンプル数

140以上のスマホアプリを通じて利用者から明示的な同意を得て取得した、キャリア横断、月間2,500万人の位置情報

準リアルタイム更新

毎週月曜から日曜までの情報を翌木曜に表示する準リアルタイムデータ更新

緻密なスポット指定と重複除外で正確な人数把握

モニタリング対象スポットは10mメッシュ単位で指定可能。複数メッシュでも重複なしの人数集計を実施

分析

自治体観光分析に特化したグラフィカルな可視化

地図、グラフ、表を組み合わせたダッシュボードで空間軸・時間軸で観光動態を表現

フィルタリングで見たい情報へ簡単アクセス

スポットや期間の指定など、知りたいことがスグ分かる快適なフィルタリング操作

ターゲットを一発把握

発地／属性／周遊分析などプロモーションや受入環境整備に役立つメニューを多数用意

提供条件

基本機能を無償提供

市区町村と観光スポット3ヶ所の来訪者数日次データを無償提供。WEBサイトから簡単お申込み

プレミアムサービスも低価格で

全機能をご利用いただけるプレミアムサービスは、登録可能な観光スポット数（10～2,000）に応じてリーズナブルな価格でご提供
※詳細はお問合せください

コンサルティングで地域観光 DX を強力にサポート

データ・レポート提供、デジタル広告配信・来訪効果検証、観光CRM基盤構築など各種コンサルティングをオプションでご提供

観光マーケティングをサポートする多彩な分析画面

基本機能（無償）で閲覧可

来訪地分析

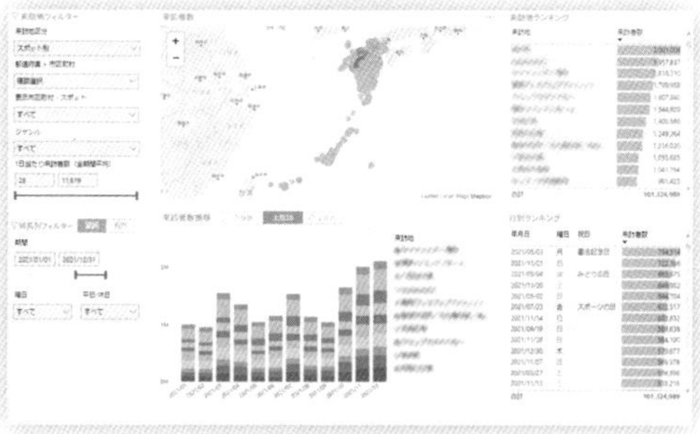

※基本機能（無償）では、全国の市区町村別の日別来訪者数および
各市区町村につき最大3ヶ所の観光スポット日別来訪者数を閲覧可
※プレミアムサービスでは、最大2,000スポットを指定可能

プレミアムサービス（有償）

発地分析

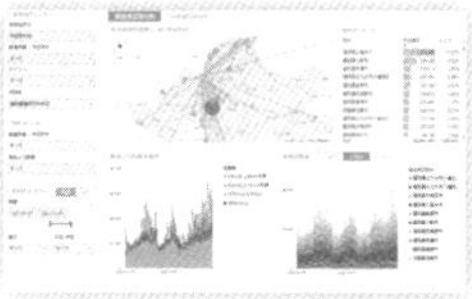

スポット間周遊分析

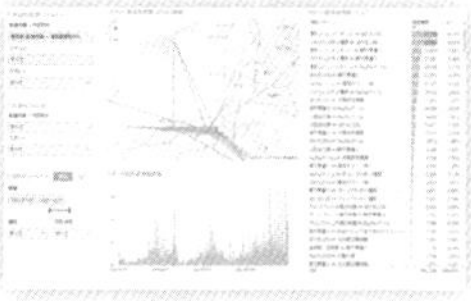

属性分析

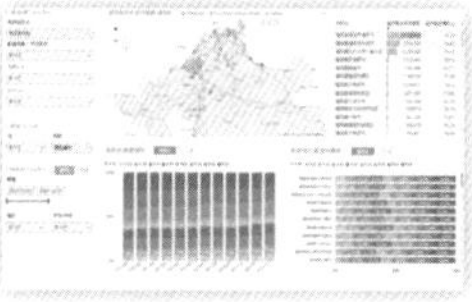

前後別周遊分析

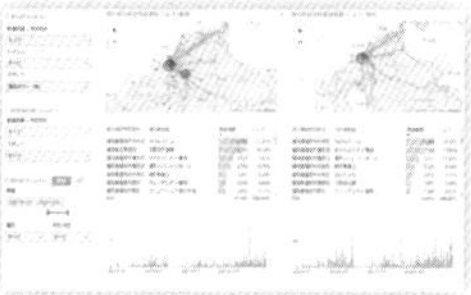

こんなお悩みを、おでかけウォッチャーで解決！

時間がかかる…
必要な集計・分析を都度依頼
時間をかけて可視化が必要

▶ **すぐにグラフ化！**
データ分析初学者でも扱えるグラフィカルな可視化ツールをWEBで提供。データも自動更新（週次）され、常時最新の情報をキャッチアップできます

分析方法がわからない…
観光動態把握に必要な分析方法が分からない
汎用的な分析ツールでは対応できない

▶ **簡単に分析可能！**
過去10年間、250以上の自治体・官公庁案件での分析ノウハウを凝縮。発地／属性／周遊分析のほか、プロモーションや受入環境整備に役立つメニューを多数用意

詳細な分析ができない…
データ量が限定的で、地域スポットや日別等の細かな分析に対応できない

▶ **日本トップクラスのデータ量！**
月間2,500万アクティブユーザーから明示的な同意を得て取得される、豊富なデータ量をベースに、実来訪人数が数百人程度の場所や日別でも分析可能

費用が高い…
調査レポート費用が高額で気軽に依頼できない

▶ **まずは無償版から！**
基本機能を無償提供。継続的な来訪者数のモニタリングに、お気軽にご活用ください

※本サービスの開発には、国立研究開発法人情報通信研究機構（NICT）の委託研究「データ連携・利活用による地域課題解決のための実証型研究開発（第3回）」の研究成果の一部が活用されています。
※本サービスは、行政・自治体・DMO・観光協会の方がご利用頂けます。現在のところ、民間事業者の方はご利用になることができませんので、ご了承ください。

お問合せ｜公益財団法人九州経済調査協会 事業開発部　TEL 092-721-4900　E-mail odekake-watcher@kerc.or.jp

[執 筆 者 紹 介]

【総　論】	松　嶋　慶　祐	（当会　調査研究部　次長）
【各　論】		
第１章	渡　辺　隼　矢	（当会　事業開発部　研究員）
	原　島　　　匠	（当会　調査研究部　調査役）
第２章	クリスティ　ポール	（The Japan Travel Company（株）　取締役）
	松　嶋　慶　祐	（当会　調査研究部　次長）
第３章	田　代　祐　一	（当会　調査研究部　研究主査）
【事例集】	松　嶋　慶　祐	（当会　調査研究部　次長）
	田　代　祐　一	（当会　調査研究部　研究主査）
	渡　辺　隼　矢	（当会　事業開発部　研究員）
	原　島　　　匠	（当会　調査研究部　調査役）
	山　本　優　子	（当会　調査研究部）
【編集協力】		
	山　本　優　子	（当会　調査研究部）

九州経済白書　テーマ一覧

第１回	1967年度	九州経済の概況
第２回	1968年度	都市化の中の九州経済
第３回	1969年度	大衆消費時代を迎えた九州経済
第４回	1970年度	大型投資と九州経済の新段階
第５回	1971年度	第３次産業の新展開
第６回	1972年度	新しい国際環境と九州経済
第７回	1973年度	都市成長と地域経済の変貌
第８回	1974年度	地域開発と土地問題
第９回	1975年度	中小企業と地域経済
第10回	1976年度	昭和60年の九州経済
第11回	1977年度	地方都市の新展開
第12回	1978年度	地域経済と雇用問題
第13回	1979年度	九州観光の現状と課題
第14回	1980年度	住宅需給の展望と住宅産業
第15回	1981年度	産業構造の変革と九州経済の展望
第16回	1982年度	国際化と地域経済
第17回	1983年度	成熟社会と九州市場
第18回	1984年度	情報化と地域経済
第19回	1985年度	地域ストックの変容と課題
第20回	1986年度	円高と地域経済
第21回	1987年度	サービス化と地域経済
第22回	1988年度	アジア時代と地域経済
第23回	1989年度	リゾートと地域開発
第24回	1990年度	福岡一極集中と九州経済
第25回	1992年（1991年度）	九州新時代への胎動
第26回	1993年	岐路に立つ地方拠点都市
第27回	1994年	変革期の個人消費と産業
第28回	1995年	新地方の時代と中堅企業
第29回	1996年	国際調整 九州からの挑戦
第30回	1997年	大転換期の九州
第31回	1998年	情報通信革命と九州
第32回	1999年	都市再編と地域の変容
第33回	2000年	分権社会と新しい主体
第34回	2001年	人材流動と新しい経営
第35回	2002年	循環型社会と新しい資本
第36回	2003年	新しい観光・集客戦略
第37回	2004年	フードアイランド九州
第38回	2005年	地方発 新規事業への挑戦
第39回	2006年	「都心衰退」その実態と再生の芽
第40回	2007年	人口減少時代の到来と地域経済
第41回	2008年	地域浮沈の分水嶺 ～拡大する地域格差と九州経済
第42回	2009年	世界同時不況と地域企業
第43回	2010年	変わる消費と流通イノベーション
第44回	2011年	訪日外国人観光の新段階
第45回	2012年	円高と九州経済 ～強まる生産の拠点性
第46回	2013年	アジア最前線 ～九州のグローバル戦略
第47回	2014年	アグリプレナーが拓く農業新時代
第48回	2015年	都市再構築と地方創生のデザイン
第49回	2016年	中核企業と地域産業の新陳代謝
第50回	2017年	人材枯渇時代を生き抜く地域戦略
第51回	2018年	スマホ時代の新しい消費と流通
第52回	2019年	スポーツの成長産業化と九州経済
第53回	2020年	ベンチャー企業の成長による地域活性化
第54回	2021年	コロナショックと九州経済
第55回	2022年	アフターコロナの企業戦略
第56回	2023年	九州地域の観光復興に向けて

九経調（公益財団法人九州経済調査協会）は……

九州地域の産官学により1946年に設立された民間のシンクタンクです。
九州地域の経済、産業、地域の調査を通じて、地域経済社会の発展に貢献することを目的とし、主に次のような活動を行っています。

★地域シンクタンク

・景気動向、経済予測、産業振興、地域振興、ベンチャー企業、アジア、社会資本整備等に関する調査研究
・「九州経済白書」「九州経済調査月報」「図説九州経済」等を刊行
・国や地方自治体等から年間約70本の調査事業を受託
・九州経済白書説明会、BIZCOLI TALK 等の講演会やリモートセミナーを年間50回程度開催
・福岡経済同友会、九州経済を考える懇談会、地域政策デザインスクール等の事務局を運営

★会員制ビジネス図書館「BIZCOLI（ビズコリ）」

・最新のビジネス書籍、経済・産業・経営・地域づくりの専門書籍、各種統計等を開架。蔵書数20万冊
・打合せやコワーキングのための交流ラウンジ。セミナー、勉強会等も開催
・九州地域のビジネス情報やマーケット情報を書籍、データベース、写真、映像、グッズ等で企画展示
・マイデスクゾーン：半個室タイプのワークデスク（15席）
・ミーティングルーム：貸し会議室（12名程度、２分割の利用も可能）
・リモートミーティングボックス：Web 会議に最適な個室タイプのボックス（２席）

★九州地域経済分析プラットフォーム「DATASALAD（データサラダ）」（https://datasalad.jp）

・九州地域や全国の多様かつ最新の地域経済データを提供するデジタル情報サービス
・政府等が公開するオープンデータや未活用のビッグデータを収集・解析し、新たな価値ある情報を創造
・サービスメニュー：景気指標、産業指標、社会指標、経済トピックス等
・九州地域の動きだけでなく、各県データからメッシュデータまで、地域に密着したデータや情報を提供
・年次データだけでなく、月次データ、日次データ等、迅速でタイムリーな情報を発信
・姉妹サイトとして、観光人流プラットフォーム「おでかけウォッチャー」（https://odekake-watcher.info）も展開

九経調の活動は、企業、自治体、大学、個人等の会員の皆様によって支えられています。
ご入会についてのお問い合わせ先：総務企画部（092-721-4900）またはホームページ（https://www.kerc.or.jp/）

九州地域の観光復興に向けて　2023年版 九州経済白書

2023年２月発行

発行者　髙　木　直　人

発行所　公益財団法人　九州経済調査協会
福岡市中央区渡辺通２丁目１番82号
電気ビル共創館５階（〒810-0004）
電話　092－721－4900
［URL］https://www.kerc.or.jp/

印　刷　株式会社　昭　和　堂
電話　092－260－9494

本書の一部または全部の無断複写・複製・転訳載等を禁じます。
落丁・乱丁などの不良本はお取り替え致します。
ISBN 978－4－903775－56－2